JN436981

청갈한 신뢰

이종승 수필집
정갈한 신뢰

인쇄 2014년 05월 14일
발행 2014년 05월 20일

지은이 이종승
발행인 서정환
펴낸곳 신아출판사
주소 전북 전주시 완산구 공북 1길 16(태평동 251-30)
전화 (063) 275-4000 · 0484 · 6374
팩스 (063) 274-3131
이메일 shina2347@naver.com sina321@hanmail.net
출판등록 제465-1984-000004호
인쇄 · 제본 신아출판사

ISBN 979-11-5605-081-0 03810
값 13,000원

이 도서의 국립중앙도서관 출판시도서목록(CIP)은 서지정보유통지원시스템 홈페이지(http://seoji.nl.go.kr)와 국가자료공동목록시스템(http://www.nl.go.kr/kolisnet)에서 이용하실 수 있습니다.(CIP제어번호: CIP2014015496)

Printed in KOREA

청갈한 신뢰

이종승 수필집

신아출판사

■ 제2 수필집을 펴내며

문학과의 인연을 어디에서 찾을까. 아마 중학교 2학년 무렵이리라. 방학 숙제로 작문 한 편을 제출했더니 학교 신문에 원문이 실리고 작문 선생님이 동급생들 앞에서 읽어주던 감격이라니! 반갑고 설레던 기억이다.

이렇게 작은 계기가 문학에의 애정을 품게 하였다. 그러나 풀잎 같은 민초들을 위한 야망으로 법학을 선택하고 메마른 인생의 길을 걸었다. 그런데도 아주 강렬한 인력으로 문학이 나를 손짓하지 않던가. 급기야 법률을 다루는 직업을 내던지고 문학을 생활로 즐기는 국어 교사로, 범속한 수필가로 여생을 보내게 되었다.

문예지에 글을 올리기 시작한 지 40년 가깝다. 이제 고작 두 번째 수필집을 세상에 내어놓는다. 고희의 언덕에서 배회하는 오늘에야 말이다. 무척 게으르고 무딘 소치이지만, 수필을 사랑하면서 어렵게 여기고 조심스럽게 여긴 탓이다. 여전히 초라한 수준인 줄을 스스로 안다. 하지만 내 수필이 어느 산골짜기의 아름다운 계곡에 숨은 옹달샘으로 사랑을 받았으면 하는 소망이 있다. 그 해맑은 물속에 산나리가, 춘란이, 낮달이, 낙락장송이, 산새가 담긴 서정과 사상을 담고 싶었기에.

내가 존경하는 최인호 소설가는 이런 글을 남겼다.

'세상에 오래 남아 있지 못한다 할지라도 내게 주어진 이 막막한 백지와의 인연을 이어갈 것이다. 내가 쓴 보잘 것 없는 글들이 이

가난한 세상에 작은 위로의 눈발이 될 수 있도록. 그 누군가의 헐벗은 이불 속 한 점 온기가 되어 줄 수 있도록. 나는 저 눈 내린 백지 위를 걸어갈 것이다.'

외람되게 출중한 소설가의 자세를 넘볼 수는 없지만 조금이라도 이런 염원을 안고 작품을 쓰려고 노력했다. 문단 외교를 염두에 둔 일이 없고, 문학상에 연연해 보지 않았다. 문학은 구만 리 장천처럼 심원하다는 고하古河 선생의 말씀을 언제나 상기하면서 나를 채찍질하며 살았다.

아울러 아직도 설익은 문사에 불과한데도 과분한 칭찬과 격려를 아끼지 않는 여러 문인들에게 감사를 드린다. 한상렬 평론가, 고 김영배 수필가, 이목윤 시인, 안재진 수필가, 황송문 시인, 김학 수필가, 제자인 안현심 시인 등.

그리고 한평생 애옥살이를 하면서도 부족한 남편을 위해 조선의 여인으로 열녀의 삶을 살아준 아내에게 고맙다고 두 손을 잡아주고 싶다. 또한 효심으로 부모를 섬기는 아들딸들을 일일이 안아주고 싶다. 심성이 고운 두 며느리와 귀여운 손자손녀의 머릿결도 쓰다듬어 주려고 한다.

그리고 이 수필집 간행을 위해 노고를 아끼지 않은 서정환 사장님과 박갑순 수필가님께 감사를 드린다.

끝으로 아직도 부끄럽고 두려운 마음으로 두 번째 수필집을 펴내니, 독자 여러분이 미소와 사랑으로 읽어 준다면 더할 나위가 없는 보람이 될 것이다.

2014년 5월

저자 이종승

■ 목차

2부 인간의 선의 · 1

3부 인간의 선의 · 2

4부 화목한 가정

5부 교단 수상

6부 소중한 편지

1부

자연의 순례

그리운 오솔길

모처럼 오늘은 노처老妻랑 이른 아침에 선운산을 소요하는 중이다. 오월 초순이라 연초록으로 숲은 차일을 두르고 햇살은 다사롭다. 아랫마을에서는 닭울음소리가 들려오고, 산사에서는 목탁소리가 들려온다. 이왕이면 인적이 드문 오솔길을 골라 걸어본다.

먼저 암벽을 타고 오르는 송악을 살핀다. 두릅나무과에 속하는 늘 푸른 덩굴식물로 줄기에서 뿌리가 나와 암벽과 나무에 붙어 산다. 수백 년은 되었으리라고 한다. 오랜 세월을 두고 불굴의 의지로 다져진 몸통을 어루만진다. 그 치열한 삶의 역사가 외경스럽다. 발길을 옮겨 동백 숲을 거닌다. 이파리들이 반들거리고 동박새가 가지 사이로 넘나든다. 3월이면 사랑의 흉장 같은 꽃들이 산자락을 덮으리라. 사찰을 에둘러 걷자 차밭에 여린 이파리들이 파란 보료처럼 깔려 있다. 이 무렵이면 햇순을 따서 작설차를 만든다고 한다. 선승들이 즐겨 마시는 선미가 감도는 차가 아닌가.

느린 걸음으로 계곡으로 들어선다. 골 물소리가 귓전에 서늘하게 맴돌고, 서서히 구름이 산자락을 타고 오른다. 산이 잠옷을 벗는 의식인가 보다. 바위 모서리에 걸터앉아 숲의 가족들이 들려주는 노랫말을 즐긴다. 어치, 직박구리, 산비둘기, 솔새, 장끼, 후투티, 꾀꼬리 등이 제각각 목소리를 가다듬어 지절댄다. 어느 오케스트라가 이보다 더 내 영혼을 선열의 종교로 안내할 수 있으랴. 시에 어두운 내게 이백의 산중문답山中問答을 읊조리게 한다.

내가 오솔길에 유달리 애착을 가지게 된 것은 유년의 고향과 연관이 깊다. 나는 두메산골에서 살았다. 자동차나 기차는 먼 나라의 괴물로 여겼다. 그저 노루마냥 산으로, 강변으로, 논밭으로 가는 샛길을 즐겨 밟으며 자랐다. 향수와 동심을 새겨준 길이다. 지금도 잊히지 않는 지명이 많다. 노추실, 여수개, 먹뱅이, 농골, 차박골, 앞말, 되재 등……. 이런 지명들을 떠올리면 언제나 오랜 친구의 이름처럼 정답다.

6·25 전쟁이 일어나던 해다. 북괴군이 몰려온다는 소식을 듣고 부모님에게 매달려 고향으로 피난을 가자고 생떼를 썼다. 하지만 사태를 관망하던 부모님이 우선 네가 먼저 가라고 친척에게 맡겼다. 어른들의 어림짐작으로 구십 리가 넘는 거리였다. 새벽밥을 먹고 하루를 꼬박 걸어야 해거름에 도착할 수 있었으니. 그런데도 고향이 나를 품어 주리라고 믿었기에 피난길은 그다지 고통스럽지 않았다. 구름이 덮인 산마루와 피라미가 보이는 냇물과 빨간 산딸기가 지천으로 매달린 산자락과 전설처럼 마을을 지키는 정자나무가 전쟁의 공포를 달래주었다. 아니, 동심을 채색해 주었다.

좀 더 자라서는 선친을 따라 귀향길에 오르기도 했다. 나를 앞세우고 걷던 아버지가 허출해지면 외딴 주막을 찾으셨다. 당신은 탁주를 혼자 드시고, 나에게는 간단한 요기를 시켜주었다. 얼근한 취기로 걸으시다가 구름이 걸친 산마루에서 시조창의 청아한 가락을 늘이었다. 진달래가 산불처럼 타오르는 고개에서는 참으로 곱다고 미소를 지으며 내 손목을 잡아 가랑잎을 모아 앉혔다. 살구꽃이 핀 집의 사립문을 열고 들어가 당신의 진외가 어른들께 인사를 시켰다. 그러면 온 가족이 귀빈을 맞이한 것처럼 환한 웃음으로 반겼다. 잠시 환대를 받고 길을 재촉하여 걷다가 또 어느 마을로 들어가 네어머니의 고모님이라고 절을 하라 했다. 다시 한참 동안 걷다가 다시 마을로 내려가 당신과는 삼종간이라고 인사를 하라 했다. 유난히 일가친척을 찾으며 도타운 인정을 다지곤 했다. 우리 부자가 손님으로 찾아가 뵌 그분들은 하나같이 옷소매를 잡고 하룻밤만 쉬어 가라고 졸라댔다.

근래에는 지방마다 사라진 길을 찾아 개설하고 있다. 제주도의 올레길, 격포의 마실길, 선운산의 길마재길, 태안의 솔향기길, 충청도의 보부상길, 평창의 메밀밭길……. 이제야 사람들은 너도나도 다투어 자연의 속뜰을 찾아든다. 누구나 공해를 벗어나 안락한 평화의 비경을 거닐고 싶은가 보다. 사실 문명의 편리만 좇다가 멀미가 나지 않던가.

눈을 돌려보면 유장하게 흘러야 할 강물조차 일직선으로 달리게 한다. 갯벌은 시멘트로 하구 둑을 막아서 서식하는 생물들이 죽어가고 철새들이 떠나고 있다. 섬마다 연륙교를 만들어 자동차들이 모여들어 바다를 오염시키고 있다. 울울창창한 숲도 마구잡이로 베어내고, 명산도 깎아내고 굴을 뚫어서 만신창이가 되었다. 자연의 존엄성과 인간의 정서를 짓밟는 폭력이 아닌가.

이제 우리들은 타산지석으로 인디언의 추장이 미국 대통령에게 보낸 편지글을 상기할 필요가 절실하다.

"땅은 우리 민족에게 거룩한 곳입니다. 아침 이슬에 반짝이는 솔잎 하나도, 해변의 모래톱도, 깊은 숲 속의 안개며 노래하는 온갖 벌레들도 모두 신성합니다. 우리는 땅의 일부이고 땅은 우리의 일부입니다. 거친 주위 산과 목장의 이슬, 향기로운 꽃들, 사슴과 말, 커다란 독수리는 우리의 형제들입니다. 사람은 이 거대한 그물망의 한 가닥일 뿐입니다. 만일 사람이 아름다운 쏙독새의 아름다운 지저귐이나 밤의 연못가 개구리의 울음소리를 듣지 못한다면 인생에는 남는 것이 무엇이 있겠습니까."

나는 젊은 날에 공비와 교전 중에 대퇴부 관통상을 입고 2년 가까이 악전고투 끝에 가까스로 다리를 건졌다. 그 이후로 겨우 소아마비 환자보다 나은 저춤거리는 다리로 살아간다. 기적적으로 되찾은 다리는 불편하지만 은총의 버팀목이다. 사랑하는 대지를 천천히 걷는 맛을 신선한 희열에 잠겨서 신전에 엎드려 행복의 도장을 찍는 감격으로 여긴다.

이제 40여 년 동안 우리 강산을 달밤에 구름처럼 가는 나그네로 살았으니 여한이 없다. 그러나 여생이 다할 때까지 새롭게 선을 보이는 오솔길을 찾아가 신명이 나게 떠돌고 싶다. 운수승들이 산천을 떠돌다가 득도를 위해 선종한다고 해도 무슨 후회가 있으랴. 우리 부부도 지팡이를 짚으며 산천을 어루만지다가 미소를 지으며 이승의 옷을 갈아입기를 소망한다.

소로우의 독백처럼 숲으로 난 길이라면 다른 어느 곳에서 인간 세상의 왕이 되기보다는 차라리 야생의 숲에서 학생이 되고 자연의 아이가 되고 싶기에.

산에 눈이 내리네

토요일 오후다. 잠포록한 날씨에 한낮이 기울도록 눈발이 자욱이 내린다. 어느덧 멀리 보이는 고덕산이 설산으로 변하여 우뚝하다. 행려병이 생기듯 저 산으로 들어가고 싶은 마음이다.

저런 순백의 땅을 발목이 시도록 밟기에 안성맞춤인 날이 아닌가. 몇 동료를 찾아가 산행을 하자고 졸라댔다. 다행히 강설의 서정에 이끌린 다섯 명이 웃음을 물고 따라나선다.

이들은 언제라도 만나면 편안하고 믿음으로 어울리는 사이다. 겸허한 인성의 강경원 선생과 온화한 웃음의 설병갑 선생과 방랑벽이 유별난 나와 수더분한 김정자 선생과 이지적인 김재봉 선생이다.

시내버스에서 내려 남고산성의 산자락을 타고 서서히 오르기 시작한다. 바람결이 잔잔하고 눈송이는 부드러이 내린다. 발등이 덮일 만큼 쌓인 눈이 정갈하다. 천지에 애애한 산길을 걷자니 중생이 남기는 발자국이 송구스런 마음이다. 한세상을 티를 남기지 않고 곱게 살 수만 있다면 성현도 부럽지 않으리.

오솔길을 따라 느린 걸음으로 산등을 향해 걷는다. 산 아래의 아파트 숲이 아스라이 숨고, 자동차들의 소음도 들리지 않는다. 사위는 고요하고 적막하다. 하루만이라도 일상의 굴레를 벗는 홀가분한 자유가 새처럼 가볍게 한다. 세사世事를 허공처럼 비우고 마음껏 소요하기에 알맞은 날이다.

숨이 차올라 바위에 걸터앉아 쉰다. 얼굴을 맞대고 담소하는 표정들이 천진스럽다. 생각해 보면 우리들은 빈 가슴에 외로움을 담고 산다. 선량한 눈동자로 서로를 헤아리며 기댈 만한 사람이 얼마나 아쉬운가. 이런 날은 순수한 교감으로 만나는 시공이 더없이 소중한 것이려니.

만남과 헤어짐이 절실한 사연이 아니어도 좋다. 무한 겁의 세월 속에서 우리들은 인연을 따라 만나고 헤어지는 나그네들이다. 바람처럼 맴돌다가 언젠가는 사라지는 가족들이기에. 그런데 잠시라도 세속의 잡사雜事를 잊고 단란한 길벗이 되니 반갑기만 하다.

산에 들어오면 누구나 허위의 얼굴을 지운다. 자연의 속성으로 채워지는 정기 때문일까. 더구나 오늘같이 눈이 오는 날은 본연의 자기로 돌아간다. 굳이 ≪장자≫나 ≪노자≫를 읽지 않아도 자연의 의미가 우리들의 내면을 채워주게 하는 것이기에. 얼마나 은혜로운 세례인가.

굽어 돌고 감도는 오솔길을 따라 걸어간다. 잔잔한 미소를 머금고 이야기를 풀어 놓으며……. 눈송이는 여전히 허공을 맴돌며 자욱하게 내린다. 온몸으로 눈발을 맞으며 걷는 우리들은 유랑을 하는 운수승을 닮아가는 것인지도 모른다.

한참 동안 산을 오르다가 산허리에서 사위를 바라본다. 청청한 소나무들의 가지가 설화를 덮고 휘휘 늘어졌다. 꽃잎처럼 가벼운 눈이 꼿꼿한 나무의 등걸을 부드러이 길들인다. 남을 감화시키는 슬기는 이 눈의 속성이 바람직할 게다. 기암괴석의 암벽지대를 목화밭의 평화로 가꾸어 놓았다. 구름 위에 솟은 산마루도 인자한 노옹의 웃음을 짓고 있다. 석가는 일찍이 히말라야의 눈에 덮인 영봉을 보며 여섯 해를 가부좌로 참선을 했다는데 해탈의 영험을 그 설산이 교시한 게 아닐까.

장자의 ≪소요유逍遙遊≫에서 읽은 문장을 상기해 본다.

"천지자연에 몸을 맡기고 만물의 육기六氣에 따라 세상에서 소요할 수 있는 사람이라야 어떤 것에도 사로잡히지 않는 참다운 자유의 존재인 것이다. 지인至人은 자신을 고집하지 않고, 신인神人은 공적을 생각지 않고, 성인聖人은 명성에 관심이 없다."

오르막길을 조심조심 걷는다. 발목이 묻히는 눈길에 주저앉고 나뒹굴고 엉덩방아를 찧는다. 그래도 너털웃음을 웃으며 허위허위 오른다. 신명이 난 개구쟁이들처럼. 한참 만에 가까스로 정상에 오르자 여럿이 함성을 지르며 얼싸안고 빙빙 돈다. 우렁찬 목소리가 사방으로 파도가 되어 날아간다.

어느 결에 땅거미가 내리기 시작한다. 산사에서 저녁 예불을 올리느라 범종 소리가 산줄기를 타고 오른다. 어디선가 나뭇가지 사이에서 자그마한 산새 소리가 애잔하게 들린다. 이 겨울의 추위가 매서워도 품어서 보살피는 손길을 기대한다.

잠시 묵상을 하며 쉬고 있을 무렵이다. 지척도 분간하기 어려울 만큼 눈발이 쏟아지는데 인기척이 들린다. 이윽고 다가온 사람은 풋풋한 얼굴의 젊은 숙녀가 아닌가. 대단한 산사람이라고 감탄을 하며 일행이 박수로 맞이한다. 설경이 너무 아름다워서 무작정 날이 저무는 줄도 모르고 오르는 길이라나! 세대와 남녀 차이를 모르고 산의 품안에서 기쁨을 누리는 가족이 된다.

이제는 하산을 서두를 참이다. 모두들 흥에 겨워 노랫가락을 뽑는다. 앞산이 받아서 메아리로 우렁우렁 되돌려준다. 벌써 산 아래의 마을에서는 불빛이 가물거린다. 견공들이 짖어대는 소리가 아련히 들린다.

산비알을 미끄럼을 타는 아이들처럼 천방지축 내려온다. 드디어 마을 앞에 다다른다. 다행히 주막집이 보인다. 이심전심으로 반가워서 온몸에 묻은 눈을 털며 안으로 들어간다. 희미한 촉광의 전등불 아래 장작난로의 불꽃이 너울거린다. 주모가 구수한 사투리로 우리를 반긴다.

"어메! 오늘은 징하게 눈이 오는구먼요. 산을 넘느라 얼매나 힘들었을까잉? 온통 눈이 묻어서 산짐승이 되었네 그려."

시골의 아낙네가 맞는 인정스런 말씨에 피로가 풀린다.

사발에 막걸리를 따라 데운 두부 안주로 벌컥벌컥 들이킨다. 남녀가 따로 없고 주량도 따질 게 없다. 몇 잔을 주거니 받거니 하면서 거우르고 나니 얼근한 취흥이 오른다. 서로 스스럼없이 재담과 홍소로 왁자하다. 눈 오는 산의 감흥이 몽롱한 구름으로 피어오르는가 보다.

마지막 귀로의 시내버스에 오르면서 서로 손을 잡고 십년지기의 이별처럼 아쉬워한다. 몸과 마음이 달콤하게 젖은 얼굴들이다. 혼자서 미소를 지으며 눈에 묻힌 산을 어루만진다.

풍류의 술잔

오늘은 근교의 야트막한 기린봉의 숲 속으로 들어간다. 매주 화요일마다 동행하는 다섯 명의 지우들과 함께. 이들은 교직에서 정년한 고등학교 동기생들이다. 요즈음에는 구름처럼 자유롭게 소요하며 여일을 누린다. 고등학교 동기생의 인연이 반세기요, 덤으로 산하를 떠도는 생활이 십 년이다.

산의 노루목에서 가랑잎을 깔고 앉아 담소를 한다. 소나무 가지를 스쳐온 바람결이 서느롭다. 하얀 구름이 산머리를 한가롭게 흘러간다. 가까이로는 솔새가 가지에 앉아 귀여운 발성으로 인사를 건넨다. 가만히 볼에 대고 비벼 주고 싶다. 멀리서는 뻐꾹새가 푸른 목청으로 숲을 흔들고, 검은등뻐꾸기가 이에 질세라 네 음절을 끊어서 군대의 나팔소리처럼 경쾌한 발성을 한다. 간간이 꾀꼬리가 미성으로 배음을 넣어주고, 비둘기가 청승스런 목소리로 끼어든다.

마침 해가 중천에 오르고 시장기도 느껴져서 내가 술병을 꺼낸다. 집에서 담근 매실주다. 한 친구는 안주를 내어놓고, 다른 친구는 과일을 깎는다. 작은 잔으로 권하고 마시기를 거듭하다 보니 모두 얼굴이 노을빛이다. 낙락한 노동老童들이 우화등선羽化登仙할 모양이다. 이런 자리에서는 이백의 〈대작對酌〉이 떠오른다.

둘이서 마시노니
산에는 꽃이 벌고
한 잔 한 잔 기울이면
끝없는 한 잔
취했으니 자려네.
자넨 갔다가
내일 아침 맘 내키면
거문고 안고 오게나.

兩人對酌山花開
一杯一杯復一杯
我醉欲眠卿且去
明朝有意抱琴來

이렇게 술잔에 얽힌 이야기를 하니 남들은 내가 대단한 호주가인 줄 알 것이다. 그러나 고작 주량이 서너 잔에 그친다. 낭만파의 노병처럼 술병을 끼고 살기를 꺼린다. 문우들과 술을 마시고 대취하여 소를 타고 서울에 입성했다는 이야기는 신선들의 모방일 것이다. 수주 선생이 말술을 마시고 폭취하여 홍수의 탁류에 떠내려가다가 대추나무 가지가 살려준 이야기는 폭소를 자아내게 할 뿐이다.

지금은 어디 함부로 취생몽사를 흉내조차 낼 수 있으랴. 피곤한 문명과 각박한 민심이 용납하지 않는다. 그저 알맞게 취하여 남의 말을 미소를 짓고 들어주며 인정을 다사롭게 다지면 그만이다. 그게 나의 음주 헌장인 셈이다. 술잔을 헤아리며 내 주량의 눈금에 이르면 사양한다. 아무리 강권해도 얄밉게 회피한다. 더욱이 2차 3차로 술집을 유랑하는 일은 질색이다. 사람들과 우의가 깃들고 담소의 꽃이 피는 정도가 제일 좋다. 술이 인화를 돕고 풍류를 살리면 금상첨화이지 않은가.

내가 술을 마시는 정취를 어렴풋이 알게 된 것은 유년 시절이 아닌가 한다. 아마 다섯 살 무렵이었을 것이다. 산중에서 살 때 애주가인 선친은 어머니를 시켜 술을 담그게 하였다. 누룩을 짓이겨서 고두밥을 비벼 놓고 창출을 섞은 다음 이불을 덮어서 따뜻한 아랫목에 놓아두면 이레가 지나서 술이 고였다. 그때를 기다려 용수를 박아서 걸러진 청주를 당신의 밥상에 올려놓고 반주를 즐기셨다. 이 가양주를 사랑채의 노인들이나 가까운 친지들을 불러 대접하곤 하였다. 손님들이 술대접을 받고 입맛을 다시며 웃음을 가득히 달고 돌아가던 모습이 아련히 떠오른다. 그 찰찰 넘치던 인정과 평화를 잊을 수 없다.

하루는 어른들이 집을 비운 사이에 호기심으로 용수의 술을 손가락으로 찍어 먹었다. 그 맛이 신기해서 이번에는 작은 술잔으로 마셔 버렸다. 그 뒤로 어린것이 술에 취해서 뒤뚱거리다가 이웃 어른들의 눈에 띄어서 웃음거리가 되고 말았다. 부전자전이라고 박장대소를 하는 게 아닌가. 사실 시조의 '세월이 여류하여'로 시작되는 가락을 선친이 가르쳐 주어서 어른들이 시키면 아무데서나 무릎장단을 치고 불러대던 나였으니.

애주를 하신 선친은 삶도 구름에 달 가듯이 지나가셨다. 달이 찢어지게 밝은 밤이면 뒤 산자락 소나무 밑에 도롱이를 깔고 앉아 주전자를 비우며 시조창을 즐기셨다. 모내기를 하는 날에도 일꾼들에게 술잔을 권하고 당신은 논두렁에 앉아 소리를 뽑으셨다. 일가 집에 찾아가면 예외 없이 칙사처럼 술상을 올리었다. 그렇지 않으면 서운해하며 '고얀 놈'이라고 고개를 돌리셨다. 아무리 괘씸한 사람도 찾아와 술잔을 권하며 용서를 구하면 화로의 눈처럼 분노를 녹이었다. 술의 청탁이 없듯이 사람도 가리지 않고 받아들이셨다.

한번은 같은 학교의 여직원과 혼담이 있어서 내 직장으로 나를 찾아오셨다. 해어름이라 주막으로 모시고 가서 약주를 받아 올린 일이 있었다. 여러 잔의 술을 얼큰하게 비우더니 파안의 미소를 지으며 내 손목을 잡고 이르셨다.

"나는 아마도 네 조부가 70을 사셨으니 그 이상을 살 것이다. 이제야 그 혹독한 애옥살이 세월이 가나 보다. 술맛 참 좋구나!"

그러나 아버지는 그 뒤로 뇌졸중으로 넘어지고 불편한 몸과 실어증으로 이승을 하직하셨다. 아버지를 위해 술병을 사 들고 가는 행복이 사라진 것이다.

가만히 생각해 보면 부전자전으로 술과의 인연은 아버지를 벗어나지 않았다. 몇 잔의 술일지라도 넉넉한 마음으로 사람들을 대접하고 미운 마음을 모르고 살 수 있으니. 이런 심사로 가양주를 마련하다 보니 동네 술가게를 차릴 만큼 창고가 술독으로 넘친다.

그래서 지우들이랑 산하를 거닐면서 희떠운 장담을 한다.

"여보게들! 내가 우리들이 이렇게 만날 수만 있다면 이승을 마칠 때까지 술병을 차고 옴세. 자 브라보! 건강하게 오래 살자고."

이렇게 살아가는 자식을 하늘에서 내려다보시고, 선친은 역시 내 아들이라고 미소를 지으실지 모르겠다.

납량納涼 여행

어느 시인은 지난여름은 위대했다고 읊었다. 자연의 거룩한 소임을 나도 알지만 이런 단정에는 선뜻 동의하기가 어렵다. 솔직하게 말하면 나의 체질로는 한여름이 혹독한 시련기라서. 온몸이 땀으로 뒤범벅이 되고, 등에 열꽃이 피고, 숨조차 쉬기가 고통스러우니…….

금년에도 낮에는 불꽃 태양이 이글거리고 열대야라고 아우성이다. 내가 먼저 혹서의 시절을 도피하려고 바다와 산을 물색하다가 지인의 소개로 승방을 얻어서 들어갔다. 서늘한 그늘 속의 정밀한 산사에서 새소리나 들으면서 산바람도 즐기고 글줄이나 쓰려고. 그러나 이곳도 염열지옥이 아닌가. 연일 가물어서 개울물도 말라붙고 수목의 이파리도 늘어져서 생기를 잃어가고 있다. 골짜기의 물에 발을 씻기는 고사하고 얼굴조차 씻기가 어려울 정도다.

선풍기를 가슴에 대고 틀어도 냉풍이 아닌 온풍이 온몸을 칭칭

감고 돈다. 등에서는 땀이 줄줄이 흐르고, 원고지를 채우려고 펜을 들자 손바닥으로도 배어든다. 만사가 싫어져서 오수를 누리려 해도 찜통에 들어온 듯 숨을 쉬기도 불편하다. 매미들도 더위가 지겨운지 귀청이 얼얼하게 울어댄다. 이래서 옛 선비조차 양반 차림으로 여름을 지내기가 어려워서 속대발광욕대규束帶發狂欲大叫라고 했으리라.

이런 불볕더위를 하안거 중인 스님들은 어떻게 견디는가 하고 문틈으로 살핀다. 면벽을 하고 미동조차 하지 않는다. 저런 목석연木石然한 스님들의 참선이라니……. 그분들의 초인적인 고행이 존경을 넘어 두렵기조차 하다. 한편으로는 나의 무사안일이 죄송스럽고 한심하지 않은가. 선방의 스님들에게 무한의 경외심을 품은 채 서둘러 책 보따리를 싸 들고 산문을 나온다. 야반도주하는 빚쟁이처럼. 이후로는 땡초 스님도 합장하며 경배를 하리라고 마음으로 다짐을 하는 계기가 되었다.

이러구러 여러 날이 지난다. 강원도의 평창에서 약국을 경영하는 친구가 그곳에서 여름을 지내보라고 초청한다. 조석으로 서늘한 바람이 일고, 뇌운 계곡은 옥청빛으로 발이 시리고, 이효석의 문학관과 돌메산장이 자랑이라고 덧붙이며. 행려병이 유별난 내가 마다할 나위가 있으랴. 신명이 나서 배낭을 둘러메고 평창으로 날아간다.

시외버스가 평창의 배차장에 도착하자 친구가 걸걸한 웃음으로 나의 손을 잡고 흔든다. 그가 승용차에 나를 태우고 봉평으로 달린다. 우선 이효석의 문학관과 메밀꽃 단지를 구경하려고. 마침 메밀꽃이 하얗게 산자락을 덮고, 고추잠자리가 저녁노을처럼 날고 있다. 옥수수도 무성히 자라서 이파리를 너울댄다. 상가에는 커다란 물레방아를 놓거나 당나귀의 모형을 만들어서 작품의 배경을 살린다.

우선 이효석의 문학관을 살핀다. 시적 정서와 토속적 배경 및 인간과 자연이 일체를 이루는 소설의 문학성을 떠올린다. 현대문학의 태동기에 탁월한 소설문학의 금자탑을 이룬 작가의 위업을 기린다.

인근의 주점으로 들어가서 동동주와 감자전 안주를 주문한다. 뚝배기에 담긴 술을 종구라기로 주거니 받거니 하면서 허 생원과 조선달을 그린다. 세월이 변하여 마을은 가난의 땟국을 벗었지만 작품의 무대를 넉넉하게 그리기에 부족함이 없다.

얼얼하게 취한 터에 둘이서 메밀밭을 걷는다. 마침 반달이 중천에 걸려 있다. 자잘한 메밀꽃이 아득하게 펼치어 무명베를 깔아놓은 듯하다. 머슴새가 쪽쪽쪽 우짖고 소쩍새가 정한을 쏟아낸다.

작품 속의 기막힌 서정이 넘친 문장을 마음속으로 읊조린다.

'밤중을 지난 무렵인지 죽은 듯이 고요한 속에서 짐승 같은 달의 숨소리가 손에 잡힐 듯이 들리며, 콩 포기와 옥수수 잎새가 한층 달에 푸르게 젖었다. 산허리는 온통 메밀밭이어서 대화까지는 팔십 리의 밤길, 고개를 둘이나 넘고 개울을 하나 건너고 벌판과 산길을 걸어야 한다. 길은 지금 긴 산허리에 걸려 있다. 산허리는 온통 메밀밭이어서 피기 시작한 꽃이 소금을 뿌린 듯이 흐뭇한 달빛에 숨이 막힐 지경이다.'

친구랑 둘이서 발목이 뻐근하도록 지향 없이 걷는다. 반딧불이가 어지러이 날고 계곡의 물소리가 청량하게 들린다. 바람결이 선선한데 별들이 더없이 초롱초롱하다. 어느 별은 구슬만 하고 어느 별은 주먹만 하다. 두 팔로 하늘을 휘저으면 와르르 쏟아질 것 같다.

한가로이 아름다운 산천을 소요하다가 여사를 찾아간다. 뇌운 계곡을 따라 한참 동안 차를 몰며 굽이굽이 돌아서. 워낙 물이 맑아서 열목어나 쉬리와 불거지가 서식한다고 한다. 낮에는 젊은이들이 급류타기를 하느라 내지르는 함성이 산곡을 저렁저렁 흔든다고 한다.

좌우에는 울울창창한 숲들이 청청하고 수려하다.

어느 결에 돌메산장에 들어선다. 낙락장송들이 휘늘어진 숲 속에 돌담을 사방으로 두른 채, 골이 깊은 기와가 덮인 산장이 사대부의 별장처럼 보인다. 산장 입구에 들어서자 다람쥐가 돌담 사이로 넘나든다. 건물 뒤의 이끼가 묻은 바위 모서리로 산토끼가 깡충거리며 달아난다.

우선 석간수를 표주박으로 떠서 몇 모금 마셔본다. 목울대가 서늘해진다. 도랑물로 발을 씻고 세수를 한다. 푸짐한 산채 백반으로 저녁 식사를 한다. 머루주도 한 병 주문하여 서로 권하며. 밤이 이슥하여 잠자리에 들어가자 선선한 바람결이 삽상하다. 선풍기를 모르고 여름을 지내는 고원이란다. 그러니 모기조차 살지 않는다고 한다. 미소를 머금고 편안한 잠으로 들어간다. 신선도 반길 여사가 아닌가.

아침에 일찍 일어나 산장의 경관을 살핀다. 우윳빛 구름이 돋을볕으로 물들면서 산허리로 오른다. 천지창조가 이루어지는 순간일까. 장끼가 시원스런 목청으로 숲 속의 침묵을 흔든다. 멧비둘기가 구구구 울어댄다. 솔새가 귀엽게 나뭇가지 사이를 날아다니며 재재거린다. 휘파람새도 삐릴리 삐리 음률을 빚는다. 그러자 온갖 산새들이 합주를 하는 양 다투어 목소리의 향연에 참여한다. 멀리서 마을의 닭울음소리도 들린다. 계곡의 물은 옥청으로 굽어 돌고, 그 위로 물새들이 떼를 지어 날기 시작한다.

아아! 순결한 자연의 품안에서 사람들도 죄를 모르고 웃음만 지으며 살아갈 수 없을까. 이런 정토에서 여일을 내 안의 뜨락으로 여기며 이름 없는 초부로 살면 우화등선羽化登仙이라도 할 듯하다.

달밤 소요

눈을 들어보니 창문에 보름달이 얼굴을 내밀고 방안을 들여다본다. 어서 나와서 자연의 얼굴인 나를 보며 걸어보라는 미소인가. 때는 바람결이 선선한 초여름 밤이다. 어찌 무료하게 이 밤을 넘길 수 있으랴. 아내랑 느린 걸음으로 집을 나와서 골목을 빠져나온다. 모처럼 달밤의 소요를 즐기려고. 되도록 도시의 소음이 들리지 않는 건지산으로 향한다.

다행히도 몇 분만 걸으면 전북대학교의 교정으로 들어간다. 신통하게도 숲 속에서 소쩍새 소리가 들린다. 당신들이 숲을 만들어 주어서 놀러 왔노라는 신호인가. 아니면 여기서부터 자연은 당신을 반깁니다, 하는 안내인가. 전등불 밑에서 공부하는 학생들이 서로 귀를 모으려니……. 아무렴. 문명에 신물이 나면 숲을 안고 살아야지. 대학의 정원에 안심하고 새들이 날아드는 풍경은 얼마나 신명나는 축복이랴.

한참 동안 대학의 캠퍼스를 걷다가 무논이었던 유휴지에 이른다. 여기기서부터 아스팔트와 가로등과 작별한다. 달빛이 교교하고 흙으로만 덮인 오솔길이 정답다. 농촌에서 듣던 개구리들이 귀가 멍멍하게 글을 읽는다. 이따금 맹꽁이도 화음을 넣는다. 춘정을 못 견디는 발성인가. 풋풋한 생명의 목소리가 파도로 너울을 짓는다. 고약한 농약의 살포로 죽어간 녀석들의 아우성일 수도 있다.

건지산의 산자락에 들어설 때다. 갑자기 장끼가 놀라서 푸드득 날아간다. 내지르는 '꾸엉' 하는 목청이 얼마나 우렁찬가. 여기도 어김없는 새들의 공화국인가 보다. 달콤한 휴식을 해쳐서 미안하다. 그러자 머슴새들이 왁자하게 지절댄다. 쪽쪽쪽 쪽쪽……. 머슴이 일터에서 일을 마치고 돌아올 때 소를 모는 소리를 낸다고 붙여진 이름이다. 향촌의 흙냄새와 농부들의 근육질의 팔과 다리가 떠오른다.

눈길을 들어 아까시나무 꼭대기를 바라본다. 까치집이 높다랗게 매달려 있다. 달빛이 보듬어 주듯이 덩실하게 허공에 뜬 채. 이 애들은 고요한 잠에 든 것일까. 아니면 어미가 새끼들을 품에 안고 깃털로 다독이며 평화를 즐기는 것일까.

선선한 바람결에 아까시나무 향기가 묻어온다. 달착지근한 냄새가 온몸을 휘감는 것이다. 자세히 음미하려니 찔레꽃 향기도 진하게 풍겨온다. 여기에다가 솔숲을 스쳐온 송홧가루 냄새도 스미어 있다. 미소를 지으며 이런 맛을 즐기는 것이 청복이려니 싶어진다.

새소리와 개구리 소리와 꽃들의 향기는 자연의 순수한 신호다. 이들은 하찮은 주변의 존재가 아니라, 우리 인간들의 사랑스런 가족이며 친구다. 이들이 점차 사라져간다면 이 지구는 삭막한 병실로 변하리라. 우리들은 이들을 눈으로 다독이고 마음으로 안아주며 하나도 다치지 않게 해야 할 것이다. 서로 조화와 공존을 위한 이웃이니까.

행복이란 저 멀리 있는 무지개가 아니지 싶다. 주변에 있는 사소한 사물조차 우리들에게 행복의 법문을 들려준다. 다만 무심히 스치고 외면하기에 모른다. 새소리를 들으며 눈을 감고 휘파람을 불어보자. 들꽃들의 웃음을 눈여겨보며 맑게 웃어보자. 나무들의 명상을 배우며 동양의 사상을 읽자. 그러면 신선한 희열이 내 안에 샘물처럼 고일 것이다.

잠시 오솔길을 걷다가 등성이의 벤치에 앉는다. 시가지를 내려다보니 불야성을 이룬 모습이 한눈에 들어온다. 우리 부부가 은하수에 빠진 환각에 젖을 만큼. 때로는 권태롭고 지겨운 도시가 저토록 눈부신 자태로 변신을 하다니! 저 안에는 얼마나 많은 불평등이 뒤섞여 있을까 몰라. 그런데도 여전히 단란한 동네로 비친다. 태양이 빛나면 별은 숨는다고 했다. 너무 탐욕으로 날뛰면 남들에게 상처를 주기 마련이다. 서로 손을 잡고 팔짱을 끼며 웃음을 나누는 세상이 부럽다. 밤하늘의 별이나 시가지의 야경이 보여주는 의미를 배워야 한다. 밤하늘을 보면 은하수나 금성과 북극성이 빛으로 거들먹거리며 다른 별빛을 삼키지 않는다.

하늘을 찌르는 고층 빌딩의 위엄도 대수로울 것이 없다. 저 산비탈의 달동네 사람들의 빈천이 초라하지 않다. 이는 달빛과 전등불빛이 연출한 변신인가. 아니면 문명과 자연의 일치로 이루어야 하는 인간의 삶의 시사점일지도 모르겠다.

이제 문명의 수레를 타고 사는 현대인들은 편리를 버리고 과거로 돌아갈 수는 없으리라. 진흙길은 장화를 신고 걸어야 편리한 것을 어찌 외면할 것인가. 눈부신 과학이 인간의 행복을 추구하는 수단으로 굳어버렸으니.

하지만 어디 문명이 행복을 실어다 주는 황금마차이던가. 도리어 인간의 가슴을 황폐하게 만들고, 나아가서는 우리의 환경도 오염시켜서 생존조차 심각하게 만든 부작용만 낳았지. 그 독성이 인류와 동식물들의 미래를 암울하게 하는 징후들은 무수히 많아서 열거하기도 우울하다. 우리가 안심하고 표주박으로 떠 마실 청정수가 사라지고 있다. 서늘한 솔바람이 달기조차 하던 동산이 무너지고 있다. 매연가스는 오존층을 파괴하고, 매년 이상 기온으로 지구가 몸살을 앓고 있다. 날로 동식물들이 지구를 떠나 멸종되고 있다. 지구의 심장이며 산소라는 아마존의 원시림이 파헤쳐지고 있다.

어디 그뿐인가. 인간들의 심성이 날로 거칠어지고 있는 현상은 동서양이 다르지 않다. 각종 범죄가 지능화되고 사악해지고 있다. 인류의 행복과 편리를 추구하는 문명이 이런 폐단을 몰고 왔다면 시급한 개선이 절실하지 않겠는가.

그 처방은 아무래도 자연에서 찾아야 하지 않을까 싶다. 일찍이 자연으로 돌아가라고 갈파한 현인들의 말을 귀담아 들어야 한다. 루소와 장자와 노자의 가르침은 여전히 경전이다. 자연은 보배로운 삶의 안식처요, 행복을 낳아주는 보금자리로 여겨진다.

사람마다 한 그루의 나무나, 한 포기의 꽃이거나, 한 마리의 새를 품고 살아 볼 일이다. 도시가 아무리 역겨워도 자연을 귀의처로 삼고 살아간다면 인간들은 한결 순량한 품성으로 돌아갈 것이다. 눈이 맑은 사람의 동네가 부럽기만 하다.

산을 소요하며

영국의 어느 유명한 알피니스트는 거기에 산이 있어서 오른다고 했다던가. 산을 애호하는 사람마다 산에 오르는 취향이 다를 것이다.

나도 저춤거리는 다리로 산길을 한평생 오르내렸다. 때로는 험산 준령을 밟아보기도 했지만, 늘그막에는 산을 외경하며 사랑하는 마음으로 소요를 즐긴다. 산은 바로 내 마음의 사원이고 정원이며 사색의 산실이기에.

매주 지우知友들과 산행을 한다. 모두 직장에서 퇴임하여 여일이 한가롭다. 벌써 8년에 접어들었다. 산을 사랑하는 취향이 깊어져서 춥거나 덥거나, 비가 오나 눈이 오나 가리지 않는다. 한 주만 결행하면 가슴속에 허허로운 바람이 고인다.

오늘은 근교의 고덕산高德山을 오른다. 산 이름처럼 덕이 높아서 그런지 걷기에 아늑하고 편안하다. 아득하게 굽돌고 휘도는 구절양장의 오솔길이다. 산길은 밟기에 포근한 흙이나 가랑잎으로 덮여 있고 솔 그늘이 드리워져 있다. 가파른 비탈과 돌길도 없어서 안정감을 준다. 발길이 무거우면 아무데나 주저앉아서 쉬기에 안성맞춤이다.

걸으면서 일상의 대화를 한가롭게 나눈다. 호방한 웃음소리를 바람결에 날려 보낸다. 그저 느릿느릿 걸으면 그만이다. 노루처럼 치달아 가는 사람을 눈여겨볼 필요가 없다. 그들이 어찌 천천히 걷는 여유의 멋을 알겠는가. 그렇게 걷다가 숨을 고르고 싶으면 펑퍼짐한 자리에 둘러앉는다. 각자 배낭에 넣어 온 가양주와 안주나 과일을 펴 놓고 조촐한 잔치를 벌인다. 술잔을 주거니 받거니 하다 보면 얼근하게 술기운이 오른다. 모두 낙천가가 되어서 자연을 품어 안고 생사도 나비처럼 가볍게 넘나들 듯한다. 이태백의 낭만이나 취흥이며 무릉도원의 전설도 부러울 게 없다. 밝은 마음의 창을 열면 이승이 정토가 되고, 어두운 마음의 창문을 열면 이승이 바로 지옥인 것을…….

소나무 가지에는 솔새가 포롱포롱 날아다니며 귀여운 발성으로 지절댄다. 하루에 벌레 몇 마리만 먹고 이슬 몇 방울만 마시며 나뭇가지 하나만 차지하면 된다. 자연의 본성으로 순수하게 살아가는 가족이 아닌가. 만물의 영장이라는 인간들이 욕망으로 얼룩져서 너무 남루하게 비친다. 일억 원의 부정한 돈도 떡값으로 치부하는 눈이 충혈된 무리를 생각한다. 속도에만 쫓기며 생활의 여백을 잃은 현대인들이 측은하다. 신문지상을 더럽히는 정치가들의 이전투구가 구토를 느끼게 한다.

눈길을 돌려보면 먼 산에는 산벚꽃이 구름으로 타오르고 연초록의 새잎이 산등을 덮었다. 하얀 구름이 소나무 숲을 지나 너울거린다. 가까이에는 진달래꽃이 애잔한 웃음을 머금었다. 산비둘기가 청승스레 울고 산꿩이 굵은 목청으로 소리를 뽑는다. 솔바람은 서늘하게 이마에 스친다. 이래서 산의 품안으로 들어오면 부귀귀천은 아무런 자랑거리가 될 수 없다. 그저 자연이 가르쳐 주는 경전을 한 구절이라도 배워 갈 일이다. 한 그루의 나무나 꽃이며 새와 짐승도 우리의 본래 얼굴을 생각하게 한다. 처처불성이란 불가의 말도 되새겨 볼 필요가 있다. 인간의 진면목인 성품을 알고 그대로 사는 게 해탈이라 하지 않았던가.

박범신은 그의 저서인 ≪비우니 향기롭다≫에서 이런 말을 했다.

"내가 본 것은 속도를 다투지 않는 수많은 길과, 본성을 잃지 않은 사람과, 문명의 비곗덩이를 가볍게 뚫고 들어와 내장까지 밝혀주는 투명한 햇빛과 바람, 그리고 만년빙하를 이고 있어도 결코 허공을 이기지는 못한 설산들을 보았습니다. 또 감히 고백하자면, 행복하고 충만되기 위해서 내가 이미 너무도 많은 것을 소유하고 있다는 사실을 확인했으며, 행복해지는 길이 어디에 있는지 어렴풋하게나마 찾을 수 있었습니다."

산에서 친구들을 만나면서 각자 지닌 인성이나 개성을 생각한다. 우리 인간들은 그저 무심하게 스치고 살지만 각자 향기를 지닌 주인으로 여겨진다. 이해의 눈으로 다가서고, 사랑의 손길로 잡아보면 알 수 있다. 이기심과 경계심을 지우면 상대의 참모습을 알게 된다. 꽃들이 저마다 다른 모양과 향기를 나누어 가지고 있어도 아름다운 실체이듯이 우리 인간도 같은 실존의 구성원들이다.

하루를 넉넉하게 즐기다가 산을 내려오려니 저녁노을이 지핀다. 저마다 웃음을 물고 발길이 가볍다. 아무런 스스럼도 없는 대화들을 나눈다. 이해의 잣대를 모르며 가슴으로 동행할 친구들이다.

친구들과 하루의 산행을 마치고 집에 들어오려니 고승기 시인의

〈산행山行〉이란 시가 떠오른다.

억새밭 꿩 소리는
도시락에 가둬 두고

구름숲에 고인 하늘도 두어 됫박 떠 담고 오다.

무거워
등 돌려 보니
산이 걸터앉았구나.

실 같은 미련까지도
훌훌 다 털어버리고

솔향 묻은 옷소매로 땀 닦으며 대문 여니

앞서 들어온
버섯 같은 내 그림자.

하루의 산행은 언제나 신선한 의식으로 세례를 받는 마음이다. 그러기에 나의 여일에 저녁노을이 물드는 것을 초조하게 여기지 않겠다. 지팡이를 짚고 산을 소요하다가 낙엽처럼 진다고 해도.

모양성牟陽城 답사기踏査記

우리의 문화유산은 조상의 삶과 정신을 바라보는 거울이다. 그렇기에 후손들이 공경과 정성으로 보존해야 마땅하다. 과연 우리들은 그런 소임에 충실한가. 솔직히 나조차 부끄러운 국민의 한 사람에 불과하다고 여긴다.

오늘은 그런 사고를 지우려고 반성문을 쓰는 마음으로 모양성의 답사 길에 나섰다. 모처럼 아내를 동반하고 고창행 버스에 올랐다. 가을비가 내리려는지 얕은 구름이 하늘을 덮었다. 그래도 새로운 기대와 설렘으로 발길이 가벼웠다.

고창읍에 내리자마자 먼저 군청의 문화관광과에 찾아갔다. 담당 직원으로부터 간단한 설명을 듣고 안내 책자를 받았다. 그도 부족하여 문화원에 찾아가 이기화 원장님을 만나 자상한 보충 설명을 듣고, 안내원의 인도를 요청하기에 이르렀다. 문화재를 애정으로 살피고 공부하려는 마음이 열린 셈이라 할까.

모양성은 고창읍성의 속명이다. 축성의 시기는 백제 때로 추정하지만 단종 시기에 완공하였다고 한다. 전라 좌우도의 주민들이 동원되어서 8년 만에 축성이 된 평산성 형식의 산성이다. 고려 말경부터 왜구들이 법성포를 중심으로 노략질이 심해지자 내륙으로 연결되는 통로를 차단하려는 전초요새前哨要塞로 구축한 것이다. 높이가 4~5m 길이가 1,684m이며 성내의 면적이 5만여 평에 이른다. 동서북문과 3개소의 옹성甕城과 6개소의 치성雉城이 적의 침략을 방어하기 위하여 축조되어 있다.

성을 쌓을 때에 생긴 전설도 전해져 온다. 모양성은 여자들이, 서산산성은 남자들이 맡아서 다투어 공사를 했다. 그런데 여자들은 부지런히 협동하여 진척이 빨랐지만, 남자들은 게으름을 피우다가 늦어졌다. 이 사실을 한 남자가 연인이 일하는 작업장에 찾아가 알아보고 작업을 독려했지만 때는 이미 놓쳐서 남자들이 지고 말았다고 한다. 그래서 서산산성의 모양은 지금 보아도 허술하다는 것이다. 거북이와 토끼의 경주를 연상할 전설이 아닌가.

우리나라에는 여러 곳에 성터가 많다. 그 대표적인 게 모양성과 해미읍성 및 낙안읍성이다. 그런데 풍광이 아름답기로는 단연코 모양성이 제일이라고 입을 모은다. 반월형의 다리를 건너자마자 원형으로 나지막한 산을 에두른 산성이 보인다. 성 뒤편으로는 청청한 소나무가 둘러 서 있고, 안으로는 낙락장송과 여러 가지 고목들이 울창하다. 성 위에는 아녀자들이 성 밟기를 하는지 무리를 지어 한가롭게 거닌다. 학들이 날아와 군무를 하고 노옹들이 정자에서 시조창을 하던 태평성대를 그리게 한다. 마침 동리 선생의 제자인 김소희 명창의 〈사철가〉가 잔잔하게 성내에 흐른다. 길의 양편으로는 구절초가 흐드러지게 피어서 손님을 반긴다. 하얀 웃음을 머금은 민초들의 행렬이라 할까. 단풍이 한창인 숲 속은 선선한 가을바람이 낙엽을 흩날리고 있다.

한가롭게 거닐다가 이 고장의 전원범 시인이 지은 〈모양성〉을 읊조렸다. 근래에는 고창 군민의 노래로도 불리어지고 있다.

보리밭 이랑 사이 모양성 이르는 길
추억 하나 남겨두고 떠나버린 그 얼굴
그리운 사람 잊지 못해 돌이 되어 쌓였는가
지금도 마디마디 가슴 저려 오누나

(후렴)
떠난 사람 달이 되어 장대봉에 떠오른다
얼마를 더 돌아야 매듭이 다 풀릴까
머리마다 돌을 이고 성을 밟는 아낙네여
(2연 생략)

이곳에는 임진왜란 이전부터 부녀자들의 답성놀이가 전승되고 있다. 납작한 돌을 머리에 이고 무병장수를 기원하며 성을 돈다. 한 바퀴 돌면 다리 병이 낫고, 두 바퀴 돌면 허리 병이 낫고, 세 바퀴를 돌면 극락 승천한다고 전해온다. 지금도 저승문이 열린다는 윤달의 엿새와 열엿새와 스무엿새면 전국의 부녀자들이 몰려와서 치성을 드린다. 옛날에는 소복단장을 하고 정성을 들여 참여했지만 지금은 관광놀이처럼 변질되어간다고 한다. 특히 3월의 윤달이 효험의 정수라 하여 가장 성황을 이룬다는 것이다. 다른 지방의 답교놀이나 탑돌이의 민속행사가 있지만 이 지방의 답성놀이는 부녀자들만이 참석하는 유일한 풍속이다.

나와 아내도 아녀자들이 밟던 산성을 한 바퀴 돌았다. 북문에서 왼쪽으로 북동치를 거쳐 동문을 살피고 동문과 동치에서 쉬었다. 그리고 동남치와 남치를 지나 서남치에서 내려가 맹종죽 단지로 들어섰다. 지름이 무려 20Cm이며 키가 10m~20m가 되는 중국 원산의 대나무다. 고창은 동학이나 광주학생의거 등의 의절이 높은 고장인데 이 정신을 표상하는지도 모른다. 평지로 내려가 약수 한 표주박을 마시고 성내의 관아들도 살펴보았다. 22개 동의 건물 중에 14동이 복원되었다.

죄인을 다스리던 옥사와 관리들의 식사를 맡던 관주官廚와 이방과 아전의 업무를 맡던 작청作廳과 관원들의 숙소였던 모양지관牟陽之館이며 군무를 담당하던 장청將廳도, 향리들의 규찰과 향촌의 교화를 맡았던 향청鄕廳도 살폈다. 내려오면서 풍화루豊和樓를 바라보고 대원군의 척화비도 읽어 보았다. 양이가 침범하는데 싸우지 않고 화친을 주장하면 매국이니 자손 만년에 경계한다는 내용이다. (洋夷侵犯非戰則和主和賣國 戒我萬年子孫)

답사를 마치고 동리국악당桐里國樂堂을 둘러보았다. 판소리의 대부이며 한국의 셰익스피어라 불릴 만큼 평민문학을 집대성한 어른이어서 묵념을 드렸다. 그리고 생가도 방문하여 그의 생장과 생활을 엿보았다. 길이 우리의 가슴속에 애환과 정서를 다스려줄 표상이시다.

귀로의 버스에서 눈을 감은 채 오늘의 견문을 되살려본다. 조상의 숨결과 사상을 되새겨본 하루가 더없이 보배롭다. 그냥 미소가 피어오른다.

달밤의 천렵

연일 열대야로 잠을 설치고 지낸다. 그런데 오늘밤은 창으로 중천의 보름달이 비친다. 자애로운 모습으로 만상을 비치는 성자의 모습을 닮았다.

오늘 모처럼 휘황한 보름달을 바라보려니 벌써 사십 년이 지난 두메산골이 떠오른다. 그곳의 시골 중학교에서 근무하던 한여름이었다. 객지에서 무료와 고적감을 달래기가 어려웠다. 그날따라 동료들이 유별난 놀이를 하자고 의견을 모았다. 피서를 겸해서 산자수명한 운일암반일암에서 천렵을 하자고. 신선한 발상에 손뼉을 치며 동조했다. 하동으로 돌아가 신명나는 정취를 맛볼 수 있는 계기가 아닌가.

그 밤에 보름달이 앞산 산허리를 타고 치솟아 오른다. 처음에는 조심스레 웃음을 띠고 머뭇거리더니 잠깐 사이에 둥실둥실 떠오른다. 한 점의 구름도 없이 하늘이 맑았다. 망연히 마루에 걸터앉아 달을 우러르다가 동료들과 약속한 계곡의 하류로 간다. 반바지 차림에 밀짚모자를 눌러쓰고 고무신을 신은 채.

고샅은 인적이 그치고 사립문조차 열려 있다. 집에는 견공이 어슬렁거리고 외양간에는 소가 새김질을 하고 있다. 건너편의 냇가에는 마을 사람들이 멱을 감는 소리가 왁자하다. 위뜸에서는 여자들이 진을 치고, 아래뜸에서는 남자들이 진을 친 채. 달은 빙그레 웃으면서 천진스런 동네 사람들을 제 빛살로 어루만지고 있다. 태고의 평화가 깃든 동네의 풍속도가 아니랴. 태평성대가 바로 이런 것이려니.

내가 어슬렁어슬렁 계곡의 입구에 있는 정자나무에 이르자 벌써 선발대가 나를 반긴다. 주조장에서 가져온 통나무 막걸리 통을 작대기로 걸쳐 어깨에 멘 조 선생과 김 선생. 솜방망이에 석유를 묻혀서 횃불을 든 최 선생. 석유통을 둘러멘 박 선생. 쟁반에 초고추장과 표주박을 든 이 선생. 그물처럼 널찍한 족대를 말아 쥔 유 선생과 몰이꾼으로 자원한 서무 직원인 박 주사와 김 주임. 차림새는 모두 허름한 막일꾼이나 다름없다.

흡사 각설이패를 닮은 무리들은 만나자마자 흥겨워서 웃음소리가 터지기 시작한다. 아마존의 원주민처럼 자연인의 모습이다. 이 산 저 산에서 울어대던 소쩍새가 놀랐는지 애잔스런 울음소리를 그친다. 무리를 지어 쪽쪽쪽 소를 모는 소리로 조잘거리던 머슴새들도 놀라서 입을 다문다. 수풀에서 노닐던 반딧불이가 어지러이 흩어진다. 달빛이 물든 강변의 물줄기만 조용하게 흘러갈 뿐이다.

이제부터는 천렵이 시작된다. 먼저 횃불잡이와 족대잡이가 무릎이 찰 만한 물속으로 조심스레 들어간다. 이어서 몰이꾼이 위쪽으로 들어가서 아래로 양팔과 두 발을 휘저으며 고기들을 몰아서 내린다.

마냥 떠들고 웃어대며 개구쟁이의 소동을 벌이는 것처럼. 몰이꾼이 가까이 오면 족대잡이가 순간적으로 들어올린다. 그럴 때마다 달빛과 횃불에 번들거리는 천어들이 팔딱인다. 피라미, 불거지, 갈겨니, 쏘가리, 모래무지, 꺽지, 자가사리 등이다. 그렇게 대여섯 차례만 건져 올려도 물고기들이 큼지막한 바가지에 소복하게 쌓인다.

그러면 몰이꾼들이 군침을 삼키며 연회석을 마련하자고 성화다. 너도나도 다투어 통반석에 퍼질러 앉아서 천어들의 배를 따서 물여울에 휘휘 젓는다. 아직도 살아서 꼬리를 흔들거나 몸통을 뒤틀어도 측은지심을 모르고 초간장을 발라 입에 우겨 넣는다. 그런 다음 표주박으로 탁주를 떠서 벌컥벌컥 들이킨다. 서로 술잔을 권하며 권주가도 즉흥적으로 불러댄다. 히야! 그 술맛 참으로 사람 죽이네. 아무렴, 좋고말고. 야! 신 나는 달밤이네. 저마다 탄성이 터진다. 흥결이 술을 마시게 하는지 술만 보면 한 발 물러나던 사람도 몇 잔을 사양하지 않는다.

이렇게 한 차례의 야외 잔치가 끝나고도 거듭하여 물살을 거슬러 올라가며 천렵을 계속한다. 바가지에 천어가 모아지기가 바쁘게 서너 차례의 술잔치가 벌어진다. 차츰 취흥이 몸통을 달아오르게 한다. 그 사이에 달도 중천에서 우리를 지켜보다가 노송에 앉아서 웃고 있다. 이렇게 거듭된 천렵과 술잔치의 재미와 흥취에 젖은 무리들은 덩실덩실 춤을 춘다. 춤사위가 즉흥적이지만 자연스런 조화가 그만이다. 서로가 백년지기처럼 지순한 동료로 팔을 휘감아 저으며 휘돈다. 몸통을 흔들다가 나뒹굴기도 한다. 서로가 얼싸안고 천생연분의 연인처럼 웃어댄다.

천렵놀이가 거의 끝이 나면 저마다 물속으로 들어가서 멱을 감는다. 얼근하게 취해서 홀라당 벗거나 옷을 입은 채 첨벙대고, 자맥질을 하고, 둥둥 떠다닌다. 와! 시원하다. 천국이네. 하하하. 웃음소리가 뒤엉킨다. 그렇게 자연과 술잔과 물놀이에 빠져서 무아지경으로 즐기다가 밤이 이슥해지면 휘청거리며 집으로 돌아간다. 저마다 노랫가락을 흥얼거리며.

회상해 보면 그 달밤의 천렵은 자연의 은총을 고스란히 누린 추억이다. 오늘날은 냇물에서 낚시로 잡아 올린 고기도 디스토마 균이 두려워서 금기시한다. 바닷고기도 그런 경종을 받을 날이 곧 오지 않을까. 원시의 식사를 아무런 거리낌도 없이 즐기던 날이 그립기만 하다. 달밤과 소쩍새와 반딧불이랑 소박한 인정으로 술잔을 나누던 그날이 잊을 수 없는 동화가 아닌가.

그 뒤로는 아무리 달빛이 휘황해도 달은 달대로 나는 나대로 저만큼의 거리를 두고 지냈다. 생활에 쫓겨서 고달프게 직장만 오갈 뿐이었다. 달이 중천에 떠올라도 직선의 건물에 찢기고, 철조망에 일그러지고, 전선줄에 목이 감기고, 기계의 소음에 놀라서 파리해지고, 공해로 뒤덮인 하늘로 우중충했으니……. 도시에 묻혀 살면서 한가롭게 서정을 즐기며 달밤을 소요할 여백이 없었던 게다.

생각해 보면 자연은 사람도 짐승도 새들도 그의 속 뜰을 닮게 하는 마력이 있다. 그래서 몇 년간 머물던 직원들이 화합을 이루고, 주민들은 질박한 품성을 지니고, 학생들은 순량했으리라. 그래서는 초임지인 두메산골의 부형들조차 다정한 이웃으로 여겨지고, 제자들의 이름을 40년이 넘도록 거의 다 기억하고 있는지도 모른다.

농부와 작물

인삼의 고장으로 알려진 진안에 살 때다. 이웃에 사는 인삼 농사의 주인들은 곧잘 이런 말을 하곤 했다. '인삼은 주인의 발소리를 듣고 자라는 법'이라고.

어디 인삼뿐이겠는가. 농작물을 가꾸는 농부들과 원예가나 영림가들은 이 말을 금언으로 여기며 한평생을 살 것이니.

꽃샘바람이 매서운 날에 시장을 지나다가 여러 가지의 작물 모종을 보았다. 고추, 가지, 방울토마토, 오이, 참외, 수박 등의 어린 싹들이 눈길을 끌었다. 유년을 산촌에서 살고, 청소년기에는 들녘에서 살며 맡았던 흙내음과 푸새와 과일들이 생각났다. 그리고 근래에 교단에서 물러나 교외의 농토에서 농작물을 재배하는 친구의 농장도 떠올랐다. 몇 가지의 품종을 골라 옥상에서나마 재배하면서 자연의 이법대로 사는 마음을 헤아리고 싶었다.

집으로 데려온 품종은 고추, 가지, 방울토마토였다. 비록 널찍한 텃밭은 아니지만 옥상의 화분에 두텁게 흙을 깔고 퇴비를 섞어서 심었다. 큼지막한 화분에 심어진 게 모두 열 개나 되었다. 일일이 아기처럼 안아다 햇살이 잘 비치는 곳에 앉혀 놓았다. 아직도 바람결이 맵기에 바람막이도 설치했다.

그런 다음 날마다 새벽이면 이 애들의 안부가 궁금하여 옥상으로 올라갔다. 진딧물이 보이면 돋보기를 걸치고 일일이 잡았다. 줄기가 꼬이면 가는 막대를 받쳐주었다. 이파리가 시들해지면 물뿌리개로 물을 뿌렸다. 영양 상태가 부실해 보이면 부토를 깔았다. 이렇게 지성어린 보모 노릇을 하는 재미로 나날이 새록새록 즐거웠다.

실토하건대 나는 그동안 집에서 만날 보는 화분에도 탐탁한 애정을 기울이지 못한 위인이다. 그저 아내의 일과로 보살펴지는 녀석들이구나, 하는 덤덤한 관심에 불과했다. 그러기에 희귀한 난을 머리맡에 두고 복욱한 향기를 맡으며 시를 읊조리는 선비와는 거리가 멀다.

그런데 이 화분에 심은 작물은 신통하게도 나의 마음에 평정이 깃들게 하였다. 신열에 가까운 보람과 즐거움이라 할까. 내가 정성어린 손길로 어루만지면 반드시 밝은 인사를 보내는 듯했다. 이게 바로 식물과 인간 사이에도 대화가 신령스럽게 소통되는 단면이려니 싶었다.

독일의 철학자이며 심리학자인 '페이너'는 이런 말을 했다.

"인간들이 어둠 속에서 목소리로 서로를 분간하듯이 꽃들은 향기로써 서로를 분간하며 대화한다. 꽃들은 인간들보다 훨씬 우아한 방법으로 서로를 확인한다. 사실 인간의 말이나 숨결은 사랑하는 연인끼리를 제외하고는 꽃만큼 미묘한 감정과 좋은 향기를 풍지지 않는다."

나의 사랑을 받고 자라는 애들은 날마다 새롭게 변신을 거듭하며 내 마음을 사로잡았다. 손자의 재롱을 보며 희열에 젖는 경우에 비길까. 어느 하루도 이 귀여운 대상을 무심하게 대할 수 없었다. 외출을 했다가도 날씨가 사나우면 서둘러 돌아와 보살폈다. 집을 비우면 발육에 이상이 생길까 저어하여 마음 놓고 여행을 할 수도 없었다.

이처럼 나의 자상스런 손길을 기다리는 작물들은 농부가 맛보는 보람을 안겨주었다. 돋을볕 무렵에 야들야들한 잎새가 나에게 눈웃음을 보였다. 밤하늘의 별처럼 자잘한 꽃들이 자욱하게 피어서 나를 반겼다. 귀여운 열매들이 가지마다 매달려서 나를 보라고 뽐내었다.

이런저런 변화의 모습을 즐기며 열매가 영그는 무렵이 되어서다. 고추는 길쭉한 손가락처럼 촘촘히 열리고, 가지는 어린애의 팔뚝처럼 여러 개가 매달리고, 방울토마토는 다닥다닥 붙어서 익어가는 게 아닌가.

미소를 머금고 열매를 매만지며 마음속으로 흐뭇한 계획을 세웠다. 이 열매를 거두는 날에는 외손녀인 나래와 갓 시집온 며느리와 아들딸과 며느리를 불러 모으리라. 먼저 옥상으로 데리고 올라가 내 미니 농장을 보여줄까 한다. 사람과 오붓한 관계를 맺는 식물들의 모습을 사랑으로 바라보라고. 그런 다음 하얀 쟁반에 잘 익은 방울토마토를 따게 하여 맛을 보게 하겠다. 그때에 나는 가족들이 따라주는 가양주를 마시며 미소를 머금고 있으리라. 단란한 평화가 고인 자리가 되겠지.

그런 생각을 하고 있으려니 우연히도 골목에서 트럭의 행상이 손님들을 마이크로 불러 모으는 소리가 들렸다. 호기심으로 살펴보니 미끈하고도 큼지막한 무 세 개를 묶은 한 단을 단돈 천 원에 팔고 있는 게 아닌가. 나도 덩달아 생채를 만들어 먹으면 좋을 듯해서 한

단을 사 가지고 왔다.

들어보니 팔이 늘어지도록 무거웠다. 마루에 내려놓고 아내랑 살피며 살지고 탐스럽다고 여기다가 이내 마음이 무거워졌다. 문득 손마디가 쇠갈퀴처럼 굳어지고, 팔다리에는 푸른 힘줄이 툭툭 솟아오른 농부들이 연상되어서. 노예처럼 힘겨운 노동으로 재배한 소출이 담배 한 갑 값에도 미치지 못하는 영농에 얼마나 가슴이 저릴까? 아마 이 무를 싸구려로 팔아넘기고 쓰디쓴 소주를 마시며 담배를 물고 한숨을 내쉬지 않았을까? 이 무의 처지는 도시로 흘러온 순이가 술집 앞에서 치마를 걷고 하얀 다리를 내놓은 채 넋을 잃고 있는 몰골로 보였다.

사실은 나도 늘그막에는 고향에 묻혀서 살려고 했었다. 커다란 산을 사서 조림을 하고, 산막을 지어 삼십여 년을 삼림경영에 노고를 바쳤다. 하지만 땅은 나의 어설픈 노고를 호락호락 받아주지 않았다. 서생으로 살아서 노동에 서툴고, 알러지 체질이라 풀밭에만 들어가면 피부염으로 고통을 받았다. 수십 번의 풀독으로 병원 문을 드나들다가 제풀에 지쳐서 나무들만 제대로 자라게 손을 놓았다. 다행히 나무들은 아름드리로 자라서 멧돼지나 노루와 토끼의 서식지가 되었지만 초라하기만 하다. 고향 사람들의 영농과 치산의 의지에 비하면 부끄러운 흉내만 내고 말았다.

그런대로 내 산의 안부를 묻듯이 고향을 자주 찾아가련다. 향촌의 초부들은 하늘과 땅의 순리를 지순하게 살아온 본보기가 아닌가. 그들의 손결을 어루만지며 텁텁한 막걸리를 따라주며 무언의 스승처럼 받들고 싶다.

인월담과 소쩍새

무주구천동은 태고의 향수를 불러오는 지명이 아닐까. 울창한 숲과 산짐승과 구름과 명경지수의 정토 등……. 나도 유년을 두메산골에서 수채화의 동심으로 살았던 터라 더욱 이곳을 선망하며 살았다.

사실은 무주구천동은 관광할 지역이 아니다. 미화하자면 문명에 지친 사람들을 위한 순례지로 받들어져야 한다. 내가 이곳을 이런 심경으로 찾아든 것은 반세기가 넘나 보다. 지금은 고속도로로 승용차를 타고 달리면 두 시간도 채 걸리지 않는 거리다. 그러나 당시는 자갈길과 흙과 모래가 뒤덮여서 시외버스로 한나절을 달려야 했다. 그나마 차들이 낡아서 숨이 가빠 뒤뚱거리고 헉헉거리며 달리다가 쉬기를 자주 했다.

모처럼 충청도의 규수인 약혼녀와 내 여동생 및 그 남자 친구가 일행이 되어서 여행길에 올랐다. 아침에 출발한 버스에서 내리니 해가 한낮이 지나고 있었다. 아담한 민박집에 취사도구를 맡기고 승경을 즐기며 계곡을 따라 걸었다. 아름드리나무들이 펼친 차일을 두른 녹음은 가슴을 시원하게 하였다. 새소리와 물소리에 젖어서 오르다 보니 인월담에 이르렀다.

달을 끌어다 놀게 하는 옥청빛 용소가 아닌가. 신선들이 한유를 즐길 만한 선경에 이끌려서 너럭바위에 앉았다. 그저 펑퍼짐한 바위면 그만이지 자리를 깔 필요가 있으랴. 귀청이 얼얼하게 들려오는 급류의 소리에 뻐꾸기, 꾀꼬리, 장끼, 비둘기의 소리도 묻어 왔다. 구름이 서서히 산자락을 타고 기어오르고, 솔바람이 미풍을 타고 흘러와서 서늘했다.

우리 일행은 맑은 미소를 머금고 둘러앉아서 술잔을 나누었다. 비록 거문고를 탈 줄 아는 미색은 아니지만 여인들이 사랑의 눈짓으로 권하는 술이라 사양할 나위가 있으랴. 말하자면 지순한 정인을 곁에 둔 두 남자는 주거니 받거니 하면서 도화원의 주인이 되어 갔다. 간간이 자기들의 여인들에게도 권하기를 인색하지 않으면서.

그렇게 무아지경에서 거나하게 취할 만큼 마시고도 술이 모자라서 아쉬웠다. 웬 술맛이 맹물이냐고 투정을 하던 참이었다. 사실은 취기가 정수리까지 차올랐는데도 몰랐던 것이다. 마침 술병을 지고 산을 오르는 지게꾼이 있기에 불러서 두 병을 샀다. 흡족해서 뒤뚱거리며 징검다리를 건너다가 그만 물속으로 벌러덩 넘어졌다. 그 순간은 이태백이가 술에 대취하여 멱라수의 달을 건지려다가 익사한 경지라고 해야 할까. 그 뒤로는 전혀 의식을 모르고 여러 시간이 지났다.

나중에 눈을 떠 보니 약혼녀가 나를 부축하고 있었다. 여동생마저 인사불성이 된 자기의 연인을 무릎에 앉히고 있지 않은가. 여동생의 연인은 물속에 잠긴 나를 보고 웃어대다가 용소에 떨어져서 허우적대더란다. 가까스로 두 여인이 건져내어서 두 남자를 빨래를 널 듯 나란히 눕히고 지킴이가 되었더란다. 나는 한심하게 내려다보는 약혼녀에게 면목이 없어서 바로 서약서를 써 주고 노염을 풀게 하였다. 그 서약서는 노처가 된 지금껏 보관 중이고 그 뒤로 절주의 약속을 신통하게 지켜왔다. 한 번 실수는 병가지 상사라 한다지만 신사가 어찌 실수를 거듭하겠는가.

밤이 이슥해서 휘청거리며 민박집으로 내려오려니 머슴새가 무리를 지어 왁자하게 지절댔다. 이에 질세라 소쩍새도 이 산 저 산에서 애잔하게 울어댔다. 반딧불이 어지러이 날고 하늘에서는 별들이 우박처럼 쏟아질 듯하였다.

아침에는 계류에 발을 담그고 다슬기를 건져 올렸다. 청정한 물에서만 살 수 있다는 생물이 아닌가. 고물고물 움직이는 다슬기를 손바닥에 올려놓으며 오염되지 않은 자연이 얼마나 은혜롭게 여겨지던지. 그 순간 오규채 시인의 〈연아천 야영〉이란 시구가 떠올랐다.

'옷 벗은 알몸으로/ 산의 품에 안겨 눕다.// 지나던 따개비가 잠시 멈춰/ 내 곁에 눕다.// 이렇게 숲 속에 누우면/ 나도 한 마리 풀벌레인 것을.// 세속의 아무것도 다 모르고/ 짜르르 울기만 하는/ 풀벌레인 것을.// 따개비와 눈 맞추며/ 한 밤을 새우다.'

이렇게 무주구천동과 인연을 맺은 뒤로 이곳은 나의 청정한 자연의 신전으로 받들어졌다. 어느덧 나도 반세기 넘도록 도시의 주민으로 멀미를 견디며 살아왔다. 도시인을 아스팔트 킨트라고 하기도 하고, 아파트를 시멘트 캐비닛이라고 한다던가. 기계의 소음과 오염된 공기와 사람들의 아귀다툼이 지겨우면 나의 영육을 신선하게 정화시키는 성소가 바로 무주구천동이라고 믿었다. 백련사의 달밤에 바위 끝에 앉아 듣던 젊은 비구니들의 애련한 담소를 잊지 못한다. 한여름에 덕유산을 오르다가 고혹적으로 웃어대던 참나리의 자태가 사랑스러웠다. 발목이 덮이도록 눈이 덮인 준령을 타다가 고사목 아래에서 구름이 나를 지우던 시간이 탈속의 경지였다. 이런저런 사연을 즐기며 찾아든 경우는 참으로 무수히 많았다.

나는 비원처럼 인디언의 추장이 약탈자인 미국 사람들에게 호소한 경구를 읊조렸다.

"우리에게는 이 땅의 모든 부분이 거룩하다. 빛나는 솔잎, 모래 기슭, 어두운 숲 속 안개, 밝게 노래하는 온갖 벌레들. 이 모두가 우리의 기억과 경험 속에서는 신성한 것들이다. 백인은 죽어서 별들 사이를 거닐 적에 그들이 태어난 곳을 망각해 버리지만, 우리는 죽어서도 이 아름다운 땅을 결코 잊지 못하는 것은 이것이 바로 우리의 어머니이기 때문이다. 우리는 땅의 한 부분이고, 땅은 우리의 한 부분이다. 향기로운 꽃은 우리의 자매이다."

지금 도시에는 나비와 벌들이 사라지고 없다. 처마 밑의 제비도 찾아올 줄 모른다. 하동들이 멱을 감던 냇물에도 물고기가 드물다. 민물새우, 피리, 불거지, 날치, 모래무지, 뱀장어는 찾아보기 어려운 가족들이 아닌가. 지구가 질병으로 신음하는 현실을 증언하는 신호라서 씁쓸하다.

아아! 무주구천동이여, 인월담이여, 그리고 소쩍새야.

내가 어린 날 자랐던 두메산골의 손으로 움켜 마셨던 옹달샘과 목젖이 서늘한 열 길 샘물과 바가지로 퍼서 등물을 하던 박우물처럼 영원해다오. 우리는 오염되지 않은 자연을 비밀의 정원으로 오래오래 간직하며 살고만 싶구나.

설원雪原의 산책

새벽녘에 창문을 열자 간밤에 내린 눈으로 설경이 산뜻했다.

설원을 소요하고 싶어서 밖으로 나왔다. 이런 날은 한적한 교외를 걸어야 제격이다. 매연과 소음으로 얼룩진 도시는 눈이 내리는 정감을 누릴 수 없기에.

잠시 발목이 덮이는 눈을 밟으며 대학의 캠퍼스에 들어선다. 행인들의 발자국이 없는 은세계가 눈부시다. 이곳을 속인의 남루한 발로 걸어도 되는지 조심스럽다.

온몸에 분분이 날아와 앉는 눈송이를 맞으며 천천히 걷는다. 옷깃에 내려와 앉아도 소리가 없는 평화의 나비들인 듯하다. 정원의 온갖 나무들이 설화를 피워 포근한 풍경화를 빚었다. 눈빛조차 맑아지는 신선한 조화에 나도 정물처럼 서 있고 싶다.

이윽고 발길을 옮기려니 두 젊은 남녀가 걸어온다. 둘이서 손을 잡고 얼굴을 마주보며 낮은 화음으로 노래를 부른다. 랄랄랄 랄랄랄……. 무슨 노래일까? 사랑을 밝히는 밀어가 이신전심으로 흐르는가 보다. 풋풋한 젊은이들이 펼치는 사랑의 대지가 순수로 가득 채워지기를 바란다.

밤새껏 눈이 내리는 밤에 산촌의 오두막집에서 등잔불을 밝히고 마주보던 소녀가 있었다. 소녀를 바라보며 환상의 구름을 탔다. 그 하얗고 보드라운 손길을 바라보며 낙서를 남겨서는 안 되는 선녀라고 믿었다. 그저 나만의 미화법으로 안타깝도록 그리웠지만 삼 년이 넘도록 사랑한다는 말을 건네지 못했다. 혼자서만 동화로 간직하고 싶은 바람이었을 게다. 그 안타까운 애모는 칠순이 가까운 지금도 이따금 꿈길을 밟아서 온다.

건지산 자락에 들어서니 수목들이 나뭇가지가 휘어지도록 눈을 구름처럼 걸친 채 침묵하고 있다. 은사들이 속진을 잊고 묵상에 잠기기에 알맞은 선경이다. 문득 강현미 시인의 〈겨울산〉이란 시가 생각난다.

산은 지금
깊이 사유의 뿌리를 내리고 있는 중

눈에 묻혀
푹푹 빠지는 발자국을 따라
간지럼을 타며 대꾸하는
산의 소리가
눈부신 눈꽃으로 피어 있다.
꿈꾸는 듯 흘러내리는 안개 속에
너울너울 능선을 따라가면

허백련의 산수화 속으로 들어와 있는 듯
우리는 세상에서 너무 멀리 와 있다.

나무등걸에 등을 대고 가만히 서 있다. 암회색 구름이 걷히고 부윰한 햇살이 비친다. 눈을 들어보니 아침 해가 산등을 타고 올라온다. 그러자 여기저기서 산새들이 지절대기 시작한다. 참새, 박새, 비둘기, 어치, 까치들이다. 눈부신 자연의 변화에 신명이 난 것일까.

조금 지나자 새벽닭 우는 소리가 들린다. 꼬끼요 꼬오 하며 굵은 목청으로 우는 놈이 있는가 하면 꼬 꼬꼬 꼬르르 하며 우는 놈도 있다. 아마 앞의 것은 장닭의 툭 터진 목소리일 것이고, 뒤의 것은 햇닭의 여린 발성 연습인가 보다. 아늑한 농촌의 풍속도가 눈앞에 펼쳐진다. 법 없이도 자연의 순리대로 평화롭게 살고, 가난해도 인정이 넉넉했던 향토였다. 도시에서는 들어보기 어려운 향수의 여운이다. 지금은 부화기에서 태어나서 새벽을 알리는 전령의 구실도 모른다고 하던가. 문명이 가축에게서마저 자연의 속성을 앗아간 탓이다.

눈에 덮인 오솔길을 따라 산 아래로 내려온다. 동물원에서 동물들의 야성이 넘치는 울음소리가 들린다. 철책 가에서 귀를 모은다. 낯익은 동물들의 목청이다. 건강한 대지의 가족들이 내뿜는 함성이다.

어린 날의 눈이 내리는 산골을 떠올린다. 밤새도록 눈이 자욱이 내리는 밤이면 동물들의 우짖는 소리가 들렸다. 부엉이가 뒷산의 장구실에서 청승스레 울었다. 강정골에서 노루가 울어대면 차박골에서 여우가 화답을 하고, 농골에서는 늑대가 울어댔다. 그런 밤이면 사랑채의 노인들은 잎담배를 말아 피우며 고담을 즐겼다. 아낙네들은 바느질을 하며 밤이 깊은 줄을 몰랐다. 조무래기들은 군밤을 먹으며 또래들이랑 키들거렸다.

마을 사람도 산짐승도 한겨울은 이웃이었다. 어둑어둑한 초저녁이면 동물들이 마을로 내려와서 가축을 물어가기가 일쑤였다. 그래도 굶주린 짐승들을 위해 동구 밖에 먹이를 뿌려주었다. 겨우내 먹을 고구마나 하지감자와 수수와 조를 아끼지 않았다. 이를 알고 어둠살이 짙어지면 동네 어귀에서 어슬렁거리던 노루와 살쾡이며 멧돼지가 지금도 눈에 선하다.

아침이면 초가의 지붕들이 목화의 구름을 덮고 집집마다 굴뚝에서는 하얀 연기가 피어올랐다. 고샅길에는 물동이를 인 여인들이 조심조심 걸어가고, 장죽을 문 노인들이 큰 기침을 하며 나오셨다. 구제리재를 넘어 학교에 가는 조무래기들은 기러기처럼 줄을 지어 눈길을 밟아가며 겅중거렸다.

그 밖에도 눈을 감으면 떠오르는 설원의 추억이 많다. 선친이랑 칠십 리의 귀향길에 눈이 내리자 주막에서 약주를 드시고 시조창을 하시던 날. 휴전선에서 천지에 애애한 산하를 보면서 철조망을 가슴 아파하던 전쟁터. 푸슬푸슬 함박눈이 쏟아지던 밤에 친구들이랑 술이 흠뻑 취해 돌아가던 산모롱이. 시골 학교로 오다가 적설량이 많아 자정이 넘는 시간까지 발목이 시도록 걷던 눈길…….

이런저런 상념과 추억을 맴돌며 걷다가 다실로 들어선다. 솔잎차 한 잔을 조금씩 마시며 창밖의 설경을 살핀다. 지금은 눈이 내려도 정취를 즐기는 사람들이 드물다. 눈송이에는 방사능의 잔재가 묻어 있고, 황사와 매연가스가 묻어 있다고 도리질을 한다. 농작물의 피해로 농민들이 아우성이고, 어민들이 가슴을 친다. 빙판을 달리는 자가용의 선남선녀가 푸념을 한다. 서글프고 안타까운 현실이다.

그렇지만 나만은 문명의 독소가 피해를 준다고 해도 설원을 외면할 수 없다. 아무리 노경일지라도 눈이 내리는 날이면 순한 산짐승처럼 소요하고 싶다. 이는 문명의 공해에 대한 거부이자 신선한 향수이다.

순천만 소요逍遙

모처럼 순천만 답사를 위해 남도 여행을 떠난다. 일곱 명의 친구들과 열차에 몸을 싣는다. 거무스레한 구름이 드리워진 하늘이다. 동녘에 여명이 밝아오자 열차가 조용히 미끄러지듯이 움직이더니 신명나게 달리기 시작한다.

잠시 담소를 하고 있으니 하얀 눈발이 푸슬푸슬 내리기 시작한다. 그러다가 꽃잎처럼 분분하게 흩날린다. 이윽고 온 세상이 자욱한 눈송이의 세례로 묻힌다. 순간 일행은 은혜로운 축제를 미소를 머금은 눈길로 반긴다. 이런 날에는 대화도 어울리지 않는다. 정결한 선경을 침묵으로 음미한다. 그렇게 눈이 내리는 풍경을 즐기고 있으려니 어느덧 원근의 야산도 평야도 촌락도 설경의 수묵화로 변신한다. 그냥 동화의 나라에 들어가는 감흥이 일렁인다.

차가 조용하게 달리기를 두 시간 남짓. 순천역에 이르러서 광장으로 나오자 해설사가 우리를 맞는다. 낯꽃이 고운 중년 여인이다. 일본인 한 명과 십여 명의 젊은 남녀와 우리 일행에게 친절한 해설을 해 준다.

순천만은 유엔이 지정한 5대 연안습지다. 전 지역을 포함하면 서울 면적의 3배에 이른다고 한다. 이곳에 날아드는 조류는 120여 종에 이르고 우리나라 새의 절반 이상을 차지한다. 국제 희귀종인 흑두루미, 노랑부리저어새, 재두루미, 검은부리물떼새 등이 날아온다니 얼마나 귀한 손님들인가. 연안에는 칠게, 농게, 짱뚱어 등의 저서생물 외 치어들과 구조류 및 칠면초 등의 각종 영양식물이 있고, 맛, 민챙이, 갯지렁이가 서식한다. 그 외에도 우리의 식탁에 올라오는 꼬막이 우리나라 생산량의 70% 이상을 차지한다. 보배로운 자연의 보고가 아닐까.

천천히 걸으며 해설자를 따라 생태공원 입구에 이른다. 그때 마침 중천에 하늘의 진객珍客들이 나타나는 게 아닌가. 자주 듣던 흑두루미들이 떼를 지어 날아오고 있다. 서서히 하늘을 맴도는 것으로 보아 군무群舞를 시작하려나 보다. 어림잡아 300여 마리쯤 될까. 하늘을 가리키며 해설사가 우리를 영접하려는 최고의 곡예를 보일 것이라고 한다.

모두들 걸음을 멈추고 흑두루미들의 무도회를 감상한다. 흩날리는 눈발에 묻혀서 자유자재의 춤사위를 펼친다. 미끈한 두 다리를 아래로 드리우고 목을 길게 늘인 채 춤의 동작이 각양각색이다. 부채처럼 두 날개를 활짝 펼쳤는가 하면, 접은 듯이 곧추세우고 오른다. 비스듬히 누워서 흐르고, 한 날개를 아래로, 다른 날개를 위로 원을 그린다. 조용하게 낮게 흐르고 잦은 날갯짓으로 파닥인다. 저마다 다른 율동을 보이고 똑같은 동작을 하지 않는다. 스칠 듯 비켜

가며 친구들의 깃털도 건드리지 않고 무질서의 질서를 연출한다. 이를 일러 선녀들의 우아한 춤의 향연이라 하자.

두루미는 옛날부터 학이라고 불렀다. 신령스런 신선이나 선비들에게 비유되던 존재였다. 그 새들이 이제는 지구상에 10,000여 마리만 존재하며 멸종 위기가 되어 국제적 보호를 받고 있다. 이곳에 매년 날아오기는 고작 300여 마리인데, 9,000여 마리가 일본의 이즈미즈로 모여든다나. 그곳은 세계적인 철새 도래지로 각광을 받는 명소란다. 그만큼 자연을 소중하게 지킨 선물임이 분명하다. 우리도 천국처럼 살아갈 철새들의 공화국을 만들어 주어야 하지 않겠나. 이런 세상이 바로 정토일 게다.

이들이 낙토로 여기며 세계의 도처에서 무수히 날아들기를 기원한다. 그렇게 하려면 주민들이 지성어린 지킴이가 되어 환경의 오염을 막아야 하리라. 농민들은 과학적 영농을 거부하고 유기농법이나 자연농법으로 전환해야 한다. 무논에 가재가 기어다니고 민물새우가 사는가 하면, 벌과 무당벌레가 찾아오는 경작지도 있다지 않던가. 전남 장흥의 어떤 마을에서 성공한 영농법이 바로 그 희망의 제시다.

일본의 아이누족은 지구상에 존재하는 것들은 모두 신의 얼굴이라고 여긴다. 신은 원래 형상을 갖지 않으므로 지구에 내려올 때는 마음에 내키는 형상을 걸치고 온다. 짐승, 나무, 물고기, 물, 바위, 벌레 등의 모습으로. 그러기에 이들을 함부로 대하면 신들이 다시는 오지 않기에 지구는 점차 지옥으로 변한다. 이는 다신교 신앙으로 자연을 구성하는 다양한 존재들은 우리와 한몸이라는 인식이다. 도심지에 오지 않는 나비와 꿀벌이나 제비가 우리의 어머니인 지구의 질병을 알리고 있지 않던가. 멀리로는 북극과 남극의 오존층이 파괴

되고, 크릴새우와 북극곰과 물개가 줄어든 것이 바로 지구의 위험을 알리는 신호다. 그러기에 자애로운 어머니인 대지를 보호하고 섬기는 운동을 늦출 수가 없다.

농부 철학자 피에르 라비는 말한다.

"대지는 우리를 사랑하지만, 우리는 그것을 괴롭히고, 거칠게 대하며, 오염시킵니다. 대지는 참을성을 가지고 기다립니다. 하지만 만일 우리가 계속해서 자신을 더럽히고 오염시키면, 어느 날, 아마도 멀지 않은 시간에, 지구는 진저리가 나 개가 벼룩을 털어내듯이 몸을 흔들 것입니다. 그때 벼룩들은 바로 우리 인간들이 될 것입니다."

이런 생각을 마음속으로 떠올리며 발길을 옮긴다. 지평선을 아득하게 덮고 있는 갈대밭을 거닐어 보려고. 갈대밭을 보기 좋게 가꾸려면 매년 두세 번씩 베어 준다. 그래야 가지런하고 깔끔하게 자란다. 지평선을 덮은 갈대가 바람결에 몸을 흔들고 머릿결을 살랑인다. 갈대밭 사이로 나무판자를 깔아 인도를 마련했다. 은갈색으로 빛나는 갈대밭을 거닐며 물새들을 보고, 갯벌에서 살아가는 물고기들을 살핀다. 갈대가 이들을 품어주고 지켜준다. 자연의 정취를 한가롭게 맛보며 소요하기에 알맞은 공간이다. 언덕에는 갈대열차가 손님을 기다리고, 바닷가에는 모터보트가 졸고 있다. 이들이 새들의 평화를 깨지 않기를 바라는 마음 간절하다.

한가롭게 이야기를 나누며 솔숲을 올라 용상 전망대에 오른다. 마침 낙조가 장엄하게 노을빛을 바다와 육지에 물들인다. 이때를 기다린 듯 온갖 물새들이 하늘에 올라 활기찬 날갯짓을 한다. 하염없이 낙낙한 미소를 머금고 자연의 풍광을 마음에 담는다. 순천만이 자연의 속뜰로, 공원으로, 학습장으로 오래도록 사랑받기를 바라며…….

2부

인간의 선의 · I

고물상의 웃음

봄의 햇살이 다사로운 아침나절이다. 모처럼 아내랑 산책을 하려고 골목을 나왔다. 마침 동네의 의원 앞에 이르자 고물상인 염 주사가 고물을 주워서 짐을 챙기기에 열중이다. 마치 자기의 전답에서 소출을 하듯이. 그냥 모르는 체하고 지나려다가 그의 앞으로 가까이 간다. 오래도록 이웃에서 살아가면서 측은지심으로 손을 잡고 싶은 터이기에.

오늘따라 얼굴이 야위고 피곤해 보인다. 게다가 새우처럼 허리가 옆으로 굽어 있지 않은가. 걱정이 되어서 그동안 건강하더니 갑자기 왜 이 모양이냐고 물었다. 잠시 싱긋 웃고는 대답한다.

"그럴 만도 하지요. 14년간이나 하루도 쉬지 않고 부려먹은 몸이니까요."

그 말을 듣는 순간 우리 부부는 죄를 지은 사람처럼 노경의 편안한 나날이 부끄러워진다. 머뭇거리다가 염 주사에게 그 자리에서 잠깐만 기다려 달라고 부탁하고 집으로 들어간다. 요통과 근육통에 효험이 좋은 약품을 전해 주려고. 몇 달을 마음 놓고 사용할 분량을 건네주며 힘을 내라고 손을 잡아 흔들어 준다.

글의 서두에 이와 같은 미담가화를 꺼내면 독자들은 코끝에 인도주의를 걸고 다니는 위인이라고 나무랄지 모른다. 사실은 그게 아니다. 내막을 알고 보면 어느 냉혈한이라도 나만큼의 인정에 인색하지 않으리라. 그와 처음으로 만나 이야기를 나누며 그의 지난날도 알게 되었다. 젊은 시절에는 시내에서 여관과 목욕탕을 운영하며 부자가 부럽지 않게 살았더란다. 그러나 친지를 믿고 보증을 섰다가 이 지경이 되었다고 씁쓰레하게 웃었다. 그 순간 날벼락도 내리는 하느님은 도대체 무얼하시는 걸까 하며 혀를 찼다. 그렇건만 염 주사는 내 팔자려니 하고 육신을 노예처럼 부리며 산다는 것이었다.

어느 가을 저녁 무렵에 그를 만나 고달픈 몸을 풀게 하려고 탁주나 한잔 나누자고 제의했다. 그러자 머뭇거리더니 사양하였다. 술은 마실 줄 알지만 몇 잔의 술은 자기의 생활에 지장을 준다고. 밥 한 그릇이 하늘인 줄 모르는 나의 호의가 쑥스러웠다. 다행히 나는 연금이라도 받으며 아들딸들에게 손을 벌리지 않는 터다. 신사임당이 그려진 지폐 한 장이라도 쥐어주며 가족끼리 식사라도 한 끼 하시라고 하고 싶기도 했다. 그러나 되레 견고한 독립심을 해치는 악덕일 수도 있어서 그만두었다.

가끔 푼돈이라도 될 고물을 모았다가 건네주곤 했다. 버릴 만한 책도 한 수레가 되도록 실어준 일도 있다. 어느 때는 힘에 부치는 짐으로 허덕이면 몰래 뒤에서 밀어주다가 돌아오기도 하였다. 때때로 남의 공터에 야적한 그의 고물을 살펴보았다. 농촌의 낟가리처럼 각종 고물을 쌓아 두고 있었다. 어느 부농의 살림이 이토록 억척스러우랴.

이처럼 염 주사와의 인연을 시시콜콜하게 늘어놓는 이유는 이런 민초들과의 인연이 절실하기 때문이다. 선친은 이들의 자애로운 지킴이였고, 나는 그들과 뒤섞여 곤고하게 살면서 많은 은의를 입었다.

내가 유년을 보낸 고향은 두메산골로 목불식정의 초부들만 어울려 법이 없이도 오순도순 살았다. 보릿고개가 되면 초근목피로 연명하고, 겨우 살림살이가 펴지면 보리나 수수와 조와 감자가 주식이었다. 그 외의 여유는 하늘이나 내는 줄 알고 안빈낙도를 분수로 여겼다.

이런 한촌에서 선친은 일제강점기에 보통학교만 졸업하고도 일본어에 유창하고 상식의 법에 밝아서 이들의 충직한 보호자가 되었다. 편지를 대신 써 주고, 계약서를 써 주고, 달아난 아내를 찾아서 다시 짝을 지어주고, 무의탁 노인이 돌아가시면 십시일반으로 촌지를 모아 장례를 치르고, 대리 재판을 해 주는 등……. 그래서 마을 사람들은 고을의 총독이라고 여기며 선친의 우산 밑으로 모여들었다. 당신은 한량으로 유랑을 즐기고 풍류로 세월을 건너가도 전답은 일꾼들이 가꾸어서 곳간을 채워주었다. 장작이 벽마다 쌓여지고, 허청에 나무가 가득하고, 쌀독이 넘친 것은 순전히 그분들의 질박한 헌신의 결실이었다.

그러나 이 아들의 교육을 위해 고향을 떠나면서 선친과 나는 농촌과 도시에서 애옥살이를 벗어나지 못했다. 강산이 두 번이나 변할 세월을. 도시락을 지참할 수 없었고, 수업료를 내지 못하고 교실에서 밀려나고, 냉방에서 네 가족이 체온으로 비비며 겨울을 나야 했다. 춘궁기가 오면 아버지의 편지를 들고 쌀값을 빌리러 고향의 여러 집을 전전하기도 한 나의 소년기였다. 그들은 고맙게도 나에게 쌀을 팔아서 연명한 돈을 선선히 쥐어주곤 했다. 고마움은 내 마음에 황송한 물결이 일게 하였다. 근래에 김남곤 시인의 〈빚〉이란 시가 떠오를 만큼.

빚 얻고
돌아오던 날
눈물도
기쁘다.

6 · 25의 전란에 선친이 고향으로 피란을 하자 공산주의자로 돌변한 무리들이 설치며 마을 사람들을 학살하고, 굴비처럼 묶어서 몽둥이 찜질을 했어도 당신의 손끝 하나도 괴롭히지 않았다. 숙부의 가족도 안온하게 지냈다. 어린 나도 전쟁의 공포를 모르고 보호를 받다가 돌아왔다. 진정한 사랑의 나눔은 사상의 벽도 허물 수 있다는 귀중한 체험을 안겨준 계기였다.

생각해 보면 내가 땅과 하늘의 마음으로만 살아가는 그분들에게 한 줌의 햇살도 되돌려 드리지 못하는 노년이라 죄책감만 든다. 더구나 고물상의 웃음은 나의 애정과 은혜와 동병상련의 인연의 가닥이 뒤얽혀 있기에.

물과 황희

보름달이 휘영청 밝다. 산들거리는 바람결을 즐기며 전주천변을 걷는다. 질펀하게 흐르는 물결이 잔잔하고 맑다. 오랫동안 오염의 몸살을 앓다가 벽계수로 돌아온 물줄기가 소중하고 사랑스럽고 고맙다. 물 위로는 논병아리, 물닭, 비오리, 해오라기, 백로가 노닌다. 밤하늘의 구름과 별들도 흐른다. 물가의 달맞이꽃과 꽃창포도 물살에 제 얼굴을 비추며 귀엽게 웃는다. 몰속에는 청정한 물에서만 산다는 다슬기, 동자개, 버들치, 쏘가리와 수달도 서식한다고 한다. 물의 부활에 신명이 난다.

예로부터 선인들은 노자의 ≪도덕경≫에 나오는 상선약수上善若水라는 말을 즐겨 사용하고 있다. 글줄이나 읽은 이들은 다 아는 바와 같이 노자는 물은 스스로를 낮추고(居善地), 연못처럼 맑으며(心善淵), 어질고(與善仁), 믿음이 있으며(言善信), 다스릴 줄 알고(政善治), 만사에

능하며(事善能), 상황에 맞게 움직일 줄 안다(動善時)고 하였다.

선승들은 무자無字 화두나 '이 뭐꼬'라는 화두를 들고 백척간두에서도 놓지 않으며 해탈의 경지를 궁구한다고 했다. 행주좌와行住坐臥에도 놓지를 않고, 8년간의 장좌불와長座不臥를 하면서도 참선을 한 고승의 염원은 얼마나 심원하고 고결한가. 그러나 범속한 나는 그저 물의 덕성을 경전으로 모시며 살고 싶다. 비록 갑남을녀나 필부필부라고 할지라도 물의 송가를 주문처럼 뇌이며 산다면 세상은 참으로 살맛이 나련만…….

물은 언제나 아래로만 흐른다. 겸손의 미덕을 사는 본보기다. 서두르지 않고 채우다가 낮은 곳을 메우고 높은 곳을 넘는다. 미추나 청탁을 가리지 않고 받아준다. 세상 만물과 거리가 없이 동고동락할 줄 안다. 하늘이 사물의 존재를 구별하고 차별하던가. 자애의 모성으로 뭇 생명을 길러주고 품어줄 뿐이다. 상황에 따라 수많은 변신을 하지만 자성은 한결같다. 안개로, 이슬로, 우박으로, 얼음으로 바꾸어도 항상 부드럽고 느릿한 걸음이지만 백 길의 절벽에서 직선으로 떨어질 줄도 안다. 신념을 위해서는 온몸을 내던지는 의인처럼. 사회악이 범람하는 세상을 개탄하다가 세상을 뒤엎는 창조주처럼 분노할 수도 있다. 홍수가 되기도 하고 해일로 넘치기도 하면서.

이렇게 물의 덕성을 찬양하다가 역사상의 위인 중에서 물의 화신을 찾아보고 싶어진다. 아마도 황희 정승을 이의 반열에 모실 수 있지 않을까 한다.

황희 정승은 알다시피 고려 말의 두문동 72인 중의 한 사람이었다. 이태조의 세 차례에 걸친 회유와 협박에도 의연히 무너진 사직에 대한 충절을 지키다가 동지들의 추천으로 개국을 돕는 관직에 들어선다. 그는 벼슬을 맡으면서 이런 결연한 의지를 내세운다.

"나는 가난한 백성보다 더 가난하게 살리라."

국사에 관심이 있는 사람이면 다 아는 청백리의 귀감이지 않았던가. 비가 새는 방안에서 세숫대야로 빗물을 받아냈다. 며느리와 아내가 헌 치마를 서로 바꾸어 입었다. 천민의 가난을 부끄러이 여기지 않았다. 얼마나 곤고하게 살았으면 계란유골의 고사성어가 생겼을까.

여종들이 다투다가 정승께 일러바치면서 서로 옳다고 우길 때 미소를 지으며 둘이 다 옳다고 두둔하고, 정승의 처신으로 가르치는 방법이 그르다고 지적한 부인의 말도 옳다고 하더니, 맹사성의 고언도 옳다고 했다지 않던가. 이를 일러서 사철춘풍이니 무골호인으로 평가해서는 진의를 모르는 소치다. 만백성을 사랑으로 다독이는 봄햇살의 미소가 아닌가.

하인의 어린 아들딸이 정승의 밥상에 달려들어 수염을 잡아대며 응석을 부려도 '허허' 웃으며 궁둥이를 토닥거렸고, 붓을 들어 종이를 펴면 그 위에 오줌을 갈겨도 손바닥으로 쓸어내며 개의치 않았다고 한다.

그런가 하면 당신이 아끼는 김종서를 혈기만 앞세우고 공인정신이 모자라다고 여기며 자주 준엄하게 힐책도 하였다. 나라의 동량재로 기르고 싶었던 충정이었다. 나중에 18년의 정승 벼슬을 김종서에게 물려준 것이 이를 증언한다. 심지어 태종이 장자인 양녕대군을 물리치고 세종을 책봉하려 하자 단호하게 불가함을 상소하여 파직을 당하고 귀양을 가기도 하였다. 국가적인 정론을 펴기 위해서는 목숨의 안위도 개의치 않았다. 태산보다 높은 기개와 절의가 보이는 거취이다.

박윤구는 황희 정승의 인물평에서 이렇게 적었다.

'두문동 일화에서 알 수 있듯이 그는 목숨도 초개같이 버릴 줄 아는 과단성이 있는가 하면, 한번 세운 뜻은 끝까지 밀고 나가는 우직함이 있었다.

황희는 집안 하인에서부터 아들과 조정의 대신에 이르기까지 두루 품에 안고 다독이며 올바른 길로 인도하였다. 그의 가슴은 온갖 쇠를 녹여 새로운 물건을 만들어내는 용광로와도 같았다. 그의 가슴은 왕을 녹이고, 신하를 녹이고, 백성들도 녹였다.'

일찍이 물의 화신으로 백성을 사랑하고 섬기며 역사를 바르게 이끌어간 인물이 몇이나 있었던가. 비록 우리나라의 지도자는 아니지만 다른 나라의 두 위인을 귀감으로 내세우고 싶다. 베트남의 농민군대로 두 차례나 프랑스와 미국을 물리친 호치민 대통령, 무저항주의의 물결을 일으켜 인도를 영국으로부터 독립시킨 마하트마 간디. 이런 성자야말로 물의 수신을 이루어서 국민들의 열화와 같은 사랑과 노도와 같은 추앙의 물결로 불세출의 위업을 이룬 것이 아닐까. 그 두 지도자가 남긴 유품은 남루한 헌 옷이나 신발이요, 낡은 물레나 밥그릇이 고작이지만 본받을 정신과 실천은 거룩한 빛으로 남을 게다.

오늘날 민초들조차 정치가들을 한낱 이전투구의 잡배라고 입을 모은다. 공직자들을 부정부패의 졸개들이라고 개탄한다. 이와 같은 흙탕물의 세태에 도리질을 하면서, 제발 역사를 새롭게 쓸 황희 정승의 그림자를 닮은 인물이라도 보고 싶다. 아주 간절히 기도를 올리는 마음으로.

바보 대통령

위대한 사람도 그 고장에서는 드러나는 존재로 비치기 어려운 것인가.

이런 예화는 얼마든지 많다. 아리스토텔레스가 그의 아내로부터 박대를 받았고, 톨스토이도 악처의 소행으로 만년에 유랑하다가 객사를 하였다.

우리는 한 시대를 지도한 대통령인 노무현님을 바보 대통령이라고 불렀다. 재임 중 무던히도 풍랑을 많이 겪었던 그가 퇴임한 다음 민초들의 고장으로 돌아간다. 웬만한 무지렁이도 떠나는 농촌에서 여생을 보내려는 소망을 지닌 채. 낙후된 농촌을 살리고 환경 운동에 희망을 걸었던 것이리라.

이때부터 전국 각지에서 이분을 찾는 방문객들이 물결처럼 몰려든다. 아무라도 봉화 마을을 찾아가 '노무현님, 나오세요.'하고 요청하면 밀짚모자를 쓰고 함박웃음을 머금으며 방문객들 앞에 나타난다. 날마다 그 많은 손님을 대우하지 못하여 미안해하고, 세상 돌아가는 이야기를 스스럼없이 나누기를 좋아한다. 손녀를 자전거에 태운 채 논두렁길을 달리고, 인근의 농민들이랑 탁주를 마신다. 마을 사람들의 마늘농사와 고추농사를 살피고 마을 일을 함께 의논하기를 즐긴다.

그러면 이분이 걸어온 정치 역정을 살펴보자.

어렸을 때부터 가난한 가정에 태어나 정상적인 교육의 혜택을 받지 못하고 고작 상고를 졸업한다. 독학자습으로 고시에의 도전을 시작한 지 9년에 이르러 당당하게 합격한다. 이로부터 탄탄한 관료의 길을 걸어도 좋을 것을 고작 1년도 채 안 되어서 판사직을 내던지고 민권운동가로 변신한다. 잔혹한 독재자가 민권을 탄압하고 유린하던 동토에서 핍박받는 노동자의 권익을 위해 신명을 바친다.

드디어 야당의 정치 지도자인 김영삼의 권유로 국회의원에 출마하여 무난히 당선된다. 그러나 그의 후원자가 국민의 열망을 외면한 채 권력의 야욕에 눈이 멀어서 3당 합당을 결행할 때, 그는 통렬하게 비판하고 반대하며 합류를 거부한다. 외롭게 지역주의를 타파하고 국민화합을 이루어 참된 민주주의를 실현하려는 열망을 지닌 화신이 된다.

청문회의 스타가 되어 종로에서 국회의원에 당선되지만, 미련 없이 사퇴하고 부산 시장 선거에 도전한다. 영남의 유권자들은 능력은 높이 평가하지만 호남을 이끄는 지도자의 대열에 합류한 사실로 외면하여 낙선하고 만다. 그는 비록 낙선을 예상했지만 지역주의의 고질병을 타파해야 한다는 피의 절규를 경상도의 유권자들의 가슴에 심어준 것이다.

그런 실패와 좌절과 도전을 거듭한 끝에 민주화를 염원하는 유권자들의 전폭적인 지지를 얻어 기적같이 대통령에 당선된다. 절대적인 권좌에 앉았지만 그는 도무지 주변의 시퍼런 칼날의 권력을 이용하지 않는다. 오로지 민주주의의 정도만 지키면 그만이다. 순경은 순경대로, 검사는 검사대로, 안기부원은 안기부원대로, 언론인은 언론인대로 주어진 임무에만 충실하기를 요구한다. 하이에나와 같은 보수 언론의 악착스런 이빨도 당당하게 물리친다.

역대 대통령들의 굴욕적인 친미 정책을 외면하고 자주 노선을 천명하며 국가의 주체성을 모색한다. 강대한 미국의 압력과 추종자들의 반대에도 불구하고 소신을 굽히지 않고 버티며 견딘다. 이와 같은 정책을 바보스런 만용으로 비판하는 무리들이 얼마나 많았던가.

재임 중 최초로 탄핵을 받는 절박한 위기에도 그는 결연하게 대처한다. 아무런 실정이 없는데 무조건 사과하라면 그런 요구에는 응할 수 없다고 거부한다. 그 결과 역사적 치욕이라 할 탄핵 결의안이 통과되고 만다. 그러나 결과는 반전되어서 국민들이 분노하여 바보 대통령을 지원하는 물결이 전국을 휩쓴다. 천우신조로 그가 이끄는 당이 과반수 의석을 점유하여 안정적 기반을 마련한다. 무모하게 보인 용기가 통쾌한 승리를 가져온 것이다.

북한에 대한 화해 정책에도 남다른 열정으로 접근한다. 평양을 방문하고 서해 5도에 대한 분쟁 방지에도 도움이 되는 합의서를 이끌어 내고, 북한 국민들의 매스게임에도 참여하여 동족의식을 일깨운다. 현실적으로는 어렵지만 우리의 지도자들이 통일을 위한 주춧돌을 놓아주지 않는다면 어느 날에 통일의 영광을 안아볼 수 있을 것인가.

재임 중에 부정부패에 물들지 않고 하늘을 우러러 부끄럼 없이 봉직하다가 물러난다고 공언한 바 있다. 이는 전직 대통령들의 실패에서 반면교사로 배운 결의였을 게다. 국민들은 대체로 그와 같은 약속이 잘 이루어지리라고 믿기도 하였으리라.

그런데 국민들이 발을 구르며 안타깝게 여길 치욕적인 날이 오고 말 줄을 누가 알았으랴. 권력의 알사탕은 비극의 그늘을 지니는 것인가. 퇴임하여 안락하게 여일을 즐기기를 일 년도 못 되어서 사정의 칼날이 그의 명예를 난도질하기에 이른다. 여러 명의 참모들과 아들 및 부인에 이어 본인조차 검찰의 소환을 받는다. 드디어 수모와 고통을 견디다 못해 이메일의 네티즌들에게 '이제 여러분은 노무현을 버리십시오.' 라며 창을 닫는다. 그러다가 부엉이 바위 위에서 뛰어내려 파란만장한 일생을 마감한다. 비록 옥의 티에 불과한 흠결에도 개결한 마음으로 국민들에게 참회하고 사과한 다음 목숨을 내던지는 바보의 길로 사라지고 만다.

조선 역사를 통하여 역대 왕들이나 한국의 대통령들이 자기의 신념을 위해 바보 소리를 들으면서도 정도만을 골라 산 인물이 있었던가. 민주주의의 진정한 실현을 위해 온전히 자기를 비운 인사가 있었던가. 민초들을 사랑하며 가족처럼 껴안아주려고 자기를 낮춘 지도자가 있었던가.

세속적인 잣대로 말한다면 노무현 대통령은 여러모로 바보였다. 하지만 위인이란 어린이보다 단순한 바보가 되어야 하지 않을까. 하느님의 아들로 이 땅에 오셔서 밑바닥 인생을 보듬어 준 예수, 헌옷과 신발만 남기고 조국인 월남을 강대국의 압제에서 해방시키고 통일까지 이룬 호치민, 삼팔선을 베고 죽더라도 분단만은 막으려던 김구 선생…….

이제는 사랑하는 '바보 대동령'을 찾아가 인사를 드릴 기회마저 사라져서 허전하고 서러울 따름이다.

사람의 향기

소크라테스는 대낮에도 진리를 찾아 등불을 들고 다녔다던가. 어느 책에선가 읽은 일화다. 자신과 자기 근거에 대한 내면 철학의 원로다운 자세다. 나와 같은 범속한 서생은 이런 철인의 염원을 흉내조차 낼 수 없다. 하지만 탁류가 넘치는 세태를 보면 진리에 버금가는 참다운 사람의 향기를 찾아 어디라도 경배의 지등을 들고 찾아가고 싶다.

먼저 실토할 일이 있다. 벌써 10여 년 전부터 신문을 사절하고 지낸다. 신문을 펼치면 부정부패와 사회악으로 얼룩져서 오만상을 찌푸리게 하지 않던가. 이게 빙산의 일각이라면 얼마나 사회가 전체적으로 만신창이가 되었으랴. 더구나 사회의 목탁이란 신문이 보수와 혁신의 나팔수가 되어서 왜곡보도를 일삼는 현실에 신문을 내팽개치기에 이른 것이다.

그러면서 사람다운 사람의 표상을 그리워하고 사모하기 시작하였다. 종교인들은 성지를 순례하기를 즐기지만, 나는 진인을 찾아서 원근을 불문하고 거처 찾기를 즐겼다. 솔바람 같은 법음을 마시게 하는 법정 스님을 뵙고자 불임암을 찾았다. 조선의 백자를 빚고 고향의 진수를 간직하고 살아가는 도공 지헌 선생 댁을 가족을 이끌고 방문하였다. 동동주와 시레깃국을 즐기는 고진한 성품의 황송문 시인을 찾아 호숫가에서 문담을 즐겼다. 굽은 나무 선산 지킨다고 한평생 선산의 벌초를 도맡던 홀아비인 재종형님을 뵙고 탁주를 대접하곤 했다. 선친이 살던 고향 집에서 머슴살이를 하였지만, 하늘과 땅과 사람의 화신으로 살았던 점박 노인의 누옥을 방문하곤 하였다. 아름다운 사람과의 관계가 나에게는 행복한 비밀이었다.

그런데 오늘 우연히도 외경하는 선배 교사 한 분을 만났다. 너무 반가워서 낙엽이 흩날리는 공원의 포장마차로 들어가 술자리를 마련했다. 이 고장에서는 팥으로 메주를 쑨다고 해도 믿는다는 퇴임 교장이다. 이름은 김행모 씨다. 이분과는 어느 학교에서 함께 봉직한 인연이 있고, 자연과 인사를 넘나들며 친밀하게 교분을 맺고 지냈다. 스스럼없이 어울려 막걸리를 사발로 마시며 담소를 했다. 설산이 이끌면 산을 헤매다가 주막에서 얼근하게 술을 마시고, 단풍이 절정이면 심산으로 들어가 낙엽을 깔고 가양주를 주거니 받거니 하였다.

함께 봉직할 때에는 내가 반면교사로 대할 면면이 많았다. 승진을 앞두고 무언의 경쟁을 하는 상대 교사가 있었다. 상대는 직원들이 출근하는 무렵이면 전교가 우렁우렁하게 마이크로 목청을 높였다. 아이들을 동원하여 손수 싸리비를 들고 진입로를 청소하면서 진두 지휘했다. 과연 괄목할 만한 헌신이라 여기면서도 비아냥거리는 직원들도 많았다.

그러나 김행모 선생은 철저하게 참다운 교사상을 갖추었다. 마치 수줍음을 타는 소년처럼. 남의 눈길이 미치지 않을 때 손수 화단이며 화분을 알뜰하게 가꾸었다. 담임이 빈 교실을 찾아가 뒷자리에서 학생들을 돌보았다. 장기 결석생이 있으면 낡은 자전거로 가정 방문을 하여 태워다 교실에 앉혔다. 언젠가는 천애의 고아가 된 제자들을 산자락에서 발견하고 밥을 사 먹이고 손수건을 적시며 울었다. 오지의 학생들이 다 집으로 돌아간 뒤에야 막차로 귀가하였다.

다행히 이렇게 술수를 모르고 시류에 영합하지 않고도 이분은 교육계의 중진으로 요직을 오르내렸다. 한 차례는 도교육청의 인사계장으로도 상당 기간 복무한 일이 있다. 세칭 황금알을 낳는다는 실세의 자리다. 전임의 누구는 내장산의 호텔을 구입했다고 하고, 누군가는 감옥에 끌려가고, 누군가는 도피 중이라던 어수선한 시기였다. 고심이 크던 교육감이 청빈하기로 정평이 높은 이분을 발탁하여 분외의 영전을 한 것이다.

본인의 회고담을 통하여 처신이 어려운 자리를 무난히 감당한 사실을 들어보면, 과연 그 품성에 맞는 처신으로 신뢰가 간다. 푸줏간의 파리들처럼 날아드는 사이비 언론인이며 권력을 업은 기관원들을 달래기 위해 봉급봉투를 헐었다고 한다. 청탁성이 있는 뇌물을 보내면 어김없이 되돌려 주려고 아내랑 가정을 방문하여 양해를 구했단다. 재임 중에 부친상을 당하여 부의함을 열어보고 부담 없는 교분의 인사 정도만 받고, 과분한 촌지는 일일이 송금료를 부담하며 반송했다고 한다. 부정부패의 단맛에 흔들리는 공직자들은 얼굴을 가리고 숨고 싶지 않을까 모르겠다.

퇴임 이후에도 김행모 선생은 향토로 돌아가 고향을 부모님 모시

듯 섬기며 살아간다. 선형을 받들기가 힘든 시대상을 알고 30여 기의 묘소를 한자리에 모셨다. 손수 전답을 일구고 가꾸며 농부가 된 즐거움을 누린다. 장날이면 하던 일을 미루고 승용차로 고향 사람들의 짐을 일일이 실어다 준다. 그리고 허리가 굽은 노인들이 사는 집마다 족자를 만들어서 걸어준다.

작년에는 고향의 입구에 이런 기념비를 세우기도 하였다.

갓배 솔바람

— 김형오

매뱀이 바삐 돌아 앞 냇물 찰랑찰랑
뽕나무밭 허물어 옛길 다듬고
판쇠아제 누렁소 쟁기 걸어 끌끌
자갈밭 세 말 갓지기 엎었다 뒤집었다
밥 한 그릇 참말로 무서운 것
가난도 오래 가꾸면 힘이여 힘
헌 집 건너 새집 어깨 들어
앞 백코 카랑카랑 갓배 솔바람

— 이 마을에서 태어나 함께 살아온 우리들의 고향을 김형오가 글로 쓰고 김행모가 여기에 새겨 놓았음.

2009년 봄날

한 세상을 이처럼 질박한 본성으로 겸허하게 살고, 순리를 좇아 정도를 조심조심 밟으며 살아간 그 족적이 선망스럽다. 내 마음의 청포도를 은쟁반에 담아서 자주 모시고 싶은 표상이다.

시인과 동동주

불가에서는 사소한 인연도 소중하게 간직하나 보다. 그래서 낯모르는 사람끼리 옷깃만 스쳐도 오백 겁의 인연을 쌓아야 한다고 했던가. 황송문 시인과 내가 인연의 고리로 이어진 세월은 신통력이 작용한 줄로 믿어진다.

그와의 첫 만남은 반세기를 거슬러 올라가야 한다. 학훈단 장교 출신으로 육군 소위의 계급장을 달고 백골사단에 부임했었다. 땅거미가 내린 무렵에 대대의 위병소에 들어가자 착검을 한 병사가 집총을 한 채 '백골'이란 구호로 나를 맞았다. 가까운 휴전선에는 발악적인 북측의 대남방송 소리가 귀청을 얼얼하게 두드렸다. 총성은 멎었지만 전선과 다름없는 긴장감을 자아냈다.

햇볕이 다사로운 어느 날이었다. 양지바른 언덕에서 수송병들이 모여 앉아 담소를 하고 있었다. 그 가운데 한 병사가 이야기를 풀어가는 중이었다. 눈이 시원하고 피부가 가무잡잡한데 얼굴에 잔잔한 미소가 어리었다. 인성이 질박한 젊은이로 보였다. 명찰을 보니 상병 황송문이었다.

때로는 오랜 인연의 이웃처럼 손이라도 덥석 잡고 싶었다. 그러나 한 마디의 대화도 나누지 못한 채 오가며 스치기만 했다. 그저 선의의 목례나 보내면서 세월이 갔다. 그런데도 이름이 내 의식의 종이에 또렷이 새겨졌다. 일상적으로 만나는 사이도 아닌 인접 부대의 병사인데도 말이다.

이러구러 십 년도 넘은 어느 날이었다. 연수를 받다가 비치한 문예지에서 그의 작품을 읽었다. 아마 〈서울 나비〉라는 수필이었을 게다. 도심을 달리던 차창에 나비가 부딪쳐 떨어지고 무수한 차바퀴에 이지러진다. 이를 안타까이 바라보면서 농촌의 처녀들이 도시라는 악의 소굴에서 짓밟히는 현실을 고발하는 내용이었다. 바로 그 황송문이란 병사가 당당한 시인의 반열에 든 게 아닌가!

그를 갑자기 보고 싶다는 생각을 지녔다. 그런 미련을 간직하고 직원을 불러 혹시 그가 이곳에 오느냐고 물었다. 그랬더니 거짓말처럼 마침 옆 사무실에 있다는 게 아닌가. 자석에 끌리는 쇠붙이처럼 그 사무실로 달려가 만났다. 둘이서 환한 웃음을 지으며 손을 잡고 놓을 줄 몰랐다. 어떻게 내 이름을 오랫동안 기억하고 있었느냐고 물었다. 나도 모르게 강렬한 인상으로 잊은 일이 없다고 대답했다. 심심상인의 씨앗이 두 사람의 가슴에 심어졌던 것일까.

그 뒤로 강산이 변할 만큼 세월이 흘렀다. 내가 살고 있는 지방대학에서 그가 교수직에 있다는 말을 들었다. 마침 작가 지망생인 여자 조카가 있어서 무조건 찾아뵙고, 자진하여 강의를 받으라고 권했다. 황 교수의 강의에 심취한 조카는 소식을 자주 전했고 나와의 교분도 이어주었다.

언젠가는 조카가 내 작품을 가져다 선을 보인 일이 있었다. 〈소녀상〉이라는 작품인데 곧장 ≪한국수필≫에 추천작으로 넘겼다고 알리는 게 아닌가. 설익은 솜씨를 아는지라 얼굴이 뜨거웠지만 불감청이언정 고소원이었다. 하도 고마워서 인사로 작설차 한 상자를 사서 우편으로 보냈더니, 그걸 재포장해서 발행인에게 내 이름으로 인사를 대신했다고 하는 게 아닌가. 고진하고 다사로운 성품이 나를 감동시켰다.

햇살이 해맑은 가을날이었다. 조카와 황 시인이랑 친구의 과수원을 찾아갔다. 바람이 숭숭 통하는 대나무로 짠 평상에서 과일을 먹으며 시론을 들었다. 향토의 사상과 문명의 비평이 도도히 강물처럼 흘렀다. 우리들은 시의 향기에 물들었다. 흙에서 자란 나무는 그 흙의 너그러움을 닮아 많은 사물을 포용하게 된다는 말이 생각이 났다. 식물성 시인이라 불리는 단면을 본 듯하였다.

어느 날에는 호반의 술집에 들렀다. 뚝배기에 담긴 매운탕을 안주로 동동주를 마셨다. 호수에는 빗방울이 다투어 작은 동그라미를 그리고 자욱한 안개가 흘렀다. 동동주를 잔에 부어 마시면서 읊조리던 시구가 떠오른다. '그리움은/ 해묵은 동동주,/ 속눈썹 가늘게 뜬 노을이다.' 서로가 술잔을 주고받으며 저녁노을처럼 취해서 몽롱한 채 호쾌한 웃음소리를 날렸다. 헤어질 때는 아쉬운 나머지 십년지기 이별하는 마음으로 눈물조차 그렁거렸다.

그 뒤로는 어쩌다 만나면 어김없이 뚝배기에 시래깃국이 끓는 술집에서 모주나 동동주를 마셨다. 향토의 정취로 고향에 안긴 듯 즐거웠다. 화제는 자운영, 까치밥, 물레, 장작난로, 등잔불, 원두막 등이었다. 이런 소재는 내가 유년을 보낸 산골 마을의 수채화로 간직한 고향의 얼굴들이서 감명이 새로웠다. 그가 시를 풀어내는 백아라면, 나는 읽으며 무릎을 치는 어설픈 종자기는 아니었을까.

교실에서 강의를 하면서도 황 시인의 시집을 신명이 나서 아이들에게 읊어주었다. 소년 소녀들은 시의 정취로 까만 눈이 반짝거렸다. 산행을 하면서도 바람 소리와 물소리에 얹어서 일행들에게 읽어주었다. 그럴 때는 모두 갈채를 보내며 더 읽어달라고 주문을 하는 것이었다.

그는 언제나 까치밥이나 된장처럼 철저하게 자기의 사상을 숙성시켜서 시를 빚어냈다. 시에 담긴 정신은 바로 인간의 진면목으로 보였다. 손가락으로 난해의 안개나 피우며 으쓱대는 시인이 아닌, 심혈을 짜서 은유의 공감대를 울려주는 시의 경지였다. 이런 연유로 그의 시의 열렬한 애독자가 되지 않을 수 없었다.

잊을 수 없는 은의도 있다. 워낙 글이 부족해서 사사받으려고 찾아가면 수더분한 인정으로 반기고, 도타운 열성으로 가르쳤다. 문장부호와 단어는 물론 문장을 가리지 않고 매섭게 지적했고 깨우쳤다. 섬세하고 치밀한 정성을 기울이어 한 개의 뉘도 용납하지 않는 장인정신을 당부했다.

세월은 쏜 화살이라 했던가. 벌써 문학의 열정적 화신인 황 교수가 교단을 물러날 때가 되었다는 게 아쉽다. 하지만 불철주야 시문학을 일구기 위해 한평생을 바친 노작은 탑에 견줄 만하다. 교단에서는 물론이며 일반 문학도를 위한 강론과 인터넷 지도는 영일이 없었을 게다. 더구나 60여 권의 저술은 초인적인 산물임에 틀림없다.

앞으로 한요로운 날에는 자주 얼굴을 대할 기회가 있을지 모르겠다. 어디라도 종종 토속의 주막을 단골로 정하고 동동주를 마시는 자리를 마련하고 싶다. 그게 아니더라도 그가 지은 시의 샘물을 마시는 나에게는 그윽한 위안이 되리라.

고승이 세속에서 떨어져 살아도 법문만으로도 속인에게는 영혼의 단비가 될 수 있듯이…….

낮은 대로 살아도

온화한 미소를 지니며 살 수 있기에는 얼마의 재물이 필요한가. 이는 이재에 눈이 밝은 사람과 무소유를 지향하는 사람 사이의 거리만큼 다양한 대답이 따를 것이다. 풍요가 넘치는 복지국가의 백성들은 행복할 것인가. 아직도 아사자가 속출하는 빈궁한 나라의 백성들은 불행할 것인가. 오히려 전자의 경우에는 눈빛이 흐린 사람이 많은가 하면, 후자의 경우에는 눈빛이 밝은 사람이 많다고 한다. 이로 보건대 재물이란 삶의 편리이지 중요한 잣대는 아닌 줄 안다.

내가 다니는 성당에서 미사가 진행되는 시간이다. 성가를 부르고 있는데 어느 여인이 눈길에 들어온다. 초라한 차림의 중년 여인이다. 다른 사람들은 자못 경건한 자세인데 이 여인은 신명난 율동이 온몸으로 넘친다. 얼굴은 환희로 가득하고, 어깨는 가볍게 들썩이고, 두 손은 너울댄다. 혼자서 신의 은총을 다 누리는 행복감의 표현이다.

나는 미소를 지으며 그 여인에게 축복의 손기를 보내고 싶었다. 가난하지만 혼자만의 그윽한 만족을 간직한 주인이 아닌가. 그래서 성경에서는 '마음이 가난한 자는 복이 있나니'라고 일렀던가 보다.

성당을 나오면서 아내에게 그 여인의 신상을 물었다. 전주의 명문 여고를 졸업했는데 신병으로 고통을 겪고 있다고 한다. 그나마 아이들은 다섯이나 되고 막노동을 하는 남편이랑 어렵사리 살아간다고 한다. 이를 안타깝게 여긴 교우들이 헌 옷을 걷어다가 입혀주고 십시일반으로 생계를 돕는다고 한다.

애옥살이 살림이지만 언제나 낙낙한 웃음을 지니며 살아간다고 한다. 모든 사람들을 천진스런 눈길로 반긴다고 한다. 집에서는 아이들의 웃음소리가 왁자하게 들리고, 부부가 도란도란 나누는 이야기소리가 들린다고 한다.

그 말을 들으며 바오르의 말씀이 생각났다.

'하느님께서는 지혜 있는 자들을 부끄럽게 하시려고 이 세상의 약한 사람들을 택하셨습니다. 또 유력한 자를 부끄럽게 하시려고 세상에서 보잘것없는 사람들과 멸시받는 사람들, 곧 아무것도 아닌 사람들을 택하셨습니다. 그러니 인간으로서는 하느님 앞에서는 자랑할 수 없다는 말씀입니다.'

아마 이 여인은 비록 가난하고 초라하지만 기도하는 동안은 신의 은총을 누리는 주인인지도 모른다. 마음속에서는 하느님의 손길을 잡고 어린이처럼 꽃밭에서 춤을 추는 게 아닐까. 하느님은 어지신 눈매로 머릿결을 쓸어주며 축복을 내리실 것이다. 나아가서 이 땅의 착한 민초들에게 어김없이 사랑과 은혜를 이슬비처럼 내리시는 하느님을 그려본다. 그분은 우리 구원을 위해 가난하게 사셨고, 왕관이 아니라 가시관을 쓰셨으며, 마지막에는 입고 계시던 한 벌 옷마

저 빼앗기셨고 당신의 생명까지도 기꺼이 내어놓으신 목자가 아니시던가.

사람들은 남의 행복을 선망하며 자기의 처지를 불평한다. 탐욕으로 가득 찬 아귀다툼의 날이 선 목소리가 들끓는다. 허욕으로 움켜쥐려는 물질은 마시면 마실수록 갈증만 더하는 바닷물의 속성인 줄을 모른 채.

나도 한때는 물질 숭배자였다. 젊은 날에는 우로를 피할 집 한 채와 채소 한 포기를 심을 땅이 없었다. 주변에 즐비하게 늘어선 고층건물을 보면서 더도 말고 덜도 말고 백만 원만 가지고 싶었다. 한겨울에도 남의 집 빈방에서 연탄 한 장을 태우지 못하고 헌 이불을 둘러쓴 채 새우잠을 자던 무렵의 비원이었다. 그 돈이면 허름한 집 한 채를 마련할 수 있었으니까.

요행이 늘그막의 나는 번듯한 집과 나무가 울창한 산도 가지고 있다. 다섯 남매가 모두 제자리에 서서 남부럽지 않게 살아가고 있다. 남들은 다복한 사람으로 여긴다. 하지만 어쩐지 가난한 시절을 되돌아보게 된다. 인정으로 손을 잡고 밤이 깊도록 이웃들과 웃음을 나누던 시절이 아쉽다. 벗을 불러 잘 익은 농주를 나누어 마시던 시골집이 그립다. 함지박에 강냉이를 담아 놓고 멍석에 앉아 동네 사람들과 정겨운 이야기를 즐기던 시절이 떠오른다. 아릿하게 저려오는 향수처럼…….

그런 생각으로 우울해지면 산야로 발길을 옮긴다. 나무가 우거지고 바람 소리와 물소리가 들리면 그곳이 나의 안식처가 된다. 그 자리에서 마음이 맑은 벗들과 술잔을 나누며 명리를 잊는다. 산새가 나뭇가지 하나에 둥지를 틀면 그만이고, 들꽃이 한 줌의 땅에 뿌리를 내리면 그만이다. 무엇을 더 가지지 못해 아등바등할 것인가.

자연의 순리로 사는 꽃과 나무와 새들은 욕망의 짐을 벗어낸 자유의 화신인지도 모른다. 싸리나무가 자작나무를 닮으려고 하지 않는다. 제비꽃이 나리꽃을 넘보지 않는다. 돌배나무가 소나무를 시샘하지 않는다.

자기의 본래 마음을 가꾸며 안분의 삶을 즐길 일이다. 허욕은 만족을 밀어내는 함정이리라. 마음을 비우면 채워진다는 역리는 그윽한 깊이를 담고 있다. 억만장자가 지폐를 낙엽처럼 깔고 앉아 있어도 달빛의 정취를 만끽할 수 있을까. 일을 하다가 땀을 씻으며 논두렁에서 막걸리를 마시는 농부의 질박한 인생을 읽을 수 있을까.

이제 백발을 머리에 이고 살려니 아기와 같은 심성으로 어울리고 싶은 가족이 있다. 비록 가난하고 못나고 배운 게 없어도 풀잎처럼 순수한 사람들을 보듬으며 살고 싶다. 거드름을 피우며 보통사람들을 내려다보는 싸늘한 시선에는 혐오의 눈길을 보내련다. 박토에 뿌리를 내리고도 묵묵히 자기의 몫을 살아가는 초목들은 자연의 순리를 살 줄 아는 달관의 철학자들이리라.

가난은 불편하지만 부끄러움은 아니다. 다만 이슬처럼 고운 영혼으로 사는 게 값지지 않으랴. 온갖 영화를 누린 솔로몬도 결코 들꽃한 송이만큼 차려 입지 못하였으므로.

갈망하는 지도자상

– ≪정관정요 재왕학≫을 읽고

이 책을 손에 넣자 우연한 국가적 비극이 빚어졌다. 우리의 '바보 대통령'인 노무현님이 스스로 목숨을 내던진 소식으로 전 국민을 비통에 잠기게 했다. 권위를 거부하고 민초들을 사랑하고, 남북 화해의 물꼬를 트고, 당당하게 진실을 말하던 웃음의 지도자였다. 그러나 불행히도 퇴임 후 고향으로 돌아가 야인으로 살다가 도덕적 실패를 책임지고 장렬하게 자결의 길을 택했다. 역사와 국민 앞에 의연하고 개결하게 책임을 지는 결단 앞에 머리가 조아려진다. 슬프고 허탈한 마음을 달래며 이 책에 담긴 제왕이나 경영인들이 걸어야 할 길을 탐색하려는 마음이 간절했다.

이 책은 당나라 태종이 측근인 신하들과 정치상의 문제를 두고 문답한 내용을 기록한 것이다. 그의 사후 50년에 오긍이라는 사관이 10권 40책으로 엮었다. 후대의 제왕들이 전범으로 여기며 즐겨 읽었고, 어느 왕은 병풍에 새겨서 통치 이념으로 실천하였고, 조선의 역대 왕들도 애중히 여기며 읽었다고 한다. 동양의 왕 중에서 성군으로 추앙되는 당나라의 태종이 신하들과 주고받은 문답 중에는 고전의 진귀한 가르침이 가득하다. 제왕학이라면 이 시대와는 동떨어진 것으로 여기기 쉬우나 모든 조직의 지도자가 본받아야 할 내용이기에, 현대의 지도자에게는 물론 미래의 지도자에게도 훌륭한 지침서가 될 것이라 믿는다.

중국 천하를 최초로 통일한 진시황은 그 위세를 빌려 만리장성을 축조하고 운하를 개설하는 웅대한 국토 사업을 벌였다. 그러자니 가혹한 철권정치로 민생은 도탄에 빠지고 원성은 하늘을 찔렀다. 민심은 천심이라고 천 년이나 이어질 줄 안 왕통은 고작 두 임금으로 문을 닫는다. 불로초를 구하려고 500의 동남동녀를 동방으로 보냈지만 하찮은 자객에 의해 목숨을 잃고 나라도 내어준다. 물은 배를 건너게 해 주지만 배를 뒤엎기도 한다는 말이 천리가 아닌가.

진나라를 멸망시키고 당나라를 건국한 고조는 그의 아들 태종의 절대적인 조력을 받은 나머지 권좌를 넘겨준다. 태종은 20대의 젊은 나이에도 불구하고 새 정권의 군사를 통솔하는 최고 책임자로 그들 군벌을 차례로 토멸하고 당왕조의 기초를 부동의 자리에 올려놓았다. 창업 직후 당왕조의 뼈대를 지탱했던 것은 젊은 태종이었다고 해도 과언이 아니다.

태종은 현무문의 난을 거쳐서 28세의 나이에 고종의 양위를 받아 제2대 황제가 된다. 그 이듬해에 정관貞觀이라 연호를 개원하고 23년간 정관치지를 펼친다.

즉위하자마자 서둘러 민생의 안정에 치중하였다. 태종은 신하에게 말했다.

"먼저 사치를 금하고 비용을 절감하되, 백성들의 부역과 조세를 경감토록 하오. 또 청렴결백한 관리를 뽑아서 쓰도록 하고……. 이렇게 해서 백성들의 의식을 풍요롭게 해주면 도둑질할 자는 없을 것이외다. 그런즉 형벌을 중하게 할 필요는 없소."

과연 그로부터 몇 년 후, 길거리에 떨어진 물건이 있어도 그것을 줍는 자가 없었으며 도적도 없어졌다. 그래서 행상인이나 나그네들은 안심하고 야숙을 할 수 있게 되었다. 동쪽으로는 해변으로부터 남쪽으로는 오령에 이르기까지 어느 집도 문단속을 하지 않았다. 또 나그네는 어디에 가든 식량을 휴대하지 않았다. 어디서든 필요한 때에 식량을 구할 수 있었기 때문이다. 태종이 즉위한 4, 5년 사이에 이처럼 평화와 안락을 누리게 한 업적을 '정관치지'라고 하며 예로부터 태평성대의 모범으로 삼아왔다.

태종을 보좌한 명신 중에는 방현령과 두여회라는 십팔학사가 있었고, 위징과 왕규라는 직언을 서슴지 않는 간신諫臣의 활약이 두드러졌다. 태종은 젊은 날로부터 전쟁터에서 무술을 익히기에만 열중하고 수양과 학문에 어둡고 제왕의 덕성 연마에 부족함을 절감하고 겸허한 마음으로 신하들의 간언을 받아들이고 제왕의 자질을 연마하였던 것이다. 신하들에게는 항상 정치를 바르게 해 주고, 소신껏 직언을 하여 자기의 잘못을 일깨워 달라고 주문하였다. 그리하여 위징은 제왕의 재임 중에 목숨을 아끼지 않고 태종이 성군이 되도록 충간忠諫과 직간直諫으로 영명한 정치를 하도록 섬겼다.

이 책에 기록된 내용들은 금언에 못지않은 가치들로 넘친다. 문답과 상소문이 제왕학을 바르게 깨우친다. 나아가서도 기업의 경영인이나 지도자가 마음에 새길 내용들로 넘친다. 과연 고전으로 모든 사람들이 명심할 가르침들이라 하겠다.

예를 들자면 아래와 같은 문장들이다. 큰 일은 작은 일로부터 시작된다. 위기에 처했을 때 판단을 잘해야 한다. 인재는 어느 세상에나 있다. 창업과 수성은 다르다. 육정六正과 육사六邪란 무엇인가. 양신良臣과 충신忠臣의 차이, 군주의 조건, 군주는 배요, 백성은 물이다. 자손에게 유산을 물려주지 마라, 부귀는 교만과 사치를 낳는다, 흐르는 물의 맑고 흐림은 근원에 있다, 윗사람이 좋아하는 것을 아랫사람은 흉내를 낸다, 친척에게는 엄격히 해라, 나 자신에게 화살을 겨눠라, 헤아릴 수 없이 많은 가르침이 장마다 새겨져 있다.

여기에서 책장을 덮고 온갖 사업의 경영인들에게 눈길을 돌려본다. 옛날의 제왕이나 임금은 오늘의 대통령이나 다름이 없지 않은가. 회사의 건전한 경영은 민생을 행복하게 챙기는 왕도에 비길 수 있다. 그러기에 책임자는 국운을 짊어진 왕이라고 자임하며 지고한 사명감으로 봉직해야 할 것이다. 흑자 운영은 곧 자기 자신은 물론 사원과 국민이 공유한다는 인식을 가져야 할 것이다. 인화와 단결 및 신뢰에서 나아가 개척자의 정신으로 선두 그룹을 이끌어야 한다. 회사의 이익은 곧 나라의 이익으로 알고 흔연히 환언하는 기업가의 윤리를 평생의 신조로 알아야 할 것이다.

우리나라의 유한양행을 창업한 유일한 선생은 외아들에게조차 무일푼으로 외면하고 사회에 기꺼이 환원하였다. 어느 벤처 기업가는 전 재산을 기증하고 이사로 봉직하면서 아들에게는 말단의 자리도 넘겨주지 않았다. 미국의 빌게이츠는 세계 제일의 재산을 사회에 헌납하였다. 카네기와 록펠러는 미국은 물론 세계에 고르게 자선 사업을 벌여 자선의 천사가 되지 않았던가. 과연 선망스럽고 존경스런 경영연이고 자선가로 전 세계의 인류가 인식을 함께하고 있다.

비록 지금은 내가 말단의 초라한 자리를 지키고 있지만 간절한 소망이 있다. 오늘의 유일한 선생이나 빌게이츠와 록펠러의 정신을 지닌 사장님이나 회장님의 그림자라도 뵈올 수 있다면 그지없는 영광으로 알리라는.

다사로운 미소

나이 지긋한 여인이 두 어린이의 손을 잡고 꽃길을 걸어간다. 해맑은 얼굴에 다사로운 미소를 지녔다. 이런 미소를 바라보고 있으면 인간의 지순한 선의를 느낀다. 내 마음속으로 봄 햇살이 지핀다.

나는 때때로 거울에 내 얼굴을 비추어 보곤 한다. 링컨은 남자가 사십을 넘으면 자기 얼굴에 책임을 져야 한다고 했다. 그만큼 인격적 성숙을 위한 수양의 빛이 깃들어야 한다는 의미이리라.

내 얼굴에서 찾아보려는 것은 인간의 성숙 이전에 사랑의 그림자다. 혼자서 미소를 지어 본다. 어딘지 어색한 느낌이 있다. 인간의 동네에서 살면서 이순을 건너가는 연치면 잘 익은 인간애의 여운이 드리워져야 하는 게 아닐까. 그렇건만 어딘지 이지의 날카로움과 우수의 그늘이 보인다. 내 자신에게 도리질을 하면서 물러나고 싶다.

눈발이 어지러이 흩날리는 겨울이었다. 세모의 얼어붙은 인정이 안타까워서 불우이웃돕기에 나선다. 여러 명의 지인이랑 수녀원에서 맡아 운영하는 진달래 마을을 방문한다. 여기에는 노동 능력을 상실한 무의탁자들이 수용되어 있다.

우리 일행이 요양원의 입구에 들어서자 수녀님이 반기신다. 온화하고 어진 웃음이 우리를 감싸안는 듯하다. 지명의 언덕을 맴도는 얼굴인데 백발이 듬성듬성 보인다.

차림은 수녀복이 아닌 작업복이다. 검은 고무신에 통바지를 입고 수건을 머리에 두른 채. 금방 일터에서 일을 하다가 나오신 모습이다. 어린 내가 찾아오면 밭두렁에서도 달려오던 고모의 영상이다. 오랜만에 외갓집을 찾아가면 나를 얼싸안고 반기시던 이모와도 닮았다. 아니면 부랑인 소년 소녀들을 돌보며 인자하게 보살피던 마더 데레사의 잔영이 아닐까 모른다.

순간 엉뚱하게도 나는 노오란 가을 국화를 떠올린다. 서리가 내린 아침인데도 고운 자태로 웃고 있지 않던가. 그래서 미당은 '한 송이의 국화꽃을 피우기 위해 천둥은 먹구름 속에서 그렇게 울었나 보다. 돌아와 내 앞에 선 누님 같은 꽃이여!'라고 노래했으리라. 이는 생애를 고스란히 남을 섬기며 살고도 그윽하게 웃기만 하는 화신이 아니고 무엇이랴. 이심전심으로 헌애의 뒤안길을 생각하려니 외경심의 목례를 드리고 싶었다.

김순녀 수녀님은 우리 일행을 일일이 안내해 준다. 스무 명이 넘는 무의탁 환자들이 기거하는 방을 살핀다. 정갈하고 정돈이 잘되어 있다. 언제라도 이승의 옷을 벗어야 할 가족들이다. 눕거나 앉은 채 우리들을 멀거니 바라본다.

수녀님은 이들의 수발을 혼자서 도맡아 든다. 일일이 약을 먹이고 대소변을 받고 빨래도 한다. 이들의 생명의 지킴이요 간병인이고 의사이며 잡역부다. 무시로 가족들이 저승으로 건너가면 뒤처리도 도맡아 한다고 한다. 간절한 기도로 외로운 영혼의 갈 길을 등불로 밝혀도 주는 것이리라.

사랑방의 문을 열어 보인다. 통나무를 지펴서 구들장이 뜨뜻하다. 두툼한 이불이 놓여 있다. 거동이 불편한 수용자들이 겨울밤에 모여서 도란도란 이야기를 나눈다고 한다. 여기에서 구순하게 어울려서 추위를 모르고 지낸다는 것이다.

산비알을 가리키며 무공해 영농을 한다고 한다. 잡초의 무성한 번식을 어떻게 막아낼까. 고달픈 노동조차 짊어진 생활이 안쓰럽고 죄송하기만 하다.

우리들을 데리고 지하의 식당으로 들어간다. 미리 간소한 밥상을 마련해 둔 모양이다. 뜨끈하게 삶은 노란 고구마와 방울토마토가 쟁반에 놓여 있다. 그 자리는 수더분하게 친분을 익히며 살아온 이웃의 단란함이 있다. 가난이 조금도 불편하지 않은 무욕의 안락이 넘친다. 오래도록 초부로 함께 살던 이웃처럼 담소를 하게 된다.

수녀님의 조용한 기도 소리가 들린다. 차분하고 아늑한 음성이다. 어렵고 불행한 이웃을 위해 신의 은총을 간구하신다. 이기심을 좇으며 아등바등 건너온 세월이 부끄럽다. 그저 비우고 비우면 채워지는 사랑의 역리에 고개를 숙인다. 나를 불살라 남에게 베풀면 내 안에 달빛이 고이는 것을…….

나는 그 자리에서 성경 마태오복음에 실린 예수님의 말씀을 상기한다.

'너희도 알다시피 세상에서는 통치자들이 백성을 강제로 지배하고 높은 사람들이 백성을 권력으로 내리누른다. 그러나 너희는 그래서는 안 된다. 너희 사이에서 높은 사람이 되고자 하는 사람은 종이 되어야 한다. 사실은 사람의 아들도 섬김을 받으러 온 것이 아니라 섬기러 왔고 많은 사람을 위하여 목숨을 바쳐 몸값을 치르러 온 것이다.'

이 수녀님이야말로 이런 말씀을 온전히 실천하는 숨어 사는 성녀가 아닐까. 이 생각을 마음속으로 되뇌이며 우리가 사는 주변을 돌아본다. 무수한 생령을 짓밟고 고혈을 짜서 치부하고도 기십만 원의 통장이 재산의 전부라던 얼굴이 두꺼운 전직 대통령, 수억의 뇌물도 떡고물이라고 강변하며 시궁창의 개싸움을 벌이는 정치가들, 불법으로 치부하고 거들먹거리는 상인들, 이웃에 살면서도 인정의 한 조각도 나누지 못하는 도시민들, 농작물에 대량으로 농약을 살포하고 자기 가족은 무공해 농산물만 먹는 농민들…….

수녀님은 낮은 자리에서 비록 불행한 사람들만 보듬고 살지만, 그들도 귀한 존재임을 인식하고 스스로도 행복을 만끽하는 서로의 관계를 삶의 지표로 삼는 것이리라. 이런 길을 가면서 인간 내면의 예절과 인내심, 강인한 의지로 극복을 위해 쏟아부은 인고의 산하를 헤아린다.

세상은 문명의 이기로 편리와 안락을 누리고 있다. 하지만 순정의 손길은 메마르고 차갑기만 하다. 저마다 군중 속의 고독한 존재로 외따로 떨어져 살아간다. 가슴과 가슴으로 흐르는 선의가 사라져간다. 지난날에는 초가삼간에서도 안빈낙도를 즐기며 자연의 순리대로 살지 않았던가. 땅은 하늘을 본으로 삼고, 하늘은 법도를 본으로 삼고, 법도는 자연을 법도로 삼으며 오순도순 살았다.

아무리 세상이 흐려져도 우리들은 다른 사람과의 관계 속에서 살기 마련이다. 서로가 손을 잡고 속마음을 열어주며 온기로 등을 토닥이는 세상이 그립다. 그렇게 단란한 동그라미를 그리는 날에야 삶에 평화가 열리지 않으랴.

나의 독백을 알아듣고 수녀님이 미소를 짓는 듯하다.

서늘한 눈매

갈맷빛 하늘과 금빛 햇살이 마냥 좋은 가을이다. 모처럼 가을 나들이 삼아 가족들이 전주 수목원에 든다. 사람들이 삼삼오오 웃음을 지으며 오간다. 나무들은 서로 잎을 물들이며 조락을 준비하는 중이다.

노처랑 꽃밭을 거닌다. 가녀린 허리를 흔들며 코스모스가 물결을 이루며, 순결한 얼굴로 미소를 짓는다. 들녘의 오솔길에서 만나던 애잔한 소녀들의 영상이다. 몇 걸음을 옮기자 하얀 꽃봉오리가 신선한 구절초가 있다. 모두 밝은 웃음으로 달려든다. 귀염둥이들을 가만히 손끝으로 매만지며 반겨준다. 다시 옆으로 건너가자 노랑 국화가 오상고절을 자랑하려는 듯 줄지어 서 있다. 조금 지나니 서광이 무리를 지어 노란 얼굴들을 서로 맞대고 서 있다. 그 뒤로는 흑장미가 고혹적인 자태로 미소를 흘린다. 가만히 다가서 향을 마셔본다.

이렇게 수많은 종류의 꽃들과 눈 맞춤을 하고, 일일이 이름을 메모지에 적으며 인사를 나누며 걸으려니 내 눈조차 맑아지는 듯하다. 아니, 머리조차 시원해지며 얼굴에 웃음이 서린다. 이 녀석들은 모두 착하게만 살아가는 우리의 이웃들이 아닌가. 선의와 순결과 사랑을 묵언으로 전하면서.

한편 차동엽 신부가 이병철 회장과의 신의 존재에 대한 문답에서 한 말이 생각난다.

"꽃의 아름다움, 나무의 아름다움, 땅의 아름다움, 하늘의 아름다움이 모두 하나의 고백이다. 변화하는 이 아름다움을, 변하지 않는 아름다움이신 분이 아니면 누가 만들 수 있겠는가. 결국 한 송이 꽃을 통해서도 신을 체험할 수 있고, 그 체험이 자신에겐 신의 존재에 대한 증명이 되는 거다."

그렇다면 한 송이의 꽃에게서도 신성을 느낄 수 있고 향기로운 말을 들을 수 있으리라. 참으로 존귀한 언어의 달인들이다.

어느 독일의 식물학자는 꽃들은 향기로 의사를 전달한다고 발표했다는 글을 읽은 기억이 떠오른다. 사실이라면 얼마나 아름다운 정령들인가. 만물의 영장이라는 인간이 사용하는 언어는 이들에 비해 초라한 영혼인지도 모른다. 인간들이 자유자재로 사용하는 언어의 공해를 헤아려 본다. 오욕칠정으로 무분별하고 난폭하게 뱉어낸 말들은 서로 얼마나 많은 상처와 그늘을 남겼을까. 우선 내가 이승에 태어나 고희를 건너가는 오늘까지 내 입에서 떠난 말들의 씨앗을 생각하면 두렵기만 하다.

내 경우에는 불혹을 넘기면서 말의 좌우명을 하나 간직하고 살기로 했었다. 말은 우선 침묵으로 걸러내야 하고, 사랑으로 숙성시켜서 전달해야 하리. 열 길 우물이 정화수를 만들어 두레박으로 떠서 마시게 하는 것처럼. 그러나 무시로 궤도를 이탈한 말들이 남에게 가시나 송곳으로 박혔을 경우도 반성한다. 함께 웃고 싶은 재담이, 고언으로 주고 싶은 충정이, 정의의 깃발로 흔들어댄 고성이 껄끄러운 부작용을 낳기도 했으리라.

그러니 어느 산승이 들려준 기원이 내 마음을 사로잡지 않겠는가.

"날마다 내가 말을 하고 살도록 허락해 주신 사은의 은혜 속에, 하나의 말을 잘 탄생시키기 위하여 먼저 잘 침묵하는 지혜를 깨우치게 하소서. 헤프지 않으면서 풍부하고, 경박하지 않으면서 유쾌하고, 과장되지 않고 품위 있는, 한 마디의 말을 위해, 때로는 진통 겪는 어둠의 순간을 이겨내게 하소서."

언젠가 ≪메라비언 법칙≫이라는 책을 읽을 기회가 있었다. 사람들이 수다스럽게 사용하는 언어는 전달의 효험이 대수롭지 않다고 한다. 표정이나 태도가 38%, 음정이나 음색이 55%, 말의 내용은 7%라나. 이 중에서 선의의 눈빛은 마음을 전달하는 절대적인 창이라 한다.

근래에 흥미로운 실험연구 결과가 발표되었다. 우리가 마시는 물도 고맙고 사랑한다고 말해주면 우리 몸에 유익한 육각수가 되고, 밉고 싫다고 하면 오수가 되더라고 한다. 식물조차 사랑한다고 얼러주면 싱싱하게 자라고, 죽어나 버려란 말을 반복하면 고사하더라고 한다. 우리가 먹는 밥도 병에 넣고 그렇게 대조적으로 다루면 그런 현상이 나온다고 한다.

이로 보면 만물은 모두 직관력이 있는 게 아닌가 모르겠다. 동물이나 식물 및 무생물조차 예외가 없지 않을까. 이 지구상에 존재하는 것들은 다 같이 영성을 소유하고 있어서 나름대로 생각을 전달하며 공존한다는 추론이 가능하리라. 그렇다면 존재하는 것들은 각자의 언어를 침묵으로 전달하는 기능을 간직하기에 그들의 언어 방식을 존중해야 하리라. 인간들도 더욱 조신하게 말의 공해가 다른 존재를 해치지 않도록 유념해야 할 것이리라.

말을 하기 이전에 서늘한 눈매로 선의와 사랑과 인정을 담아 침묵으로 전하면 더욱 조용한 평화가 가득 차지 않겠는가. 어린 날에 예봉산을 넘어서 고모님 댁을 자주 찾아갔다. 사립문에 들어서자마자 사랑이 넘치는 눈빛으로 나를 얼싸안아주시던 감격이라니. 말이 적어도 항상 얼마나 살뜰하게 보살피고 아끼셨지. 눈보라가 몰아치던 날에 태백산에서 어느 산문을 열고 스님을 찾아 길을 물었다. 마침 묵언 중이던 스님이 맑은 눈매로 준령을 가리키면서 안전한 산행을 눈빛으로 염려해주셨다. 네팔의 어느 할머니가 다른 나라의 산악인을 반가운 눈빛으로 오랜만에 돌아온 아들처럼 안아주며 귀한 손님으로 모시던 광경이 잊히지 않는다. 포근한 인정과 인간에의 예의는 사람다운 본성이려니.

오늘따라 서늘한 눈매의 그분들이 내 안으로 비친다. 인정이 넘치는 풍속도처럼.

지금은 가야 할 때

오늘따라 저녁노을이 서녘 하늘을 장엄하게 물들이고 있다. 낙조가 그 속에서 둥둥 떠돌더니 서서히 지평선으로 사라진다. 바람결에 흔들리는 억새밭을 지나 천천히 걸으며 물새와 물결을 바라본다.

조금 걷다가 눈여겨보니 두 안팎 노인이 손을 다정하게 잡고 웃음을 나누며 이야기를 하고 있다. 살펴보니 노인병원의 환자복을 입었다. 잔잔한 감동이 일어서 그분들 앞으로 나서며 인사를 드리고 조심스레 말을 건넨다.

"두 분의 모습이 아름답게 보입니다. 단란하게 인생을 사신 상징처럼 보이네요."

그러자 열적게 웃으며 대답한다.

"무얼요. 초라한 몰골이지요."

"천만입니다. 젊은이들이 이 모습을 보고 오히려 부러워할지도 모릅니다."

사실은 두 부부도 말년이 다복한 것만은 아니리라. 자녀들이 워낙 힘에 겨워서 부모를 한꺼번에 병원으로 모셔서 버거운 짐을 풀었을지 모른다. 그래도 생활이 고달픈 자녀들에게 의탁하지 않고, 마지막 가는 길을 손을 잡고 갈 수 있으니 은총을 받은 경우라고 하겠다.

내가 이렇게 치하를 드린 것은 금실이 아주 좋은 지인의 경우가 떠올랐기 때문이다. 이순이 넘은 곱상한 여인이 머리를 빗다가 거울에 비친 백발을 보며 무심코 독백을 하더란다.

"아아! 그분에게 미안하다."

더 아름다운 모습을 평생의 연인이나 다름없는 부군에게 보이고 싶지만 다 늙어간다는 탄식이다. 이 말 속에는 두 부부의 애정이 절절하게 깃들어 있지 않은가.

그분들을 뒤로 하고 혼자서 걸으며 노인 요양병원에 계신 환자들을 생각했다. 이곳을 현대판의 고려장이라고 한다고 한다. 창문을 내다보며 말문을 닫고 하얀 그림처럼 앉아 있는 분들. 단말마적인 고통으로 신음해도 먼 산 바라기로 있는 간병인, 서너 명이 함께 방 안에 있으면서도 의사소통이 되지 않는 환자들, 손발이 묶인 채 발버둥치는 치매 노인, 침대에서 혼자 누워서 가족의 이름을 불러대는 할머니 환자 등. 이들은 서서히 다가오는 죽음을 예감하고 다른 동네로 건너가려는 대열들이려니.

생로병사는 인생의 사고四苦라고 하지 않았던가. 살만큼 살았으면 나그네가 앉았던 자리에서 일어나 미련 없이 떠나듯이 다른 길로 가야지. 죽음도 누구나 당연히 맞아들일 귀로라면 담담하게 순응을 해야 하리. 고승이 귀천할 때 새 옷을 갈아입고 이웃 마을로 나들이를 가야 하는 것처럼. 이런 분들에게 비하여 앞의 두 노인 부부는 죽음의 문턱에서도 얼마나 아름다운 동행을 하는 것이랴. 나는 마음 속으로 연상해 보았다. 한 분이 먼저 저승에 드시면 손수건을 흔들며 눈물로 보내 드리고, 다음에는 자기도 징검다리를 건너듯이 그리운 이를 따라갈 것이라고. 문득 이형기의 〈낙화〉라는 시로 찬미하고 싶었다.

> 봄 한철/ 격정을 인내한/ 나의 사랑은 지고 있다// 분분한 낙화……/ 결별이 이룩하는 축복에 싸여/ 지금은 가야 할 때// 무성한 녹음과 그리고/ 머지않아 열매 맺는/ 가을을 향하여// 나의 청춘은 꽃답게 죽는다.

낙화의 사상을 견고하게 배워서 죽음 길도 가볍게 건너갈 수 있으면 얼마나 좋으랴. 오늘의 세태는 지옥도를 지켜줄 가족도 친지도 점점 멀어지고 있다. 너도나도 생활에 묶여서 분망하고 피곤하여 자기만의 편리에 어두워서. 노후를 자식들에게 전적으로 의지하려는 부모도 드물거니와 자식들도 효도에만 매달리려고 하지 않는다. 이제는 서구적인 개인주의와 이기주의가 일반화된 세상이니……. 혼자서 노후를 경영하고 죽음조차 홀로 가는 준비를 해야 한다.

캐나다의 교포에게 시집을 간 친구의 딸이 있다. 시부님이 뇌졸중으로 식물인간이 되자 오래도록 간병인이 되어서 모셨다. 그러자 이 소식을 들은 인근의 노인들이 몰려와 시가의 가족들에게 항의 시위를 하더란다. 참혹한 인권유린이라고. 우리의 미풍양속조차 서양 사람들의 눈에는 이해하기 어려운 잔혹한 학대라고 여긴 것이다. 안타깝게도 효는 백행의 근본이라는 사상은 우리 민족에게 신앙처럼 남아 있지만, 세월을 따라 바래지는 현상은 막을 수 없다. 이미 서구화는 일찍이 우리 민족에게도 보편화되었으니 말이다.

얼마 전에 친구로부터 들은 소식이다. 금년 100세인 모친이 자녀들과 한 마디의 의사소통도 없이 혼자서 가방을 들고 노인병원으로 들어갔다고 한다. 나중에야 놀라서 달려온 자녀들에게 이렇게 의중을 밝히더라나. 살아 있는 사람들에게 부끄러울 정도로 여한 없이 살았으니 눈앞에 다가온 죽음을 간편하게 맞고 싶다고. 친구의 가족은 대학교 총장을 비롯하여 두 명의 교수와 매제와 처남까지 합하면 열 명의 박사가 있는 명문 가정이다. 어머니의 결단을 어쩔 수 없이 존중하며 차례로 병원을 방문하여 간병을 한다고 한다. 선구적인 친구의 모친에게 경의의 인사를 드리고 싶은 마음이다.

친지 한 사람은 소문이 난 효자였다. 아홉 남매 중에 넷째 아들이건만 모친이 97세에 이르도록 모셨다. 그러나 별세 직전에 치매로 모시기가 어렵게 되자 노인병원으로 모시고, 남매들이 번갈아 보살피도록 하였다. 날마다 간병 일기를 석 달 동안 쓰고, 별세를 하자 장례를 치르고 병상일기를 인쇄하여 가족들에게 나누어 주어서 감동을 받게 하였다.

앞으로는 노인들도 사회와 가정이 서로 힘을 모아 여일을 보살피는 세상을 고맙게 여기며 순응해야 할 것이다. 행복한 보금자리에서 이승을 마친다고 여기며.

맑은 목례

초원을 걷다가 밝은 미소를 지닌 여인을 보면 맑은 목례를 보내고 싶어진다. 산길을 걷다가 청초한 꽃들을 보면 발길을 멈추고 희열에 젖듯이. 그리고 지나간 세월의 오솔길에 스쳐간 영상이 떠오른다.

젊은 날에 바다가 가까운 시골 학교에서 근무한 일이 있다. 우연히 여러 해 동안 통근을 함께하며 같은 학교에서 봉직한 여선생이 있었다. 행동이 조신하고 온화한 성품이었다. 서늘한 눈매와 잔잔한 미소가 사랑스런 누이로 여기고 싶었다.

여선생이 내 학교에 발령을 받을 무렵 부군이 대기업의 사원으로 아라비아에 파견근무를 하는 중이었다. 신혼의 달콤한 행복에 젖어서 살아야 할 부부에게는 안타까운 별리의 세월이었을 것이다. 여선생은 매일 부군에게 보내는 사랑의 편지를 출근길에 시골의 우체통에 넣었다. 만리타국의 부군에게 사랑의 사연을 안겨주는 정성이었다. 그리고 때때로 음성으로 사랑의 말을 테이프에 담아서 보내기도 하였다. 그 사랑법이 조선의 열녀를 닮았다고 혼자서 고개를 주억거렸다.

항상 낯꽃이 곱고 선선한 이해의 눈으로 남들을 대하였다. 결코 요란한 치장이나 화장을 하는 법이 없었다. 검소한 옷차림에 민낯이나 다름없는 화장을 하였다. 그러기에 직원들은 누구나 양가의 현숙한 규수로 여기었다.

제자들은 어미닭을 따르는 병아리처럼 모여들었다. 수많은 녀석들의 수다도 웃음으로 받아주고 감쌌다. 자상하게 가르치고 다사로운 손길로 골고루 살폈다.

어느 날이었다. 그 여선생이 버스 안에서 주민등록증이 들어 있는 지갑을 잃었다고 걱정하는 소리를 들었다. 많지 않은 지폐보다도 주민등록증이 없으면 불편하던 시절이었다. 지갑의 행방을 걱정하며 며칠이 지난 다음이었다. 시외전화를 받더니 여선생의 얼굴이 환하게 밝아졌다. 지갑을 보관하고 있으니 찾아가라는 연락을 받았다는 것이다.

이튿날 여선생으로부터 들은 미담가화는 내 마음조차 밝게 하였다. 여선생이 제과점에서 케이크 한 상자를 사 들고 지갑을 보관하고 있는 주인을 찾아갔다. 초인종을 누르자 소복을 한 중년 여인이 손을 잡으며 안방으로 안내하였다. 잠시 과일을 깎고 차를 끓여서 손님에게 권하며 이렇게 말문을 여는 것이었다.

"사실은 차내에서 며칠 전에 지갑을 주웠는데, 갑자기 시모님이 작고하셔서 연락이 늦었어요. 더구나 지갑을 열어보지 않는 게 예의인 줄 알지만, 주인을 알아보기 위해 열었어요. 이해해 주시겠지요?"

"순간 눈물이 핑 돌 만큼 곱상한 마음과 지성적인 예절이 돋보였어요. 주인인 아낙네의 손결을 잡고 고맙다고 연신 고개를 조아렸어요. 그리고 언니와 손깍지를 낀 아늑하고 편안한 친밀감에 젖었어요."

차분하게 들려주는 미담가화를 들으면서 나는 흐뭇한 희열에 젖었다.

'과연 그런 거래가 하나도 불편할 수 없는 여인들끼리의 해후가 아닌가. 마음 밭을 정갈하게 가꾸고 순량하게 길들여 온 지성적인 체취의 여인들만이 연출할 장면인걸.'

어느 겨울이었다. 오랜만에 푸짐하게 눈이 내리는 날이었다. 내 딸아이를 데리고 운장산을 넘는 길에 여선생과 그의 시누이를 불러 동행하였다. 내 딸은 사춘기의 어린 소녀였고, 시누는 풋풋한 여대생이었다. 우리는 정갈한 이웃이라 거리낌이 없었다.

어지러이 흩날리던 눈발이었다. 처음에는 발목이 덮이더니 나중에는 무릎조차 빠지는 설산이었다. 넘어지고 미끄러지고 뒹굴며 온몸이 설인처럼 보였다. 그래도 설산의 비경과 마음에 피어오르는 정감이 동심으로 부풀었다. 신명나는 고행이어서 천진스럽게 웃어댔다.

심신이 파김치처럼 풀어졌어도 하얀 웃음을 눈발에 날려 보내며 산을 내려왔다. 어둠살이 어슬어슬 내려왔다. 면사무소 앞의 우체국에서 전화를 거는데 옛날의 제자들이 알고 여러 명을 비상소집하였다.

이제는 청년으로 처녀로 변신한 제자들과 장작난로 앞에서 해후의 시간을 즐겼다. 여선생도 미소를 머금고 대화를 경청하며 뿌듯하게 여겼다. 제자들이 주무시고 가라고 서로 붙드는 것을 사양하고 막차에 올랐다. 그들이 눈발이 어지러이 흩날리는 속에서 손을 흔들어 줄 때 우리는 화안한 미소를 지었다. 서로 스승이 서야 할 자리를 마음에 새기던 장면이었다.

그런 여선생이 나보다 일찍 그 학교를 떠났다. 이임 인사를 마치고 교문 앞에서 떠나려는 순간에 전교생이 몰려와서 버스를 에워싸고 눈물바다를 이루었다. 〈상록수〉에서 채영신 선생에게 배우려고 매달리던 시골 아이들을 연상할 만큼 여선생을 연호는 게 아닌가.

"선생님! 사랑해요."

"선생님! 가지 마세요."

교사상이 세월을 따라 빛이 바래고 일그러져 가는 풍토에서 신선한 감동을 자아냈다. 제자에 대한 사랑이 무지개로 반사된다고 느꼈다.

이런 사연과 추억을 남긴 채 세월은 흘러만 갔다. 십 년이면 강산도 변한다고 하던가. 무려 이십 년이 넘었으니 그 여선생은 아마도 지명의 언덕에서 살 것이다. 그래도 먼 거리에서 사랑받는 아내로서, 어엿한 엄마로서, 존경을 받는 선생님의 자리에서 살리라고 믿었다. 그리고 마음속으로 신의 가호가 있기를 빌기도 하였다.

그런데 우연히도 인근의 학교에 봉직한다는 소식을 들었다. 추억의 앨범 중에서 소중하게 간직하고 잊지 않았던 터라 안부 전화를 걸었다. 여전히 밝고 맑은 목소리였다. 어설픈 나의 작품이 실린 저서도 우송하고, 진정이 스민 인사의 말도 들었다.

근래에는 이런 엽신도 보낸 일이 있다.

'청마 시인의 경우라면 온갖 소동을 벌이며 영희 선생에게 경도되었을 것입니다. 한국수필에 비쳤듯이 한 방울의 흐린 물도 남겨서는 안 된다는 자신과의 약속 때문에 멀리서 마음속으로만 기도와 갈채를 아끼지 않는 것입니다.'

받은 편지 구절도 맑고 곱다.

'선생님께서 70년 넘게 다듬어 내신 선생님의 인품을 담아낼 자신은 없지만, 그래도 성의껏 그려보고 싶습니다. 사진 한 장 보내주시면 정성을 다할게요. 두서없이 쓴 저의 편지가 선생님께 누가 되지 않을까 염려하면서, 그래도 제가 아는 가장 영혼이 맑고 삶이 아름다운 선생님에 대한 존경과 사랑을 꼭 전해 드리고 싶습니다.'

이제는 여선생의 여일에 먼지만큼도 불편을 줄 수 없기에 그냥 멀리서만 기원을 보내려고 한다. 고희에 이른 지금에도 마음속으로 맑은 목례를 보낼 수 있는 인연이 소중하기만 하다.

시인과 지절志節

천변을 따라 소요를 하다가 집으로 돌아와 우편함을 살피자 외우 김남곤 시인의 시선집이 눈에 들어온다. 그가 반갑게 웃으며 나를 맞는 것처럼. 시집을 손에 들고 서재로 들어와 천천히 읽으며 음미한다.

우선 글머리의 문장과 마지막 부분의 문장에 시선이 머문다. 그의 인간을 바로 알 수 있는 표현이라서.

사람은 사람이다
사람은 사람이다
사람은 사람이다.

어두운 길에서도 부시로 차돌을 치면 사람 같은 사람이 보일 것입니다. 반갑게 어깨를 두드리며 물으면 그대 같은 사람이라고 대답할 겁니다. 그걸 믿고 살았습니다. 고개 숙여 감사드립니다.

그는 반세기가 넘도록 언론인으로 살았다. 그의 눈에 비친 사회의 비리와 사회악의 만연은 얼마나 많았을까. 그런데 세 번이나 인간 존중의 선언을 내세우다니! 인간에 대한 선의가 얼마나 도타운 사상인가. 스스로 참다운 사람으로 익지 않으면 흉내도 낼 수 없는 삶의 경지려니.

김남곤 시인과의 인연을 헤아리면 반세기가 조금 넘는다. 우연히 지인들과 문학 지망생으로 모임을 가지게 되었다. 나는 지방대학의 법학과에 재학 중이었고, 그는 지방 신문의 기자였다. 비록 박봉의 기자였지만 이미 시인의 반열에 오를 만한 수준이라는 중평이 있었다. 몇 차례 진지한 모임이 있었지만 각자 생업에 쫓기다 보니 유야무야 흩어지고 말았다. 말을 아끼고 조용하며 사람에 대한 예우가 극진한 그와는 인연의 끈을 놓지 않은 채.

그 뒤로 그와는 어쩌다 옷깃만 스칠 정도로 만나며 교분이 이어졌다. 사사로운 애경사나 문인들의 모임에서 만나는 게 전부였다. 그렇게 유수와 같다는 세월은 무심히 흘러만 갔고, 그의 꾸준한 연찬과 노력은 차차로 유명 인사로 밀어 올리는 밑거름이 되었다.

내가 서투른 천안통과 타심통을 빌리지 않더라도 그의 인간됨과 문학의 경지를 흠모할 진면목이 많다. 그의 〈조선낫〉이란 시를 읽어보면 시퍼런 선비 정신이 옷깃을 여미게 한다. 마지막 연을 인용해 본다.

내 가슴속 때 없이 길어나는

굴절의 양심도 겹쳐보면서
행여 녹슬까 한밤중
깊은 잠의 허리통도
끝끝내 용서하지 않았다.

그는 반세기가 넘도록 ≪전북일보≫를 천분의 직장으로 지키고 받들었다. 사이비 기자가 넘치는 시절이지만, 부조리의 먼지를 묻히지 않는다는 정평이 있었다. 청렴과 성실과 선의의 인간관계로 살아온 보람일 것이다.

그의 작품 가운데 〈빚〉이란 시가 있다.

빚 얻고
돌아오던 날
눈물도
기쁘다.

이 시를 읽으면 나도 모르게 심심상인心心相引으로 눈시울을 적실 만큼 마음이 아려온다. 그처럼 곤고한 생활을 견디면서도, 영혼이 맑은 시를 한평생 차돌처럼 지켜오다니.

시인이란 이만큼의 지절을 갖추어야 독자들이 모자를 벗고 경의를 표할 것이 아닌가. 자기의 영혼 속에 등대를 밝혀 두고 어둠 속에서 헤매는 무리들에게 길을 건너가도록 해야 한다. 대나무의 기상으로 살면서 정의의 피리를 불어야 하며, 자연의 화원을 열어서 문학의 향기를 그윽하게 마시게 해야 한다.

몇 년 전 고창문화원 원장 이기화 시인을 만난 일이 있었다. 그분은 1950년대 말에 등단하고도 시집을 발간하지 않은 청고한 성품이었다. 바른 의기가 서릿발처럼 비치는 병약한 시인의 절규를 들었다. 당신의 은사이기도 한 한국의 저명 시인을 찾아가 매서운 고언을 드렸다고 했다.

"선생님이 친일의 시를 남기고 역사의 죄인이 된 것도 모자라서, 독재자에게 머리를 조아리고 시혜나 받아내는 걸인이 될 수 있나요? 제자인 제가 부끄러워서 고개를 들 수 없습니다. 앞으로도 그러신다면 제자의 인연을 끊을 것입니다. 시인이라면 지절志節을 흉장胸章처럼 달고 살아야 하지 않습니까?"라고.

그렇게 간곡한 고언을 듣고도 태연하게 웃으며 "자네들이 돕지 않으면 어쩌나?" 하더란다. 그 뒤로는 그분의 그림자도 보기가 싫다고 하였다.

시인은 전인격으로 시를 써야 한다. 손가락으로 기교나 앞세우며 거짓된 화장이나 일삼는다면 가소로운 악덕이 아닌가. 그런 무리들이 얼마나 식자들의 지탄을 받았던가. 이들이 남긴 시라는 것은 키로 날려 보내야 할 껍데기가 아닐까.

역사상 여러 유형의 시인들이 명멸했지만 나로서는 아낌없이 존경하는 마음으로 갈채를 드리고 싶은 사표가 있다. 나폴레옹 장군이 황제로 등극하자 상대적으로 처신한 위대한 시인과 음악가들. 다 알다시피 괴테는 헌정시를 품고 가서 권력의 의자 앞에서 낭독하고, 베토벤은 헌정곡을 썼다가 바로 찢어 없앴다고 하지 않던가. 시인이란 모름지기 이만큼의 신조가 있어야 독자들의 영원한 경외의 표상이 될 것이리라.

여러모로 김남곤의 시와 인생을 생각하면 순수한 마음으로 목례를 보내고 싶다. 고달프고 가난하게 살면서 한 점의 누를 남기지 않고, 개결한 선비의 자세를 잃지 않았으니.

어느 하루를 빌어 한적한 다원에서 맑은 차라도 대접하며 담소할 시간이 기다려지는 소이다.

밤하늘의 샛별

오늘은 고희를 넘긴 지 서너 해가 넘는 고등학교 동기생들이 만남의 자리를 함께한다. 여러 잔의 술을 권하고 받으니 웃음을 머금은 노옹들이 너나들이가 되어 방담과 홍소로 왁자하다. 나름대로 한 세상을 잘 살아온 얼굴들이다.

여러 친구들의 이름을 들먹이며 화제가 만발이다. 사회적으로 출세하여 이름이 알려진 사람도 있다. 재력이 탄탄한 기업가도 있다. 학문적으로 경지가 높아서 외경심의 대상이 된 학자도 있다. 그러나 이렇게 당당한 이름표가 무색한 우리들의 빛나는 위인이 있다. 그게 바로 언론에서 국민의 사표가 되는 기업가로 대우를 받는 미래산업의 정문술 사장이다. 동기생들은 이런 입지전적인 인물 때문에 내심으로 자긍심을 지니게 된다. 그가 펴낸 자서전인 ≪왜 벌써 절망하십니까?≫를 읽어보면 기립 박수를 보내며 수긍하리라.

불가에서는 사람마다 불성이 있어서 이 덕성을 닦으면 부처의 경지에 이른다고 한다. 그러나 어디 모래알처럼 많은 인총들 중에서 부처로 모셔지는 주인공이 쉽게 등장하던가. 끝없는 세월의 치열한 노고와 수련이며 극기가 쌓여야 밤하늘의 보름달처럼 떠오르는 법이지.

그는 우리들과 명문으로 통하는 지방의 고등학교에서 수학하였다. 그리고 한 해는 나의 급우이기도 했다. 언제나 말이 적고 행동이 신중한 편이었다. 견고한 의지가 엿보이는 콧날과 입술이며 초점이 분명한 눈은 먼 곳을 응시하는 듯하였다. 성적표의 수치에 연연하거나 허명을 내세우려는 경쟁에 이끌리지 않았다.

그 뒤로 세월을 따라 이 사람은 세인의 시선을 받기 시작했다. 군사 혁명이 나고 얼마 지나지 않자, 안기부의 중견 직원으로서 성품이 개결하고 정의감이 투철하여 비리 척결의 선도자라는 풍문이 자자했다. 혈연, 지연, 학연은 그가 가장 싫어하는 금기의 인연으로 여긴다고 했다. 일취월장하여 고위직에 이르자 보안사령부의 권력 횡포를 막는 입법 작업을 맡기에 이르렀다. 하지만 불행히도 신군부의 등장으로 화살을 맞고 내몰렸다. 그의 말대로 영화가 오래되면 나락으로 떨어뜨린다고 하던가.

하루아침에 날벼락을 맞은 그는 신산고초를 겪기에 이른다. 대여섯 명의 직원을 데리고 기업을 시작한다. 실패와 재기와 반전 및 호전을 거듭하며 오뚝이처럼 난관을 헤쳐 간다. 그래도 몰아치는 역경은 절망의 구렁에까지 몰린다. 사기를 당하고 빚더미에 주저앉고 생활고에 허덕이다가 가족끼리 집단 자살을 하기로 의견을 모은다. 독약이 든 병을 들고 집 뒤의 산마루에 올라 몸부림을 치다가, 다시 재기를 결심하고 약병을 내던진 채 산업 전선으로 뛰어든다. 그러고도 칠전팔기의 신념으로 열정의 노력을 기울인다. 불가능은 나의 사전에는 없다고 외친 나폴레옹처럼…….

그렇게 줄기차게 노고를 쏟은 보람은 강산이 변할 세월을 굴리고 나서 눈부시게 영광을 가져다준다. 중소기업의 수준에서 대기업의 수준으로 비약적인 발전을 한 것이다. 탄탄한 기반이 서자 국가 발전에 기여하는 결단을 내린다. 우리나라의 과학기술 대학교에 300억 원이란 거금을 쾌척한다. 나중에 과학기술대학교에서 그의 이름을 빌린 기념관을 세우면서 여러 차례 초청했지만 한마디로 거절한다. 유익하게 활용했으면 그만이라고.

여기에서 그에게 외경심을 가지고 갈채를 보내고 싶은 단면들은 너무도 많다.

자기의 사랑하는 아들이 아버지의 사업체가 있는 곳을 모른다고 한다. 아내가 사장의 차를 타게 하는 법이 없다. 처남이 무직이라 아내가 일자리를 줄 수 없느냐고 간청을 해도 단호히 건절한다. 대통령이 시찰차 방문해도 고작 허름한 작업실 하나에 의자 몇 개만 늘어놓고 맞이한다. 아들의 결혼식에도 일체 직원들이 모르게 한다. 회장으로 불리는 것을 극구 사양하고 일이 좋으니 사장으로만 불러달라고 한다. 복지시설은 회사의 경영을 생각하지 않고 최상으로 출자한다. 직원들이 회사 운영을 위한 자금을 요청하면 사장의 결재 없이 경리 직원이 직권으로 처리한다. 회사원들은 이런 회사에 근무한다는 만족감으로 신명이 나서 자발적으로 밤낮을 가리지 않고 봉직한다고 한다.

대표적인 사례로 연구직 직원을 채용할 때 그가 내세운다는 당부를 들어보자.

첫째는 연구 담당자는 자기의 연구 주제를 자유롭게 설정하고 노력하라.

둘째는 제발 연구비를 절약하려고 하지 마라.

셋째는 사후 보고를 하는 자는 즉시 해고시킨다.

아무리 생각해도 거꾸로 하는 기업 경영이 아닌가 싶다. 사실은 여기에 성공 신화의 저력이 숨어 있는 게 아니랴. 기업 평가단원들이 감사를 하고 경영 자금이 너무 낭비되어서 도산의 우려가 있다고 조언을 하더라나. 그렇게 진단을 하고 나서 단장은 대량으로 미래산업의 주식을 사고 막대한 수익금을 챙겼다는 실화가 있으니.

오늘날 위정자들의 현주소를 생각한다. 소위 국민의 하늘이 되어야 할 역대 대통령들의 추태를 살펴보자. 민초들조차 허탈하여 냉소하게 하지 않던가. 기업가들의 현장에도 이전투구의 비리가 만연하다고 한다. 대기업의 문턱에 들어선 영재들이 불혹의 문턱에서 쫓겨나 비명을 지르는 오늘이다.

애국을 약장수처럼 떠들어대는 정치가들이여! 회사 운영 자금으로 사복을 채우려는 사업가들이여! 그리고 아들에게 부정한 돈을 넘겨주며 웃음 짓는 부모들이여! 우리의 동기생은 과연 밤하늘의 샛별처럼 빛나는 우리나라의 보배가 아닌가.

3부

인간의 선의 · 2

홀아비 영감

나의 고향에는 마을 사람들이 홀아비 영감으로 불리는 재종형님이 있다. 이 호칭을 남들은 악의 없이 사용하지만 나에게는 여간 민망스럽게 들리는 게 아니다. 그것은 재종간이라는 혈연에다가 선친 때부터 여러모로 도타운 사연이 있기 때문이다.

누구나 홀아비 영감이라고 하면 측은지심으로 떠올리는 선입견이 있으리라. 꾀죄죄한 옷차림이나 덥수룩한 머리와 눈곱이 낀 게슴츠레한 눈이며 꾸부정한 허리 등. 그러나 이 노인은 그런 연상을 전적으로 뒤엎는 개성적인 홀아비다. 언제나 옷차림이 깔끔하고, 얼굴에는 온화한 웃음이 어리고, 하얀 머리가 한 올도 흐트러짐이 없으며, 자세도 꼿꼿하다. 초면에는 다복한 노인으로 믿기에 넉넉할 만큼.

어른들의 말에 의하면 젊은 시절에는 호인형의 미남이라 염복도 따랐다고 한다. 또한 목공 기술을 익혀서 짭짤하게 돈도 벌고, 한 가정을 꾸려 갈 재력도 있었다나. 이상한 일은 중년이 넘도록 장가를 들지 않았다. 나중에는 육친과 친지들의 성화에 못 이겨서 여인을 맞아 신방을 차리기도 했다. 그러나 몇 년을 넘기지 못하고 싱겁게 아내가 보따리를 싸 들고 나가게 하곤 했다. 그 뒤로 몇 번 재취를 얻기도 했으나 그마저 단념하고 홀아비로 인생을 정착해 버렸다.

그러자니 마을 사람들의 쑥덕공론이 나돌 수밖에. 윗목에 쌓아 둔 곡식을 축내는 게 못마땅해서 번번이 아내를 내몬다고 했다. 아니, 남자 구실을 못하는 위인일 것이라고 비아냥거리기도 했다. 그런가 하면 숨겨둔 아들이 있다는 풍문도 나돌았다. 항상 홀아비의 비밀은 안개 속이었다.

어쨌든지 이분의 인생 경영법은 홀가분한 자유인이라고 보기에 알맞았다. 노동은 자기 혼자의 호구나 가늘 만큼 하면 그만이고, 술값이나 용돈이 궁하지 않으면 부자가 부럽지 않은 모양이었다. 그저 여가를 구름을 타고 살려고만 했으니. 젊은 한때에 번 돈으로 텃논 세 마지기를 사서 아우에게 맡기고는 사랑방을 주거지로 삼았다. 언제나 주머니에 지전을 넣고 다니며 주막에서 탁주를 즐겨 마셨다. 취흥이 도도해지면 조용하게 호젓한 곳에서 노불처럼 앉아 있거나 도골선풍道骨仙風의 잠속으로 들어갔다. 산새가 나뭇가지 하나와 몇 알의 모이면 더 아등바등하지 않듯이.

선친과 이 재종형님은 각별한 교분이 있었다. 당숙과 조카라는 혈연과 고향에서 자란 선배와 후배의 인연과 보호자와 피보호자의 연대의식으로. 고향에서 이분이 한미한 가정에서 자랄 때는 선친이 대부처럼 돌보아 준 세월도 있었다. 문맹을 면케 하려고 서당에서 천자문을 가르치고, 굶주림을 보다 못해 쌀이라도 몇 말을 건네주는 등. 반면에 두 분이 북녘 땅을 유랑하다가 선친이 역질에 걸려 사경을 헤매자 품을 팔아 약값을 대었다고 했다. 우리가 고향을 등지고 대처로 이사를 하여 애옥살이를 할 때는 선산의 벌초를 당연한 의무로 알고 도맡았다. 선친이 작고하자 앞장서서 봉분을 쌓고 잔디를 꼭꼭 밟으며 손수건으로 눈물을 닦았다. 유족들이 하산한 밤에는 선친의 무덤 곁에서 고아가 된 마음으로 울며 지새웠다고 하였다.

그뿐만이 아니었다. 내가 큰 산을 사서 조림을 한다고 여러 해 동안 매달릴 때 여러모로 입은 신세가 많다. 인부가 모자라서 알맞은 일거리를 드리면 다른 일꾼보다 온전하게 책임량을 마무리지었다. 나를 아끼는 지성이 고마워서 품삯을 남보다 웃돌게 드리면 일한 만큼만 받고 되돌려 주시려고 했다. 그러고도 내 산의 관리인을 자처하면서 백면서생白面書生이 무엇을 알겠느냐고 나를 대신하여 산을 손수 가꾸셨다. 도벌꾼을 막아주고, 칡넝쿨을 걷어주고, 가시덩굴을 베어주면서.

이처럼 언제나 받기만 한 내가 드린 답례는 대수로운 것이 없었다. 어쩌다가 침구와 옷가지를 들고 가거나, 용돈을 안주머니에 넣어 드리거나, 주막에서 탁주를 사서 거나하게 취하게 해 드린 것 뿐…….

하지만, 항상 나의 보답이 모자랐어도 아랑곳하지 않고 고향의 체온으로 나를 환대하였다. 느티나무 아래나 선술집과 사랑방에서 내가 따르는 술잔이면 더 없이 흡족하게 여기셨다. 그런 자리에서는 ≪삼국지≫보다 더 재미있는 선대의 어른들에 얽힌 이야기를 들려주었다. 손을 잡고 선산에 올라서 조상의 묘소를 일일이 일러주었다. 겨울이면 둘이 퇴침을 베고 누운 채 부엉이 소리와 눈이 내리는 소리를 듣기도 하였다.

비록 초라하고 외롭게 살았어도 심성이 지순하였다. 생전에 어느 누구의 험담도 입에 담지 않았고, 남에게 신세를 지는 법이 없었다. 종친들의 시제에는 어른들이 거드름을 피울 때, 그저 서늘한 눈으로 웃으며 낮은 사람의 역할을 도맡았다. 이런 단면들이 때로는 모자란 무골호인無骨好人으로 비치었을지라도 겸양의 도인을 닮은 풍모라고 여겼다.

그러나 무욕의 처사로, 선친의 신봉자로, 선산의 묘지기로, 선량한 초부로, 고향의 잔영으로 살았던 그분이 노환으로 84세에 타계하시고 말았다. 그날 부음을 받고 달려간 우리 가족이 봉분을 지을 때 손수건으로 눈물을 닦았지만 무슨 위안이 될 수 있으랴.

혈육 한 점도 남기지 못하고 날아간 외로운 영혼이지만 일가와 친지들의 합심으로 선산에 드시게 했으니 다행이라 할까. 그래도 나로서는 너무나 가벼운 인사법인 듯해서 마음속으로 얼굴을 붉혔다.

이제는 망자에게는 어떤 보은의 수단조차 닿을 수 없다. 가까운 시일 안으로 작은 빗돌이라도 새겨서, 무명초로 살았어도 질박했던 성품의 인생을 기리고 싶다. 앞으로는 선산을 찾을 때마다 재종형님의 묘소 앞에서 생전에 즐기시던 술잔을 따라 올리고 재배를 올릴 터이다. 그때마다 선친의 영혼도 오셔서, 당신의 조카인 홀아비 영감의 손을 잡아 주시리라. 그 자리에서 인생무상을 곱씹는 나를 위해, 노송의 까치가 망자의 영혼을 깨워주실까 모른다.

붉은 해일

지난 유월 한 달은 온 강산이 붉은 해일로 넘쳐흘렀다. 월드컵 대회의 16강 진입도 분에 넘친 경사였다. 더구나 4강 진입은 신화의 창조라 할 만하지 않은가.

그래서 우리 민족은 하나의 횃불 아래 모여 다 함께 열광하는 춤을 추었다. 노경에 접어든 나조차 가슴속에 모닥불을 피우고 지냈다. 비록 경기장이 아닌 대형 스크린 앞이지만 붉은 악마의 물결 속에서 환호작약했다. 국내는 물론 해외의 동포들까지 한마음 한뜻으로 들끓게 한 광장을 어찌 외면하랴.

'오! 필승 코리아' '대~한민국'을 연호하던 응원의 물결은 지축을 흔드는 메아리였다. 유사 이래로 우리 국민이 이처럼 나라 사랑의 열정으로 축제를 즐긴 경험이 있었던가. 대한민국을 외치던 그 함성에서 국민적 자긍심이 솟구쳤다. 당당한 젊음의 파도 앞에서 건강한 민족의식을 보며 뿌듯하고 행복했다.

16강전인 한국과 이태리의 경기 때는 모처럼 종합경기장으로 나갔다. 스탠드와 운동장에는 10만 명도 넘을 인파로 가득 메워져 있었다. 두 대의 대형 스크린 앞에서 관중들은 예외 없이 붉은 악마가 되어서 일사불란하게 응원했다. 우리의 선수가 실축하면 숨을 죽이고, 상대 팀 문전으로 밀려가면 노도와 같은 파도타기로 성원했다. 지도자가 없는데도 자연스럽게 박수 소리와 응원의 구호가 절도 있게 광장을 흔들었다. 목마를 탄 아가와 소년 소녀와 젊은이와 장년을 가리지 않고 혼연일체 된 채.

나는 관중들을 주의 깊게 살피었다. 젊은이들은 싱싱하고 활기에 넘쳤다. 고난의 세월을 살아온 선배들이 지니는 그늘이 없었다. 강대국들의 위세에 주눅 들고 움츠리던 소국민의 열등의식이 보이지 않았다. 비록 고통과 눈물로 건너온 조상의 역사를 알지라도 자신감과 패기로 전진할 기상이 엿보였다. 그저 흐뭇하고 대견해서 등을 다독여 주고 싶었다.

그날 통쾌하게도 열망하던 16강의 대열에 진출하였다. 그 순간 밤하늘에 쏟아지는 폭죽 소리를 신호로 관중들은 감격의 용광로처럼 들끓었다. 일제히 내지르는 환호성이 시가지를 휩쓸었다. 서로 얼싸안고 빙글빙글 돌고 길길이 뛰거나 만세를 부르며 자리를 뜰 줄 몰랐다.

그렇게 한참 동안 승리감에 도취해 있다가 서서히 출구로 나갔다. 떠밀리거나 발등이 밟히는 혼잡도 없었다. 그 많던 군중들이 자연스런 물줄기로 흘러나갔다. 그것만도 아니었다. 약속이나 한 듯이 자발적으로 여기저기에 흩어진 휴지를 줍는 사람들이 늘어났다. 조금 지나자 너도나도 동참하여 운동장이 말끔해졌다. 나와 친구는 함께

이들과 청소를 하면서 마냥 든든한 위안을 가졌다. 아니, 눈시울이 적셔지도록 고맙고 미덥게 여겨졌다. 이런 후배들을 실망스럽게 여기고 도리질을 한 경우도 많았다. 오히려 이토록 믿음직스런 젊은이들에게 모범이 되지 못하게 살아온 나의 늙음이 부끄러워지는 자리였다.

한 달 동안 열광의 도가니에서 지내면서 곰곰이 생각해 보았다. 역사책을 펼쳐보면 왕권을 둘러싼 음모와 숙청으로 얼룩진 내용이 많다. 몇 분의 성군이나 충신열사가 고작 기억에 새로울 뿐이다. 나라를 되찾은 이후의 반세기를 살펴본다. 새 날을 열어갈 선구자를 얼마나 갈망했던가. 하지만 민족의 가슴으로 우러러 모실 큰 어른이 몇 분에 불과하다. 허전하고 서글프고 안타깝다.

국부라고 호칭되던 분은 노욕으로 민주주의를 짓밟다 국민의 분노로 망명하기에 이르렀다. 내각책임제의 어느 국무총리는 혼란기에 우유부단하여 군부에 정부를 내주었다. 조국 근대화를 부르짖던 철권의 지도자는 권력욕으로 비명에 가고 말았다. 정의 사회를 약속한 통치자 두 분은 부정한 돈을 산처럼 깔고 앉아 살려다 옥고를 치러야 했다. 문민정부의 새 대통령은 청렴결백을 신조로 내세우더니 아들이 검은돈을 몰아 쥐게 하고 나라의 경제를 벼랑으로 내몰았다. 통일의 기초를 다지고 경제를 살릴 준비된 대통령은 반면교사의 교훈도 잊은 채 아들의 부정으로 국민을 허탈하게 하였다. 우울하고 한심하고 분노가 치밀 작태들이다.

정치와 스포츠는 성격상 다른 점이 많으리라. 하지만 정직과 진실은 공통분모가 되어야 한다. 시궁창 속의 개싸움으로 비치는 정치가들의 생태가 이런 바람을 더욱 간절하게 한다. 부귀와 권력을 헌 옷처럼 벗어던지는 참신한 지도자를 국민들은 얼마나 갈망하고 있는가.

베트남의 호치민은 열악한 후진국의 농민군대를 결집시켜서 프랑스군을 몰아내고, 미국도 무릎을 꿇게 하였다. 마침내 조국의 통일 염원을 이루어냈다. 민족의식을 일심동체로 점화한 위업임이 분명하다. 그는 평생 결혼을 단념하고 조국을 애인으로 섬기며 살다가 간 위인이다. 그가 남긴 재물이란 허술한 옷뿐이었다. 간디는 가난하고 무지한 국민을 이끌고 무저항주의로 영국군을 몰아내고 조국의 독립을 쟁취하였다. 그의 유품이란 고작 물레와 밥그릇과 허리와 어깨를 감는 낡은 천에 불과하였다고 한다.

우리 민족의 저력도 새 역사 창조의 신화를 창조할 수 있다고 믿는다. 이번의 월드컵 경기는 이런 사실을 내외에 선언한 계기가 되었다. 이 땅에도 참다운 영도자가 출현하여 지도력을 발휘한다면 국민들은 애국심의 붉은 악마로 흔연히 동참할 게 아닌가.

위대한 조국을 반석 위에 세울 참신한 지도자는 언제나 혜성처럼 오실 것인가.

정갈한 신뢰

일찍이 공자는 일흔이 되면 무슨 일이든 하고 싶은 대로 해도 도리에 어긋나지 않는다고 했다. 從心所欲 不踰矩(종심소욕 불유구)가 바로 그 의미다. 이는 마치 달이 호수를 비추고도 얼룩을 남기지 않고, 기러기가 강변을 날아가고도 그림자를 남기지 않는 경지가 아닐까. 그런데 범속한 내가 공자가 일컬은 수양의 영역을 감히 넘볼 수 있으랴. 나날의 삶이 조심스럽다.

늘그막에는 견고한 고독을 조촐하게 데리고 살 일이다. 늦가을의 갈대가 안개를 휘감거나 딱새 몇 마리를 데리고 놀며 낙락하듯이. 하지만 어쩌다 삼라만상의 오의奧義를 음미하며 소요할 지인을 만나면 얼마나 좋으리. 그런 손님이 내 울안에 드시면 아직도 더 머물다 가시라고 신발을 숨기고 싶다.

지난날, 몇 가지 인연의 가닥을 더듬어본다. 강산이 세 번이나 변할 세월의 뒤안길에 시골학교에서 함께 근무한 여선생이 있었다. 신혼 시절을 다복하게 누리며 사는 음악 교사였다. 아이들을 앞에 앉히고 피아노의 건반을 두드리면 나는 멀리서 휘파람으로 음률을 따라갔다. 언제나 해맑은 웃음과 서늘한 목소리였다. 어쩌다 그녀도 나와 일행이 되어서 동료들이랑 산행을 하면 나무와 꽃이며 안개에 묻혀서 가까이 있었다. 대천 바닷가에서 찰랑대는 파도와 백사장을 곁에서 걸었다. 오가다 몇 마디의 대화를 나누면 반가운 울림이 따른다고 믿었다. 서로 맑게 바라보며 목례를 보내는 관계라고 해야 할는지…….

어느 달이 무척 밝은 가을밤이었다. 늦은 퇴근길에 버스에서 함께 내리자 그녀가 만월을 우러러 황홀경에 젖는 듯하였다. 그러더니 의외의 제안을 하는 게 아닌가.

"이 선생님! 보름달이 너무 밝군요. 함께 걸어주실래요?"

순간 나는 정갈한 신뢰가 고맙고 반가워서 흔쾌하게 응낙했다. 순수하게 달밤의 정취를 누리며 고운 서정을 안겨주고 싶었다. 되도록 둘이서 물아일체物我一體의 경지에 들어가 노닐고 싶었다. 말은 적을수록 좋고, 말이 없으면 더욱 좋을 풍정風情이라고 여기며. 둥두렸한 달은 낙락장송의 가지를 타고 미끄럼을 타며 놀았다. 멀고 가까운 곳에서 소쩍새가 애잔하게 가락을 깔았다. 머슴새들은 무수하게 쪽쪽쪽 쪼옥 하며 조잘거렸다. 거기에는 정한의 정서가 깃들고, 향토의 평화가 고이고, 선풍仙風의 정밀이 흘렀다. 그렇게 다감한 동행을 즐기고 서재로 돌아와 미소를 지으며 나 혼자 아련한 추억에 잠겼다.

고등학교의 배지를 달고 추석을 맞이하여 귀향을 했었다. 밤이 되자 뒷동산에서 휘영청 밝은 한가위 달이 솟아올랐다. 그러자 소쩍새가 이산 저산에서 울어대고 밤새들이 저마다 제각각 목소리로 화답을 하는 게 아닌가. 정작 고향에 안겼어도 외로운 마음이 들어 혼자 서성이다가 내가 머물던 돌담집으로 들어갔다. 조금 지나자 처녀가 된 영이와 금아가 세라복의 여학생을 데리고 방문을 열고 들어섰다. 살펴보니 그 소녀는 나처럼 어린 날에 도시로 이사했던 소꿉동무였다. 그렇게 둘이는 그 마을에서 처음으로 고등학교 1학년이 된 소년 소녀로 해후한 것이었다. 자연스럽게 이끌리는 마음으로 대화를 나누었다. 처음에는 영이와 금아도 화제에 끼어들더니 이윽고 잠이 들었다. 우리는 그들을 아랑곳하지 않고, 마주보며 이야기를 나누었다. 등잔불이 가물거리는 방에서 창호에 물든 달빛과 새소리에 젖은 채. 참으로 시간이 얼마 지나지 않았을 것이라고 믿었으나 새벽을 알리는 닭이 몇 홰 울었다. 밤을 지새운 것이다. 그만 돌아가게 놓아주어야 한다고 벼르면서도, 정작 놓아주고 싶지 않아서……. 이성을 환상의 프리즘으로 바라보던 시절이라 그런지 나는 고작 나무꾼이라면 소녀는 선녀로만 여겼다. 그 뒤로 그 소녀가 보고 싶으면 걸어서 두메산골의 고향이 칠십 리 길이지만 징검다리 몇 개만 건너면 된다고 여기며 달려가곤 했다. 그때마다 이심전심으로 약속한 듯이 서로 만나 외딴집, 원두막, 강변, 호수, 산사를 맴돌았다. 3년이 넘어서 숙녀와 청년의 모습으로 변신이 되도록. 그런데도 여전히 나는 손가락 하나도 걸지 못하고, 더구나 팔짱을 끼는 통속은 염두에도 없었다. 그러다가 고갯마루에서 헤어진 후 오늘에 이르렀다. 순수파의 짝사랑이었으리라. 안타까운 것은 반세기가 가까운데도 그 소녀는 때때로 나의 꿈길을 밟고 온다. 여전히 그날의 청초한 모습으로.

지난날의 소녀와 지금의 여인은 위상이 다르고 세월도 다르다. 앞의 소녀가 애잔한 그리움의 잔상이라면 뒤의 여인은 서릿발처럼 나를 다스리며 삶의 향기를 나눌 지인이다. 이렇게 다르지만 아직도 낙서가 많은 이 범속한 내가 눈망울을 흐리지 않고 대우할 우상으로 다 같이 소중하기만 하다.

얼마 전에는 모처럼 두어 차례 만난 적이 있었다. 한적한 교외의 음식점에서 맛깔스런 음식을 즐겼다. 자리를 옮겨 찻집에서 담소를 나누면서 사찰의 범종소리도 기다렸다. 자잘한 눈송이가 나불대고 젖빛 구름이 솔숲으로 흘렀다. 시를 함께 읽으며 시심에 젖어서 미소를 짓기도 하였다.

그날 집으로 돌아와 그녀에게 이메일로 이런 메시지를 보냈다. 어느 작가가 백아절현伯牙絕絃을 풀이하고 감상을 적은 글로.

> 사람이 살다 보면 지음知音의 친구를 만나게 된다.
> 눈빛만 보아도 마음을 읽어내고 영혼을 읽어내는 친구!
> 부부도 아니고 연인도 아니지만 마음이 통하는 면에서는
> 부부나 연인을 뛰어넘는 도저히 끊을 수 없는 관계의 사람!
> 말 한 마디에서, 잠시 나누는 눈빛, 잠깐 잡는 손길에서 몸의 소리,
> 마음의 소리, 영혼의 소리까지 읽어내고 나누는 사이다.
> 이보다 더한 지고의 지음이 또 있을까?

다행히 웃음의 화답을 얻어내기에 이르렀다. 어찌나 마음이 밝고 흐뭇했는지 모른다. 서로가 마음결로 정갈하게 신뢰한다면 아무것도 걸림이 없을 것이다. 비유하자면 언제라도 찾아오면 조롱박으로

석간수를 떠 목을 축이게 하고, 예쁜 자기 그릇에 작설차를 대접하고, 숲 속을 천천히 함께 걷다가 돌아가게 하면 된다. 굳이 애련에 물들거나 연모의 가슴앓이를 할 필요가 없다. 그저 찾아오면 발소리를 즐기고 돌아가면 가볍게 손을 흔들어도 내 안은 넉넉할 것이기에.

이웃사촌

예로부터 우리 선인들은 이웃사촌이란 말을 즐겨 사용했다. 서로 이웃하여 살면 정답기가 사촌 형제와 같다는 말이다. 농경사회에서 이웃하며 단란하고 평화롭게 살고 싶었던 상용어였을 것이다. 그래서 가까운 이웃은 먼 친척보다 낫다고 했다. 나아가서는 황소 한 마리를 가지고도 이웃과는 싸우지 않는 법이라고 했으리라. 이런 말 속에는 평화를 소망하고 사랑하던 민족성이 들여다보인다.

이웃사촌이란 단어만 생각하면 산골에 살던 어린 날이 떠오른다. 사립문을 지긋이 열어놓고 아무라도 내 집처럼 드나들었다. 보릿고개 무렵이라도 설핀 밥을 이웃과 스스럼없이 나눠 먹었다. 부침개만 만들어도 울바자 너머로 보냈다. 쌀 몇 되를 빌리면 나무 한 짐을 지어다 허청에 쌓아 주면 그것으로 족했다. 옆집에 아픈 이가 있으면 약단지를 지켜주며 쾌유를 빌었다. 강냉이나 햇감자를 삶으면 이웃을 불러 멍석에 둘러앉아 함께 먹었다. 술독의 술이 익으면 어른들을 모셔다 술잔치를 벌였다. 심지어는 미망인의 모내기는 자기 논보다 먼저 끝내주는 것을 당연하게 여겼다. 두레로 마을 사람들의 농사가 항상 풍년이었다.

나의 조부님은 집성촌의 촌장이었다. 훤칠한 키에 하얀 수염을 기른 근엄한 풍모였다. 동네에서 대소사가 있으면 이 어른께 의중을 여쭙곤 하였다. 그러면 언제나 어진 웃음으로 그들을 가솔처럼 맞으며 지도하였다. 그러다가 어느 집의 빚보증을 섰다가 텃논 세 마지기가 달아났다. 졸지에 생활이 궁색했어도 내색하지 않았다. 그저 이웃끼리 웃음으로 사는 게 제일이라고 가족들을 다독였다.

선친도 예외는 아니었다. 들녘과 대처를 전전하다가 번번이 인정으로 낭패만 보았다. 친지에게 논문서를 맡겼다가 한 필지가 날아갔다. 경작한 소출도 빼돌리더니 팔아먹고 종적을 감춘 것이다. 모친에게 장사를 맡기고 가난뱅이들만 몰아다가 외상을 주라고 졸라댔다. 무지렁이들이 가엾지 않느냐고 혀를 차면서. 그리고는 그들이 약주라도 대접하면 흐뭇하게 웃으며 허물을 나무라지 않았다. 그러자 외아들인 내가 수업료를 내지 못하고 시험 때마다 교실에서 밀려났다. 나중에는 판잣집마저 팔아넘기고 사글세로 전전했으니…….

나는 조부나 선친이 세상을 건너가는 자세에 회의를 느끼곤 하였다. 영악스런 사람들의 숲에서 의심할 줄 모르는 삶은 경계하리라고 다짐하면서. 무조건의 호인이란 다름 아닌 바보로 비웃는 세상이 아닌가. 그런데도 나 역시 여린 마음으로 고충을 겪기는 예외가 아니었다.

대학촌에서 붙박이처럼 누옥도 분수 안의 행복으로 여기며 반세기를 살았다. 주변에서 새집을 지으면 내 일인 양 반기고 돕기를 마다하지 않으면서. 온통 집에 먼지가 내려앉아도 말없이 쓸고 닦았다. 내 집 벽에다 지붕을 덧대고 건물을 지어도 머리를 긁으며 묵인했다. 내 집 장독대의 간장독이 깨어져서 흘러도 야박하게 나무라지 않았다. 이웃의 상점에서 소음이 들려도 야박스레 항의도 못했다. 이것은 모두 영세민들의 고달픈 몸부림이라고 여겼기에.

날이 갈수록 내 집의 주변이 상가로 지정되면서 상인들이 법석을 떠는 지대로 변했다. 내 집을 몇 년 사이에 사방에서 궁전처럼 높은 건물이 에워싸는 것이었다. 골목의 허름한 누옥으로 남긴 채. 궁상스런 고옥에서 주변머리가 없이 사는 나를 여러 사람이 빈정거렸다. 세상살이에 얼마나 답답하면 이 지경으로 불편하게 사느냐고. 나중에는 아들딸과 며느리가 새집을 지으라고 성화였다. 무작정 샌님 소리만 듣고 살 수 없기에 건물을 신축하기로 결단을 내렸다.

먼저 이웃집을 찾아다니며 인사를 하고 협조를 당부했다. 누구나 흔연히 웃으며 염려 말라고 했다. 대부분 마음이 좋으신 부부이니 아무런 문제가 없을 것이라고 덕담도 덧붙이며. 나는 자못 기대를 안고 공사를 서둘렀다.

하지만 여러 날이 못 가서 이웃의 송곳 같은 시비가 나를 할퀴었다. 내가 집을 비우면 수십 년 동안 가까이 지낸 사람이 인부들에게 시시콜콜 시비를 걸었다. 만날 음악소리로 밤잠을 괴롭히는 상인이 낮잠을 잘 수 없다고 인부들에게 삿대질을 했다. 옆집 주인은 건축법대로 담을 허물고 거리를 넓히자고 동의했는데, 전세를 든 사람이 영업에 지장을 준다고 훼방을 놓았다. 앞뒤에서 함께 집을 짓던 아내의 친구가 자기의 창문을 가린다고 악다구니를 썼다. 인부들은 주인의 눈을 속이고 부실하게 작업을 하고 돌아가면 그만이었다. 그나마 건축업자는 무조건 믿는 나를 우롱하듯이 하자로 얼룩진 공사를 하였다. 내가 순수하게 믿어주면 그도 나를 양심으로 대우하리라는 순정파의 기대는 조롱거리였나 보다.

가까스로 새집을 지어 입주했다. 130평의 다세대 주택이다. 집의 현판을 '새벽이 열리는 집'이라고 걸었다. 비록 병든 도시에 묻혀 살지만 새벽마다 돋는 해를 보며 자연의 세계를 염원하고 싶었기에. 산새들의 노래와 솔바람과 물소리를 상상으로라도 그리려고 했다.

이제는 도연명처럼 귀거래사를 남기며 한촌으로 돌아갈 수도 없지 않은가. 굴원을 나무란 뱃사공이 일렀듯이 세상이 흙탕물이면 함께 흐르면서 한 바가지의 맑은 물을 주려고 해야 하지 않을까. 고향도 이제는 빛바랜 허상일 뿐이다. 나를 반길 친지도 없으려니와 인정도 도시의 병리가 넘치는 곳으로 변해버린 것을 어쩌랴.

며칠 전에는 예닐곱 집의 이웃들을 불러서 연회를 베풀고 대접을 했다. 새집들이 잔치를 겸하여 고마운 인사를 전하려고. 나는 술이 가득한 곳간을 들락거리고, 아내는 성찬을 마련하느라 분주했다. 그래도 이웃사촌을 모신 듯하여 흐뭇하기 그지없었다.

앞으로는 이웃들의 마음속으로 내가 반가운 손님으로 찾아가는 삶을 모색할 것이다. 이기심의 잣대로 경계하는 이들에게 농심의 초부로 돌아갔으면 한다. 인간애의 박토 속에서 선의를 심으며 인정스레 살던 옛 시절을 잊지 않을 것이다. 불편해도 손을 잡고 살아갈 오늘의 가족이 아닌가.

위대한 바보

때때로 생각나는 신부님이 있다. 사람들의 마음결이 사납거나 잘난 듯이 거드름을 피우는 모습을 보면 더욱 그렇다.

오래전부터 그 신부님의 이야기를 익히 들어온 터였다. 신자들은 그분이야말로 진정한 하느님의 사역자라고 이구동성으로 일컬었다. 근래에는 세상 사람들이 버린 절박한 장애인들을 보듬어 안고 사는 '무지개 가족'의 원장님으로 봉직하신다고 했다.

우연한 기회에 동료들이랑 그곳에 찾아갔다. 이기심에만 갇혀 사는 현실이 부끄럽다는 의견의 일치였다. 준비한 위문품은 대수롭지 않았지만 마음만은 밝았다.

현관에 다다르자 신부님이 우리를 맞아들였다. 키가 훤칠한 벽안의 신부님이었다. 반백이 넘은 머리가 부스스하고 다리가 불편한지 저춤거렸다. 일터에서 돌아와 흙먼지를 턴 시골의 아저씨를 닮았다고 느꼈다.

우리들을 응접실에 앉히고 낯익은 이웃처럼 반겼다. 의례적인 인사말은 무심하게 넘겼다. 작건 크건 선행은 각자가 복을 짓는 일이라고 했다. 담담한 표정으로 우리는 당연한 도리를 하는 가족이라고 일컬었다.

신부님의 안내를 받아 이방 저방을 찾아가 장애인들을 살폈다.

한 여인이 침대에 누워 있었다. 해사한 얼굴에 맑은 웃음으로 우리를 맞았다. 교통사고로 목 척추를 다쳐서 전신마비 환자란다. 무려 7년이 넘도록 신부님의 조력을 받으면서 병상에 누워 지내는 것이다. 더구나 회생의 가망이 없는 아내를 부담스러워 하는 남편을 위해 이혼을 해 주고, 천륜의 아이들조차 발길을 멀리하게 한 채…….

그 여인이 육신을 쓸 수 있는 부분은 오직 얼굴뿐이다. 나머지 부위는 남에게 짐이 되는 무감각의 짐이다. 그런데도 캄캄한 오뇌를 지우고 화안한 표정으로 누워 있다. 신의 품안에서 안락을 누리는 모습으로. 가없는 은의를 마시면서도 미안한 생각조차 들지 않게 하는 사랑의 달빛을 누가 보내는 것인가. 바로 그 주인공은 우리들 곁에서 미소를 짓고 서 있는 신부님이었다.

우리들을 뒤에 두고 신부님이 그 여인의 이부자리를 걷고 분비물을 치웠다. 등에 생긴 부종의 고름을 짜고 소독하였다. 한 점의 거북스런 기색이 없었다. 엄마가 아기를 보살피는 자애가 엿보이고, 엄마의 보살핌을 받는 평화가 깃들었다.

다음 방에는 척추마비의 한 젊은이가 있었다. 이곳까지 오게 된 사연이 나를 숙연케 하였다. 신부님이 한여름에 차를 몰고 가다가 쉴 참이었다. 시골의 짚더미 속에서 비명소리가 들리기에 헤쳐 보았다. 어떤 젊은이가 허리가 꺾인 채 묻혀 있었다. 뺑소니차가 내다버린 생명이었다. 상처의 피가 더께를 이루고 쉬가 끓는 참상인 채 신부님이 데려와 가족이 된 것이다. 이 젊은이의 낯꽃도 밝았다. 은총을 담뿍 마신 증언으로 여겨질 만큼.

그 방에서 나오려니 어떤 처녀가 전신을 뒤틀며 우리들 앞으로 다가왔다. 호킨스 박사 같은 루게릭병 환자란다. 천진스런 표정으로 우리 손을 덥석 잡고 흔들었다. 말소리는 어눌하고 웃음조차 일그러지는 형상이었다. 가벼운 선심으로 호기심이나 채우려는 우리들은 몸 둘 바를 몰랐다.

사무실로 들어오니 장애인들이 맡은 일에 열중이었다. 휠체어에 앉은 남자가 컴퓨터 자판을 두드리고 있다. 살펴보니 오른손의 검지와 중지만 제대로 쓸 수 있는 모양이었다. 그 한 부분이나마 의지하여 살아가려는 눈물겨운 작업이다.

그 외에도 육신이 자유로운 이는 없었다. 팔이 없는 젊은 여인, 다리가 없는 중년의 남자, 눈을 감고 더듬거리며 오가는 노인…….

이 가족들은 불편한 수족의 일부분일망정 맡은 일에 열중하였다. 어떤 역경 속에서도 스스로의 힘으로 살아남아야 한다는 일념으로. 그게 신부님의 자애롭고도 엄격한 교육 정신이라는 것이다.

놀라운 것은 이 가족들은 너나없이 화락한 분위기를 이루고 살아가고 있었다. 무지개의 사랑을 걸어놓고 오붓하게 살며 신에게 감사하는 나날의 생활인 것이다. 한 사람의 참된 목자가 베푸는 사랑이 고인 호수가 아닌가.

신부님을 잘 아는 일행이 지난날의 아름다운 일화도 들려주었다. 우리나라 국민이 절대 빈곤에 시달리던 시절이었다. 빈민 구제 사업을 시작하다가 별다른 실적이 없자 치즈공장을 차렸다. 자신이 없자 여러 차례 고국의 부친에게서 기술을 배워 탄탄한 기반을 마련했다.

군민들이 절대적인 혜택을 입었음은 물론이다. 그런데 공장 운영이 날로 번창하게 되자 흑심을 품은 무리들의 농간으로 시달림을 받았다. 급기야 벨기에의 생가에서 배운 기술과 가져온 전 재산인데도 이들에게 아낌없이 내어주고 말았다. 그러고도 신부님은 신도들이 생명이라도 달라면 주어야 한다고 태연히 웃으시더란다. 살아 있는 하느님의 현신이라 할 만한 일화다.

실내를 살피다가 벽에 걸린 시 한 편을 읽어 보았다. 시의 문학성을 떠나 신부님의 진면목을 알게 하는 작품이었다.

> 두 손에 목발을 짚고/ 무지개 일곱 빛을 나누기 위해/ 넓은 성을 만드신 그분은/ 하느님의 사역자// 그분은 자기를 아낄지도/ 모르시면서/ 이웃만 아낄 줄 아시는/고집쟁이 할아버지/ 위대한 바보

한참 동안 무지개 가족의 요모조모를 살핀 나는 성경 구절을 떠올렸다.

'예수는 본래 하느님의 본체이셨으나 하느님과 동등함을 취하려 하지 않고, 오히려 자기를 비워 종의 모습을 취하셨으며 사람의 형상을 입으셨습니다.(빌립보2 1−7)'

예수의 앞에 세상의 부귀냐 십자가냐, 지배냐 봉사냐 하는 양자택일을 제시하고 있다. 그러나 예수는 십자가를 취하고 정치적 지배자가 아닌 종으로 죄를 이겨낼 수 있는 길을 선택했다. 세상의 지배는 일시적이요, 죄의 구원은 영원한 것이기에.

그러자 지정환 신부님이야말로 충직한 예수의 분신일지도 모른다고 믿어졌다. 우리들을 전송하기 위해 손을 흔들며 웃음을 머금고 서 있는 모습이 어느 성자보다 우러러 뵈었다.

장단점의 묘미

이순의 나이가 되면 귀가 부드러워진다고 한다. 세상의 선악과 미추도 걸러서 포근하게 받아들일 수 있다는 의미일 것이다. 그렇다면 나는 아직도 설익은 소인에 지나지 않으리라.

나에게는 수십 년을 동고동락한 지우知友 몇이 있다. 같은 깃을 가진 새는 함께 어울린다고 했지만 그렇지도 않은 듯하다. 분명히 다른 개성이지만 장단점의 묘한 조화로 우정이 도타워졌는지 모른다. 함석헌 선생의 글에 다음과 같은 내용이 있다. 이런 경지의 친구들을 세 사람만 곁에 두고 산다면 얼마나 행복할까.

> 마음이 외로울 때에도
> "저 맘이야."하고 믿어지는
> 그 사람을 그대는 가졌는가.

만 리 길 떠나는 길
처자를 내맡기며
맘 놓고 갈 만한 사람
그 사람을 그대는 가졌는가.

여기에 세 친구를 그려본다.

직업이 수의사인 친구가 있다. 그와 나의 교분은 반세기에 이른다. 지금까지 마음 놓고 속내를 드러내며 살아간다. 나의 모두를 거울처럼 보여도 언제나 편안하다. 인생의 오솔길을 손을 잡고 다정하게 걸어온 친구이기에. 친구는 고진하고 인간미가 넘친다. 동물을 치료하는 데에도 지극한 정성으로 소홀함이 없다. 가난한 손님에게는 진료비도 제대로 받지 않는다. 인정에 약한 사람이라 주머니에는 돈이 남을 겨를이 없다. 여러 남매와 친지들의 대소사를 더 돕지 못해 안달이다.

종업원이 부친상을 당하자 병원 문을 닫고 호상이 되어 장례를 주관하였다. 밤길을 걷다가 노숙자를 보면 안위를 살피고야 지나갔다. 후배 교수가 횡사를 하자 수사관들의 뒷바라지를 하느라 영업은 뒷전으로 미루었다. 정부미를 실은 트럭이 쌀가마니를 떨어뜨리고 달리자 택시를 잡아타고 달려가 알린 일도 있다.

지난날에는 내가 전상을 입고 일 년이 넘도록 투병하자 사흘이 멀다 하고 내 병실에 찾아왔다. 팔이 아프도록 내 다리를 주물러 주는가 하면 밤이 이슥하도록 위로의 말을 들려주었다. 내 모친이 뇌졸중으로 입원했을 때에도 자주 찾아와서 간병하였다. 더구나 자기의 아내도 데리고 와서 밤늦도록 병상을 지켰다.

그런데 이토록 인간미의 화신이건만 가정에는 그늘이 있다. 부부

관계가 원만하지 않은 편이다. 친구의 아내는 우리 부부를 만나면 응원군을 만난 듯이 남편에 대한 불평을 늘어놓는다. 아내를 너그럽게 이해하고 사랑할 줄 모른다고 한다. 깐깐하게 시시비비를 일삼아서 피곤하다는 것이다. 친구와 나는 이런 푸념을 들으면서 고소를 머금는다. 우리는 여러 가지로 화기가 넘치는 부부애의 방안을 의논하지만 여전히 갈등의 골은 깊다. 대인관계에는 흠결이 없는 터인데도 정작 아내에게는 고통스런 남편으로 비치는 현실이 안타깝다.

장기간 장교 생활을 하고 모교에서 교편을 잡다가 퇴임한 친구가 있다. 신의가 두텁고 공인정신이 투철하다. 그의 일거수일투족은 명쾌하다. 사람을 좋아하여 친구가 많다. 선후배를 가지지 않고 애경사에 촌지를 들고 어김없이 나타난다.

젊은 날에는 헌병장교로 이 지방의 파견대장으로 근무하였다. 바른 질서와 법의 집행을 엄격한 잣대로 지켰다. 언제나 저렁저렁한 목소리로 부하를 진두지휘하였다. 불의를 용서하지 않았고 약자의 편에 서서 방패막이가 되어 주었다.

모교에서 교편을 잡았을 때는 매사에 솔선수범하고 제자들을 위해 열정적으로 봉직하였다. 제자들의 존경을 받는 스승으로 정평이 높았다. 경영진에서도 능력을 인정받아 영향력이 높은 중책을 맡기도 하였다.

이와 같은 인재인데도 다소의 불편한 세평이 따른다. 자기의 주관이 너무 강한 편이어서 타인들이 조심스러워 한다. 자기의 잣대에 맞지 않으면 당장 거부한다. 자동 발사기처럼 쏘아대는 경우도 있다. 본인도 남을 긍정하고 배려하는 포용성이 아쉽다는 것을 알면서도 부드럽게 살기는 어려운 모양이다.

중등학교에서 교장으로 정년을 마친 친구가 있다. 격식이나 허식을 모르는 천진스런 성품이다. 사시춘풍이라 할까. 언제나 온화한 웃음을 잃지 않는다. 옆에서 여러 사람이 다투어도 빙그레 웃기만 한다. 매사를 서두르는 법이 없다. 웬만한 약속을 어기고도 나무라면 웃어넘기며 무엇이 그리 바쁘냐고 태연하다. 잔디밭에 누워서 하늘을 보며 여유작작하는 태도다.

이 친구와 나는 자주 산행을 함께한다. 산골 아이처럼 산의 호기심에 빠져서 미아가 되곤 한다. 버섯을 따고 도토리를 줍는가 하면 알밤을 발라서 주머니를 채운다. 산골 태생인 나와 같이 촌놈의 취향을 즐긴다.

어느 때는 삭정이를 주워서 짊고 다닌다. 내가 노승의 주장자로 모실 테냐고 물으면 구순을 넘긴 아버지의 방에 군불을 피운다고 한다. 궁색스럽게 보이지만 갸륵한 효심이 내 마음을 훈훈하게 한다.

이렇게 좋은 친구를 두고도 단점을 지적하기도 한다. 우유부단하고 시간관념이 흐리고 촌스럽다고 한다. 그러나 나는 이 친구들의 장단점을 다른 시각에서 보고 싶다. 장점이 곧 단점으로 비추어질 수도 있다. 또한 단점은 장점으로 작용할 수 있다. 타인의 장단점을 있는 대로 존중하고 사랑한다면 인화의 봄바람은 언제나 불 것이다. 흐르는 물이 어떤 장애물도 외면하고 거부하지 않듯이…….

장미가 고혹적으로 아름답지만 가시가 있다고 나무랄 것인가. 대나무가 곧기만 하고 휘어질 줄을 모른다고 탓할 것인가. 안개꽃이 잘기만 하고 볼 게 없다고 외면해야 할까.

우리가 나누어 갖는 장단점은 다름 아닌 다양한 면모의 차이인

지도 모른다. 늘그막의 나이에는 어떤 친구도 아무런 스스럼없이 받아들이면서 살고 싶다. 나의 사랑방에서 술잔을 나누며 여러 친구들이랑 어울려 호방한 웃음으로 여일을 살고 싶다.

지란芝蘭과 여인

지란은 지초와 난을 일컫는다. 향기롭고 맑은 심성을 지닌 사람의 비유로 쓰이기도 한다. 지란지교라는 고사성어를 생각해 보면 수긍이 갈 것이다. 이런 사귐은 얼마나 향기롭고 맑은 영혼을 지닌 사람이 누리는 행복일까. 더구나 연인 사이라면 별나라의 동화만큼이나 승화된 사랑의 경지일 것이다.

사람도 지초와 난처럼 암향을 지닐 수 있을 것이다. 굳이 남자나 여자를 가릴 것 없이 그처럼 고아한 품성을 지닌 사람이라면 흠모의 목례를 드리려 한다. 나에게서 흐린 물방울 하나도 튕기지 않도록 나를 엄격하게 다스리면서.

오래전에 지리산을 종주할 때다. 피아골의 바위서리를 지나다가 춘란 몇 포기를 만났다. 이파리가 파랗게 너울지고 꽃대에서 자잘한 꽃을 피워 올리고 있었다. 한참이나 향내를 맡으며 눈으로 어르다가 내 머리맡에 두고 싶었다. 가만히 뿌리를 캐어서 배낭에 넣고 내 서실에 안치하였다.

그러나 세월이 지남에 따라 난에게 미안하고 아픈 반성문만 쓰게 하였다. 난을 아내랑 사랑으로 조심스럽게 보살펴도 지리산의 그 모습은 아니었다. 이파리의 색소가 어둡고 생기가 돋아나지 않았다. 꽃대가 올라오기를 몇 해를 기다려도 감감무소식이었다.

이제는 춘란이 나에게 원망하고 나무라는 말을 마음속으로 듣는다.

"주인님! 나를 지리산의 청정한 자연에 살도록 하지 않고, 구석진 방에서 죄수처럼 살게 하나요?"

사실 그대로 살게 했더라면 온전히 그 몸으로 솔바람을, 골물 소리를, 아침의 이슬을, 교교한 달빛을 마음대로 즐기며 향기를 은은히 풍기지 않았으랴.

살다 보면 여인도 지초나 난에 비길 만큼 찬미를 보낼 대상도 있을 것이다. 문인 사이에 선망스런 염문을 남긴 청마와 정운을 생각한다. 문인들의 모임에서 처음으로 정운을 만난 청마는 첫 만남인데도 사랑의 열병에 빠진다. 쪽진 머리에 단정한 한복을 입고 조신한 몸매를 지닌 젊은 부인의 모습에 매혹을 느낀 것이다. 그 밤에 쓰기 시작한 연문의 호칭이 '지애하는 당신'이었다. 그로부터 이십여 년간을 매일 연서를 보냈다. 영도는 시인의 객기로 웃어넘기다가 후일에는 지고지순한 경지의 연인으로 살았다. 그들은 세인들의 시선이 불편한 세상을 벗어나 별나라에서 사랑의 밀실을 마련하고 싶다고 실토하기에 이르렀다.

〈행복〉이라는 청마의 시의 마지막 연을 읊어보자.

—사랑하는 이여, 그러면 안녕!

설령 이것이 이 세상 마지막 인사가 될지라도
사랑하였으므로
나는 진정 행복하였네라

그런데 나처럼 범속한 위인의 경우라면 어떨까 하고 자문해 본다. 아무리 사랑의 신화를 남긴 듯한 청마일지언정 정운 이외에도 두세 명의 연인이 있지 않았던가. 그들이 남긴 작품도 얼룩이 있지 않았을까 하는 회의가 들기도 하였으니 말이다. 내가 도골선풍의 오욕칠정을 빨래한 신선이 아닌 바에야 철부지의 돈키호테는 될 수 없는 게 아닌가. 그저 멀리서 고운 마음으로 기도를 보내고 웃음으로 갈채를 보내며 살 수는 없을까. 나무꾼이 옥류담에서 목욕하는 선녀의 옷을 훔쳐서 아낙으로 삼은 민담은 너무 이기적이다. 다시 하늘나라로 나비처럼 날아가게 하는 알뜰한 보살핌이 있었으면 더욱 좋았을 것을.

내가 살아온 추억의 오솔길에는 살뜰하게 간직한 여성이 있다. 시골 학교에서 함께 봉직한 젊은 여선생이었다. 서늘한 눈매와 단아한 옷차림에 조용한 몸가짐이었다. 이국에서 파견근무를 하는 낭군을 위해 매일 편지를 쓰고, 육성으로 테이프에 녹음하여 사랑의 말을 전하고, 학생들을 자애 가득한 말로 가르치고, 동료들을 지성으로 받들어 사랑스런 누이로 비치었다.

언젠가는 아침 출근길에 갑작스런 위경련으로 도움을 요청하여 손길을 잡고 보건소에 들른 일이 있다. 혹심한 통증에도 얼굴에는 평화만 띄워 주웠다. 발목이 덮이도록 눈이 쌓인 운장산을 동행하며 정갈한 웃음을 남겼다. 시골의 어린 제자들이랑 장작난로 곁에 앉아서 스승의 길이 지중함을 알게도 하였다. 수많은 세월이 흘러갔어도 여선생의 여일이 편안하고 행복하기를 염원하는 안부도 묻고 편지도 오갔다. 비록 아주 드문 교신이었지만 내 마음에는 천 통의 편지가 부럽지 않았다.

다소 쑥스럽고 거북하지만 근래에 내가 받은 한 편의 서신을 옮긴다. 서로의 진실에 한 점의 티도 없음을 밝히면서—.

선생님!

그간 안녕하셨지요?

먼저 새해 인사 올립니다.

새해에도 항상 건강하시고 늘 웃음 짓는 날들만 가득하길 진심으로 기원합니다.

먼 산에 가득 쌓인 눈을 바라보면서 오래전 운장산에 선생님, 또 따님과 함께 올랐던 소중한 추억을 떠올리기도 합니다.

선생님이 주셨던 따뜻한 글들을 들여다보기도 합니다. 이제 살아온 날보다 남겨진 날들이 적음을 감히 헤아리다 보니 소중한 분들과의 추억이 더욱 새록새록 떠오르는 요즈음입니다.

지킬지는 모르나 그 만남들을 더 소중히 여기고픈 마음 또한 간절하구요. 선생님을 알게 된 것은 그중 가장 감사하고 싶은 기억입니다. 뵙지 않아도 듣지 않아도 늘 보이고 들리는 것은 선생님의 호방한 웃음소리입니다.

건강하세요. 그리고 행복하십시오.

경인년 새해 정초에 항상 늦기만 하는 박지정 올림

앞으로도 여선생의 여일이 봄날의 햇살처럼 편안하고 다복하기를 빈다. 그 여선생이 빚은 사랑과 공경의 달무리가 부군과 시부모와 자녀들에게 비쳐지는 상상만으로도 고맙다. 비록 지난날의 인연이 옷깃만 스친 관계일지라도 지초에 비기고 싶은 여인이기에. 한편 내 스스로 그 품성에 알맞은 예우를 잊지 않았기에 그 추억은 언제나 소중하게 여겨진다.

진인眞人을 그리며

소크라테스는 낮에도 사람다운 사람을 찾으려고 등불을 들고 다녔다고 한다. 아마 현인을 찾고 싶은 소망이었으리라. 그러나 나는 선량한 성품을 지닌 임자를 가까이 두고 살고 싶었다. 다행히 고희가 가깝도록 살아오면서 진인이라고 불러도 좋을 분을 모시고 살았다. 기십 년이 넘도록 삶의 윤기를 가꾸며 지기지우로 지내는 은전을 누렸다.

그런데 그를 잃고 말았다. 불가에서는 공즉시색空卽是色 색즉시공色卽是空이란 말을 곧잘 사용한다. 생사도 여일하여 다를 게 없다고 한다. 그만큼 인간은 무상의 안개 속에서 허우적이다가 사라지는 것인가.

우리는 비록 연령의 차이는 다소 있더라도 언제나 초원에서 팔베개를 하고 이야기를 나누듯 스스럼이 없었다. 세상사가 따분하고 지겨우면 언제라도 만나서 맑은 이야기를 나누고 술잔을 기울였다. 언제나 분신처럼 함께 어울려 산하를 떠돌며 운수승을 부러워하지 않았다. 그저 풀잎처럼 순수하고 질박한 속성으로 살고자 했다.

그분은 강원도의 오지 학교에서 한미한 집안의 학동들을 위해 주머니를 털어 뒷바라지를 했다. 책과 공책을 사 들고 가가호호 방문하여 향학열을 고취시켜 주었다. 시험지를 인쇄하여 고등학교 시험에 낙방한 제자의 집에까지 들고 가서 격려해 주었다. 건강이 부실한 제자를 병원에 데리고 가고 주머니를 털어 입원비를 보탰다. 이런 미담가화가 훗날 제자들의 요청으로 MBC의 〈아침마당〉에 소개된 바 있다.

우연히 같은 지역에 살고 같은 학교에서 봉직하면서 둘이는 친밀하게 지내는 인연을 가꾸었다. 학생들을 가르치는 교사로는 이심전심의 동료요, 자연을 사랑하며 유랑하는 동반자였고, 인생을 낙낙하게 살아가는 풍류의 지우였다.

산하를 찾는 나그넷길에는 빛과 그림자였다. 신록이 청신하다고 수목원에 찾아갔다. 불볕더위가 기승을 부린다고 뱀사골로 들어갔다. 단풍이 눈부시다고 설악산을 헤맸다. 설경이 푸짐하다고 태백산을 넘어갔다. 고산준령에서는 다리를 저춤거리는 나를 자상하게 도왔다. 발목이 저려서 주저앉으면 주물러주고, 칠흑 같은 고갯마루에서는 손길을 잡아 이끌어주는가 하면, 목이 타서 탈진할 때는 당신의 물병을 아낌없이 주었다.

둘이는 애주가였다. 내 집의 술이 익으면 아내더러 술상을 차리라 했고, 그의 술이 고이면 자진해서 술상을 주문했다. 눈발이 푸짐하다고 부르고, 빗소리가 시원하다고 찾아갔다. 달빛이 휘영청 밝다고 함께 술병을 차고 산마루에 오르고, 마음이 울적하다고 주막으로 갔다.

낙엽을 깔고 앉고, 바위끝에 걸치는가 하면, 나무등걸에 기대고, 물소리가 쇄락한 청류에 발 담그기를 즐겼다. 하늘의 구름을 보고 물소리와 바람 소리를 들으며 시간을 잊었다. 세상의 영욕을 훌훌 벗어버린 은사들의 유유자적이라 할까.

꽃샘바람이 부는 날이었다. 그날도 만나고 싶어서 다이얼을 돌렸다. 그런데 몸이 불편해서 어렵겠다는 대답이다. 불안해서 며칠마다 찾아갔다. 날마다 테니스를 즐기고 지리산도 오르내리던 분이 서서히 무너지고 있었다. 불안하고 안타깝고 초조하여 견딜 수 없었다. 수시로 병실에 찾아가 머리도 만지고 수족도 주물렀다. 식욕을 잃고 한 수저도 입에 넣지 않을 때는 전복죽을 사 들고 권해도 보았다. 여전히 도리질하면서 수저를 도로 놓는 게 아닌가. 나는 허탈하여 집으로 돌아오는 길에 눈물을 닦으며 발걸음이 휘청거렸다.

설날이 다가오는 어느 날이었다. 당신의 몸을 운신하기도 어려운데 배 한 상자를 사서 따님의 승용차를 타고 내 집에 올려 보내셨다. 하도 황송하고 불편해서 달려가 손을 잡고 분노에 가까운 얼굴로 투정했다.

"형님이 생사를 넘나드는 지경에 죄송스럽게 왜 선물을 챙기셨어요?"라고.

그러자 빙그레 웃으며

"그냥 주고 싶은 걸 어떻게 하지." 하시는 게 아닌가.

사실은 그 무렵에 당신의 인생은 옷을 벗을 때가 임박했음을 예감했던가 보다. 따님의 손을 잡고 간곡하게 이르더란다.

"내가 죽거들랑 울음을 보이지 마라. 선산에도 묻지 말고 화장을 해서 납골당에 안치해라. 세상사가 어려우면 그저 묵묵히 앞으로 나가라."

이 말을 듣고 장자가 자기의 아내가 죽자 제자가 장례의 절차를 물을 때 들려주던 대답이 떠올랐다.

"천지는 내 관이고 일월성신은 내 주기珠器이며 만물은 모두 조상객이다. 그런데 무엇을 더 바라겠느냐. 그대로 팽개치도록 하라."

그 무렵은 말기암으로 단말마적인 고통에 시달렸지만 앓는 소리를 낸 적이 없다. 초인적인 인내심으로 고통을 씹어 삼키고, 다른 사람에게는 은은한 미소를 보냈다. 자기의 병석은 언제나 정갈하게 다스렸다. 극기와 달관이 엿보였다.

장례를 치르고 사별의 슬픔에 젖어 있던 어느 날이었다. 그분의 아들딸과 사위가 딸기 한 상자를 들고 내 집에 찾아왔다. 고맙다는 인사와 함께 돌아가신 아버님의 모습으로 모시고 싶다고 했다.

또 며칠이 지나 내 딸이 결혼하기 전날이었다. 그분의 따님에게서 전화가 걸려왔다.

"선생님! 내일은 선생님의 둘째 따님이 결혼하는 날이지요? 돌아가신 아버님이 내가 세상에 없더라도 결혼식장에 가서 내 대신 축하해 주라고 하셨어요. 내일 꼭 찾아가겠습니다."

나는 황송하고 부끄러워 몸 둘 바를 몰랐다. 가없는 사랑과 은의에 진 빚이 무겁기에. 내가 모신 정성이 가난한데도 이렇게 넘치도록 사랑을 주시다니…….

함석헌 선생의 글에서 읽은 구절이 생각이 났다.

'마음이 외로울 때에도 저 맘이야 하고 믿어지는 그 사람을 그대는 가졌는가. 만 리 길 나서는 길 처자를 내맡기며 맘 놓고 갈만한 사람, 그 사람을 그대는 가졌는가.'

생각해 보니 부덕한 나를 지애하며 보살펴 주던 유일한 우정의 동반자가 아니었던가. 이제는 나의 연치도 저녁노을을 바라보는 무렵이다. 어디서 그런 심우心友를 다시 만나랴. 고독한 아픔이 가슴을 저민다.

향기로운 야인野人

매화꽃이 벙글었다는 소식을 들었다. 자못 들뜬 친구들이랑 남도 여행길에 올랐다. 섬진강 줄기를 따라 차를 몰다가 매화꽃 마을에 이르렀다. 암향에 젖어서 소요하며 오래도록 머물렀다.

귀로에 마천에 이르러서 섬진강의 백사장을 거닐었다. 보드라운 은모래와 쪽빛 강물이 남실거리고 은어들이 날렵하게 유영을 즐기고 있었다. 사위의 수채화를 담은 수면이 바로 선경이었다.

정오가 되어서 허출한 참에 맛이 좋기로 소문이 난 중화요릿집에 들어갔다. 허술한 시골의 식당이었다. 우리 일행이 들어서자 중년의 남자가 허리를 굽히며 반긴다. 살펴보니 팔 하나가 없다. 측은하고 대견하여 얼싸안아 주었다.

식탁에 앉아 담소를 하다가 책꽂이에 눈길이 갔다. 순간 유난히도 애착이 가는 책이 눈에 들어왔다. 제목이 ≪고향이 있는 풍경≫이었다. 지금도 동화로 살아 있는 고향이 내 마음에 점화를 한 것인가. 표지부터 차례로 책장을 넘기었다. 아아! 여기에 내 유년의 추억이 그대로 있는 게 아닌가.

느티나무와 참나무와 팽나무가 있는 산자락에 아담한 돌집이 보였다. 입구에는 문인석과 돌탑이 있고, 짚으로 지붕을 이은 작은 정자가 있고, 안개가 흐르는 숲 속에는 도요지가 있고…….

한때는 영문학자로 번역 문학에 문명을 날리더니 홀연히 초야에 묻혀서 도예가로, 수필가로 흙을 사랑하면서 은거하는 야인이라 했다. 본명은 김기철이고 아호는 지헌知軒이라 했다. 첫눈에 내 마음을 흔든 그 책을 가지고 싶어서 안달이 났다.

여러 서점을 뒤지다가 가까스로 이 책을 손에 넣었다. 그동안 양서를 나름대로 읽었지만 말과 사상과 행위가 일치하는 작품을 읽은 기억이 별로 없다. 그런데 이 책은 밤 새워 읽어도 나의 가슴에 신선한 솔바람을 풍겨주었다. 고희를 반도 넘긴 노옹인데 순박한 초부이고 기개가 시퍼런 야인이며 순수 예술의 장인으로 비치었다.

무척 감동을 받은 나머지 전에 상재한 ≪꽃은 흙에서 핀다≫도 구독하고 싶었다. 서점에서 구할 수 없어서 출판사로 연락하여 저자에게 간청하기에 이르렀다. 다행히도 품절된 책이지만 기꺼이 소장한 책을 보낸다고 하여 기증을 받았다. 그 책도 신들린 기쁨으로 밤을 새워 읽었다. 여기에 덧붙여 일찍이 번역한 엘리아 수필선도 얻어서 받았다.

밑줄을 그으면서 심취한 단면들을 살펴본다. 울안에 심어둔 매화꽃이 피어나자 이런 글귀를 적었다.

'개구쟁이 아이들이 그냥 천진난만하게 뛰놀기만 해도 천상의 낙원으로 변할 것 같다. 비록 누추한 늙은이가 비틀거리는 걸음으로

그 안에 들어가 앉아 졸고 있다고 해도 이번에는 그 노인들이 신선으로 비칠 것이 분명하다.'

으아리꽃을 보다가 '살이 베일 정도로 상큼하게 다려 입은 여인의 모시치마 저고리도 이처럼 청량한 느낌을 주지 못할 것이다.'라고 하였다.

달개비꽃을 보면서 '나는 지금 달개비 꽃 한 줌을 작은 화병에 꽂아 놓고 입을 벌리고 앉아 있다. 우화등선이라는 것이 바로 이런 경지인가! 마치 생동하는 꽃의 정령들이 한데 어울려 군무를 추는 것 같기도 하다.'

선생은 우리들이 건너온 고향의 세월을 그대로 사는 주인으로 믿어진다. 돌각담을 쌓아 올리고 맨드라미와 들국화를 심고 즐긴다. 들꽃을 꺾어서 왕관을 만들어 아이들처럼 웃는다. 가을이면 쏟아지는 알밤을 주워서 이웃에게 나누어 준다. 가마솥에 가득하게 이밥을 지어서 손님들을 불러 잔치를 벌인다. 농약으로 병드는 산천을 가슴 아파하며 무공해 작물로 식탁을 꾸민다. 언제라도 지인들이 찾아오면 당신의 집으로 초대하여 조선의 밥상으로 대접을 한다. 선인들이 사랑방을 열고 나그네를 대접하던 풍속도를 사랑하는 인정을 베푼다.

이분은 지금 도예가로서는 국내는 물론이요 세계적으로 지명도가 높다. 우리나라에서는 최순우 박물관장이 추천하여 청와대에서 소장하고 있다. 나아가서는 일본, 영국, 미국, 스웨덴, 인도의 박물관에서 초대전을 열게 하여 순회전을 가진 바 있다. 나는 도예에 문외한이지만 사라진 고려청자와 이조백자의 장인들이 한스러운데 이분이 그 맥을 이어주는 게 아닌가 하고 기대를 가진다.

이런저런 연유로 선생을 찾아뵙고 싶다는 생각이 깊어졌다. 사람들이 성지를 순례하듯이 나는 '인간 순례'를 하고 싶다는 소망이 간절하였다. 부지초면인데도 저자에게 전화를 하여 방문 의사를 밝혔다. 무명의 독자가 요청하는데도 망설임이 없이 환영한다는 응답을 받았다.

방문객은 나만이 아니었다. 나와 아내 및 두 딸과 두 사위 및 손녀로 이루어진 분대원이 되었다. 내 속셈은 아름답게 살 줄 아는 분에게서 인간의 향기를 마시게 하고 싶었던 게다. 모두 나의 의도에 찬동하고 따랐다. 고아한 주인에게 예의에 벗지 않을 만큼 대접할 선물도 마련하여 설레는 마음으로 차를 몰았다.

두 대의 승용차가 선생의 생가 앞에 도착하자 우리를 반가이 맞아주었다. 훤칠한 키에 눈이 작고 자잘한 수염이 서리처럼 내린 노옹이었다. 인자로운 미소가 잔잔하였다. 소탈한 복장 그대로 허술한 옷에다 모자를 눌러 쓰고 운동화를 신어서 격식을 싫어하는 듯하였다.

오랫동안 만나고 싶었던 지인처럼 찻잔을 기울이며 담소를 하였다. 당신의 도예 작품도 일일이 보여주며 설명도 하였다. 자연을 소재로 흙으로 빚은 작품이 고귀한 예술로 승화되어 있었다. 나처럼 범속한 위인은 머리맡에 두기에도 죄스럽다고 할까. 연잎으로, 연꽃으로, 홍시로, 청개구리로, 사슴으로 변신하여 탄성을 자아내게 하였다.

작품의 산실도 안내받고 도원요도 살펴보았다. 흙을 만지기를 좋아하고 사랑하다가 장인의 경지를 넘어선 도예가가 되고, 논밭을 손수 경작하는 농부가 되고, 생활과 글이 순연일치하는 수필가가 된 경지를 흠모하기에 이르렀다.

점심때가 되자 당신의 식당으로 안내를 받았다. 조선의 양반 댁이 베푸는 식단이었다. 자연식이 주류를 이루고 무공해 식품으로만 식탁을 차렸다. 기름기가 넘치는 육류를 멀리하고 담백한 소채류를 즐기는 생활이다. 법정 스님도 반기신다고 한다. 경향 각지에서 오시는 손님은 모두 이렇게 접대한다고 한다.

분에 넘친 환대를 받고 기념사진을 촬영한 다음 차에 올랐다. 차가 귀로를 향해 미끄러지자 우리를 향해 밝게 웃으며 손을 흔들어 주셨다. 거기에 향기롭게 살아가는 표상이 큰바위처럼 서 있다고 믿어졌다.

청백리송淸白吏頌

– ≪조선의 청백리≫를 읽고

이 책을 읽게 된 동기는 남다른 사연이 있다. 나는 여러 해 전부터 신문 구독을 사절하였다. 신문을 펼치면 온통 정치가들의 오염된 이야기로 악취가 풍기는 세태가 한심스럽기 때문이었다. 그러면서 때때로 청백리들이 맑은 바람 소리로 백성들을 다스리던 시절을 그리워하였다.

그러다가 우연히 서점에서 이영춘 외 몇 작가들이 집필한 ≪조선의 청백리≫란 책을 구입하였다. 곧장 책장을 펼치고 읽으며 청백리들의 개결한 공인정신과 투철한 국가관에 자주 머리를 조아리게 되었다.

청백리란 '청렴결백'의 약칭으로, 동아시아에서는 가장 이상적인 관료의 미덕으로 여겨지고 있다. 사실은 청백리는 작고한 사람들에 대한 호칭이고, 살아 있는 사람들은 염근리廉謹吏라고 불렀다. 이에 반해 부정부패한 관료는 탐관오리 혹은 장리贓吏라고 일컬었다.

조선 시대의 대표적인 청백리로는 세종 때의 황희黃喜, 맹사성孟思成, 성종 때의 허종許琮, 선조 때의 이원익李元翼 등을 들 수 있다. 이 세 사람을 포함하여 조선 시대에는 217명의 청백리 혹은 염근리를 선발한 기록이 있다.

조선 시대의 관료체제를 살펴보면 518년 동안 왕조를 지켜온 통치체제의 핵심을 알 수 있다.

몇 가지 특성을 살펴보자.

첫째는 조선 시대 관료제는 무엇보다 자질이 우수하고 유능한 관료를 배출하는 관문이었다.

둘째는 견제와 비판을 통해 권력 행사의 균형을 유지할 수 있었다.

셋째는 관료체제 자체에 대한 감찰과 탄핵 기능이 발달하여 자정기능을 발휘하였다.

넷째는 관료제는 저비용 고효율의 체제로 편성되어 있다.

이런데다가 관료를 선발하는 근저에는 유교의 가르침이 흐르고 있다. 자기 자신의 인격을 수양하는 '수기修己'와 남을 다스리는 '치인治人'이 그것이다. 그리고 공직자의 윤리로서 매우 중시한 인정仁政과 정직 및 청빈사상을 철저하게 교육하였다. 대학大學의 8조목에 명시한 것은 격물格物, 치지致知, 성의誠意, 정심正心, 수신修身, 제가齊家, 치국治國, 평천하平天下의 단계적 수행과정을 거치게 하였다.

관료들이 명심하도록 증자의 '열 눈이 보는 바이며, 열 손가락이 가리키는 바이다(十目所視十手所指).'라거나 천지天知, 신지神知, 아지我知, 여지汝知 등은 추상같은 실천 덕목으로 교육하였다. 공자가 일컬은 '나라에 정의가 있을 때 빈천하게 사는 것은 수치요, 나라에 정의가 없는데도 부귀하게 사는 것은 수치다.'라는 가르침을 명심하게 하였다.

나아가서 유교경전의 청빈한 삶을 찬양하는 내용의 글이 관리와 선비와 평민들의 의식에 보편적으로 자리를 잡게 하였다.

선인들이 즐겨 인용한 이런 생활 방식도 미화되지 않았던가.

'나물 먹고 물을 마시고 팔을 베고 누웠으니 즐거움이 그 가운데 있다. 의롭지 않은 일로 부귀하게 여기는 것은 나에게는 뜬구름과 같다.'

대략적이나마 백성을 어질게 사랑하고 의롭게 처신하며 청백리로 살도록 가르친 조선 시대의 배경을 간추려 보았다. 이제는 명현재상인 황희를 중심으로 우러러 뵈는 덕성을 그려본다.

황희는 고려 말에 벼슬길에 오르기 시작하여 70여 명의 유신들과 두문동에 은거하였다. 그러나 태조의 간청으로 조선의 개국을 돕고자 조정으로 들어갔다. 이후 네 임금을 섬기며 무려 18년 동안 영의정의 자리에서 봉직하였다.

재임하는 동안 북방과 남방의 방비책을 강구하고, 천첩 소생의 천역을 면제하고, 왕과 유학자들의 마찰을 중화시키고, 외교와 문물의 정비 및 집현전을 중심으로 한 학문의 진흥 등에 탁월한 업적을 남겼다. 그리하여 황희는 조선왕조를 통하여 가장 명망 있는 재상으로 일컬어지게 된 것이다.

많은 사람들이 알고 있는 황희의 일화를 추려본다.

여종들이 싸우는 자리에서 서로 옳다고 우기자 웃으면서 이편도 저편도 다 옳다고 하더니, 아내가 핀잔하자 당신 말도 옳고, 맹사성이 그름을 지적하자 자네 말도 옳다고 하였다고 한다. 이는 당신은 태산보다 높은 기개와 절조를 지녔지만 만백성을 사시춘풍의 화신으로 다스린 진면목으로 여겨진다.

하도 가난하여 여름에 비가 오면 우산을 받쳐 들거나 그릇에 빗물을 받았다고 한다. 세종이 하도 가상하게 여겨서 돕고자 하였지만 성은도 미치지 못하여 생긴 성어가 계란유골鷄卵有骨이라고 한다. 황희 정승네 '세 어미딸 치마 바꿔 입듯 한다.'라는 속담도 전해온다. 부인과 두 딸이 헌 치마를 서로 바꾸어 입으며 가난을 부끄럽게 여기지 않았던 것이다. 눈물겹고 거룩한 전설이 아니랴.

가정에서는 거처가 담백하고 소탈하였다. 자식과 손자들이 함부로 날뛰고 버릇없이 굴어도 낙락하게 웃어넘기었다. 심지어 노비의 자식들이 방안으로 들어와 술안주를 집어 가고 의복을 짓밟는가 하면 수염을 뽑아도 웃음을 잃지 않았다고 한다.

지금은 옛날에 비하여 풍요가 넘치는 시대다. 그런데도 세상은 불신과 증오로 가득하다. 위로는 대통령으로부터 국회의원과 지방의원에 이르기까지 부정부패의 흙탕물이 마를 날이 없다. 그리하여 민초들은 너나없이 위정자들을 지탄하고 허탈하게 여기며 도덕 불감증에 사로잡히게 된다.

그까짓 권세와 부귀는 한때의 허망한 구름에 불과한 게 아니던가. 아무런 재물에 대한 탐욕을 모르고 살았지만 우리들의 청백리의 삶은 역사 속에서 위대한 거울로 모셔야 한다. 제발 하루속히 정의가 맑은 공기처럼 채워져서 국민들이 밝은 웃음을 머금고 살 수 있는 날이 오기를.

황희 정승의 어진 웃음소리가 환청처럼 귓가에 맴돈다.

온화한 남자

'알고 보면 나도 부드러운 여자예요.'라는 유행어가 있었다. 그 뒤에 ○○○ 커피가 따라붙는 광고문의 서두가 되었다.

이로 보면 여성들은 미모 다음으로 부드러운 여자이기를 바라는가 보다. 여성의 남성화가 우려되는 풍조를 생각하면 다행스런 인식의 전환이라 할 것이다.

결코 나르시즘은 아니지만 나도 때때로 면상을 거울에다 비추어 보며 생각했다. 이 사람이 지금껏 조각해 온 나의 진면목이란 말인가. 이게 아닌데 하는 거리감으로 도리질을 하곤 했다. 훤칠한 이마가 나오고 눈에 정기가 어린 듯한데 눈매가 매섭게 보인다. 입술은 굳게 다물리고 제비턱이라 의지적인 사람으로 비친다. 첫인상으로 보아 타인들이 성큼 다가오기에 서먹한 분위기다.

이런 면모는 유전적인 요소도 있다. 선친이 지닌 목불식정의 촌민들을 감싸느라 불의에 저항하고, 불행을 함께 아파하던 인성을 닮고 싶었다. 여기에다가 소년기의 영웅심이 덧칠한 요소도 있었을 게다. 선친은 소년기에 웅변을 잘하는 편인 나를 가리켜 아이크를 닮았다고 했다. 어림도 없는 비유는 정치가를 꿈꾸는 자식에 대한 익애의 환상이었으리라. 고등학교 친구들은 나의 별명을 지공地公이라고 불렀다. 당시의 해공海公 신익희 선생의 대칭으로 붙여준 장난기의 별칭이다. '소년이여! 야망을 지녀라.'라는 영웅심이 가슴에 고무풍선을 달아준 시절의 이야기다.

젊은 날의 혈기와 야망은 나의 얼굴에 풋내가 나는 모방의 여운이 자리를 잡게 된 듯하다. 여인들은 사모의 눈길을 보내도 어릿어릿 맴돌기만 했다. 친지들은 존중은 하면서도 스스럼없이 다가오지 않았다. 상사들조차 조심스런 예우로 대해주는 것이었다. 대쪽 같은 사람이라는 평가가 꼬리표로 붙어 다녔다. 거북스럽고 쑥스럽고 외로웠다.

세월이 흘러갈수록 내 얼굴의 심상을 바꾸고 싶었다. 저명한 정치가의 어깨에 냉소를 보냈다. 나라는 위인이 범속함을 절감했다. 그저 진솔한 평민으로 이웃을 사랑하며 살고자 하였다. 봄날의 다사로운 햇살이 얼마나 초목을 잘 자라게 하던가. 고향의 민초들을 보듬고 살아가려면 훈훈한 인간애를 화로의 불처럼 간직하면 얼마나 좋으랴. '그래. 앞으로는 온화한 얼굴을 새기자.'라는 화두를 간직하기에 이르렀다.

레이건 대통령이 한국을 방문했을 때다. 국회에서 연설하려고 우리의 대통령과 나란히 앉아 있었다. 마침 그때 2층 방청석에서 미국인 한 사람이 레이건 대통령에게 손을 흔들어 인사를 보냈다. 그러자 백발의 대통령은 호호야好好爺의 파안대소로 손을 흔들며 윙크로 화답하는 것이었다. 세계 제일의 강대국을 통치하는 영도자가 지닌 소박한 웃음에서 민주주의의 성숙도를 보았다. 높다란 권위를 훨훨 벗어던진 여유와 겸허의 품성에 매혹되었다.

반면에 우리의 지도자는 근엄한 얼굴을 뻣뻣한 목으로 받치고 있었다. 평민들이 어릿어릿 뒤로 물러서게 하는 냉엄한 풍모였다. 그가 즐겨 사용하는 '본인'이란 호칭부터 제왕의 '짐'이란 표현으로 들려서 등줄기가 오싹해지는 순간이었으니…….

≪맹자≫를 읽어 보면 이런 글귀가 나온다.

"어질면 번영한다(仁則榮). 어질지 못하면 욕을 먹는다(不仁則辱)." 라고. 언제나 세상은 어진 것을 알고 품에 안지만 거칠면 버린다. 두 얼굴에서 왕도王道와 패도覇道를 읽었다면 성급한 판단일까.

이런 장면을 보면서 나는 탄식하는 심경이 되어서 진의하 시인의 〈소나무의 조행操行〉이란 시를 읊조렸다.

> 소나무를 보아라
> 한 점 구름을 머리에 이고
> 손짓하여 하늘 부르며
> 치켜든 머리의
> 기상을 보아라
> 드러내지 않는 지조를
> 의지와 인내를
> 겸손한 포용을
> 다시 보아라.

지극히 대조적인 모습에서 겸손과 포용을 덕목으로 살자고 다짐했다. 불혹을 넘기고 지명을 넘어 이순에 이르도록. 언제나 나를 다스리는 경문警文으로 잊은 일이 없다. 링컨은 남자가 40세가 넘으면 자기가 만든 얼굴을 가져야 한다고 하지 않았던가.

그런데 늘그막인데도 거울에 내 얼굴을 비춰 보면 설익은 표상이다. 여전히 차가운 이지가 드러나고, 꼬장꼬장한 주체 의식이 꽂혀 있다. 인간을 짓밟는 횡포나 불의를 보면 자제력이 무너지곤 한다. 여전히 불같이 분노하기도 하고 질타하기도 한다. 타인의 슬픔과 아픔을 보면 헤픈 인정으로 가슴앓이를 하면서도 날카로운 시시비비의 잣대는 무디어지지 않았나 보다.

그렇다면 이것만큼은 나의 고유한 덕목으로 자위를 해야 할까. 아니다. 이도 또한 역겨운 나의 오만이나 독단이 아닐 수 없다. 선한 눈매와 부드러운 손길로 악수를 한다면 풀리지 않는 갈등이 어디에 있겠는가. 내가 나답게 살자던 예외 조항도 미련 없이 내던지고 싶어졌다. 아직도 내 안에 박혀 있는 아만我慢의 공이로 여기면서.

다행히도 나에게는 지우 몇몇이 있다. 언제 만나도 시골의 사랑방에 앉은 가족이라는 생각이 든다. 낙엽이 깔린 산록에서 가양주를 마시며 담소를 즐긴다. 산하를 지향 없이 떠도는 동반자들이다. 인생사를 형제처럼 의논하며 손을 잡고 살아가는 사이다. 지극히 평범하고 오붓하게 살아가는 나날이 정겹다. 올려다볼 귀족도 없고, 내려다볼 천민도 없는 줄 아는 우리들의 단란한 공존이 값지다고 여긴다.

아아! 이제라도 서둘러 내 얼굴에 남을 머뭇거리게 하는 그림자를 지워야 하리라. 그리하여 나를 찾아오는 손님들을 맞아 순정의 동동주를 마시며 걸걸한 웃음을 날리고자 한다. 그들이 나를 사철춘풍의 늙은 친구로 여긴다면 온화한 남자의 숙원을 다 이루었다고 웃을 수 있으련만…….

적막한 노인

동막 마을의 정자나무 아래다. 맞은편에는 회문산의 깃대봉이 보이고, 앞으로는 섬진강의 지류가 흐른다. 뒤로는 낙락장송이 우거진 동산이 좌우로 능선을 내려서 감싸안고 있다. 얼핏 살펴보면 평화로운 한촌이다. 그러나 동족 간의 피 흘리던 상처가 많았던 고을이다.

예전에는 열일곱 가구가 살았는데, 지금은 다섯 가구만 남았다고 한다. 낡은 초가의 지붕만 뜯어내고 기와나 슬레이트를 얹은 집들이다. 여기도 여느 농촌처럼 젊은이나 아이들의 모습을 볼 수 없다. 기우둠하게 선 낡은 집채와 허술한 바자울과 잡초가 우거진 텃밭이 많다. 모두 농촌을 버리고 도시로 흘러간 탓이리라.

이 마을은 내 친구의 고향이다. 정년이 가까워지자 이따금 찾아와 은거를 생각하는 그다. 나조차 유년을 산촌에서 살았기에 그런 소망이 부럽기도 했다. 오늘은 섬진강의 강줄기를 따라 걸으며 오늘의 농촌을 살피자고 하여 동행하기에 이르렀다.

우리가 온다는 기별을 듣고 친구의 재종형이 회문 장터까지 마중을 나왔다. 농촌에서 함부로 부리기 쉬운 트럭을 몰고서. 그날이 바로 장날이라면서 우리에게 대접할 쇠고기와 과일을 듬뿍 사는 게 아닌가. 그러면서 이게 바로 나의 승용차이니 불편하지만 운전석의 곁에 앉으라고 권한다.

일행이 마을의 어귀에 이르자 사촌동생이라는 사람이 반갑게 우리 손을 잡는다. 어서 자기 집으로 가자고 이끈다. 이순이 넘어 보인다. 마루 위에서는 팔순이 넘은 노파가 웃음으로 우리를 반기고, 마당가에서는 그의 부인인 아낙네가 미소로 맞는다.

이윽고 정자나무 밑에다 방석을 깔고 술자리를 마련하느라 부산하다. 여럿이 자리에 둘러앉자마자 동생이 술안주를 마련한다고 도마에 쇠고기를 올려놓고 자르고 저민다. 입담 좋게 노모와 아내더러 시중을 시킨다. 이가 삭아 내린 노모와 허수레한 노처는 연신 웃으며 거든다. 이내 이웃과 손님들은 포근한 인정으로 내 집처럼 편안해진다. '형님', '동생'이나 '엄니', 아주머니' 라고 불러대니 혈육의 정이 수더분하게 묻어난다. 내 고향의 살붙이 마을에 온 느낌이 든다.

잠시 뒤에 술잔이 오고간다. 육회 안주에 복분자주와 우슬주가 나온다. 종그래기 술잔이 몇 순배 돌아가자 얼근히 취해서 재담과 농담으로 파안대소가 터진다. 등을 토닥이고 손을 잡고 정겨운 대화도 곁들이며……. 백발의 노인들의 웃음소리가 걸걸하고 호쾌하다. 머지않아 이승을 넘어가도 머뭇거리지 않을 달관의 주인들로 여길 만큼.

사실은 딱한 사정도 있었다. 이곳에 오기 전에 이들의 내력을 들었다. 큰형이라 불리는 분은 서울에서 사업을 했다. 그런데 중년에 이르러 아내가 뇌졸중으로 전신이 온전치 못하여 병석에만 누워서 지낸다. 아무래도 어렵게 직장생활을 하는 아들 내외에게 부담을 안길 수 없었다. 부득이 병든 아내를 데리고 옛집으로 돌아온 것이다. 그 뒤로는 혼자서 아내를 보살피고, 아내의 역할을 대신하고, 농토를 가꾸면서 고달픈 나날을 살아가는 터다.

여기에다가 이 소식을 풍편에 들은 재종 아우가 군식구로 들어왔다. 그는 오래전에 상처를 하고, 며느리의 불편한 눈초리가 싫었었다. 마침내 혼자서 형수의 간병을 하는 형을 돕는다는 구실로 동의를 받아 한가족이 된 셈이다.

예전에는 당당한 가장으로 아내들의 섬김을 받던 귀하신 분들이다. 그러나 지금은 두 남자가 병석에 누운 여인을 간호하면서 노경의 적막을 잊고 지내는 삶이다. 다만 이웃이 있다면 친척의 노파와 이따금 이웃마을에서 찾아오는 사촌동생이 있을 뿐이다. 아무리 철따라 산천이 아름답고 새들이 지저귀어도 무슨 위안이 되리오. 그저 을씨년스런 유배지나 다름없는 터전인 것을…….

환자의 남편은 아내의 병원비를 벌려고 낡은 트럭을 몰고 품을 팔러 다닌다. 논밭으로 헤매며 농작물을 가꾸려고 쉴 겨를도 없다. 아내의 병수발을 하느라 한시도 마음을 놓지 못한다. 그의 아우는 산으로 들어가 약초를 캐거나 산나물을 뜯느라 집을 자주 비운다. 그래야 거친 밥상을 마련할 수 있기에. 두 남자는 얼굴을 마주하면 담배를 피우거나 소주를 마시며 한숨을 돌릴 뿐이다.

이런 형편인데도 농사가 끝나면 소출을 서울의 아들딸들에게 보낸단다. 몸조차 노쇠한 터에도 자식에의 애정은 극진하다. 생애를 온통 자식들을 위해 불사르고도 모자란 마음인가 보다.

우리나라도 농경사회가 산업사회로 바뀌면서 가정의 풍속도도 달라졌다. 대가족이 해체되고 핵가족이 되면서 끈끈한 혈연의식이 바랬다. 당연히 효행의 미덕도 불편한 짐으로 밀려나고 있지 않은가. 앞으로는 노인들은 외롭고 초라하고 고달파도 더 이상 자녀들의 곁에 머물려고 하지 않는다. 사람들이 다 떠나간 한촌의 누옥에서 고독을 달래며 살아야 한다. 형편이 나으면 양로원이나 노인병원에서 서서히 다가오는 죽음의 그림자도 웃으며 맞이해야 하기에.

우리가 돌아올 때 노인 형제는 헤어지는 것이 아쉬운지 우리들의 손을 잡고 다짐을 받으려 한다.

"두 분 손님이 오셔서 모처럼 즐거웠어요. 언제 다시 찾아주시겠어요? 누추하지만 정성으로 모실게요. 안녕히 가십시오."

손을 잡고 얼굴을 보니 허허로운 모습이다. 누가 곁에서 웃음을 찾아다 줄까.

이제는 병환 중인 부모님을 위해 날마다 머리맡을 지키는 아들딸도 드물다. 더구나 약사발을 들고 시부모를 받드는 며느리를 보기가 어렵다. 사랑방에서 옛이야기로 밤이 깊어가는 노인들을 위해 술상을 올리는 아녀자의 정성은 사라졌다. 양쪽 무릎에 손자손녀를 앉히고 환하게 웃던 노옹들을 볼 수가 없다.

밀려나고 비껴 앉은 늘그막의 부모들이 외롭게 미라가 되어 간다. 그분들의 그늘진 고독이 쑥국이의 울음처럼 서럽기만 하다.

한여름의 두메산골

땡볕이 쏟아지는 한여름이 되면 떠오르는 풍경화가 있다. 서늘한 바람 소리와 물소리를 실어오는 산골 마을의 모습이다. 아마 시인 김영기가 노래한 시구가 이런 경지일지 모른다.

> 눈부신 햇살 속에/ 숲은 잎잎 기름지고/ 부드러운 산 호흡에/ 사랑이 살진 나무/ 바람이 오면 목을 뽑고/ 휘파람을 불었다// 멀지 않은 산밭에는/ 꿩이 울어 퍼득이고/ 후들후들 목을 떨며/ 청노루가 우는 산골/ 산에서 빚은 마음도/ 산빛 되어 푸르다
>
> —〈山中曲〉

선인들은 현자는 바다를 좋아하고, 인자는 산을 좋아한다고 일렀다. 솔직히 나와 같은 범속한 위인을 이런 반열에 올려놓을 수는 없

다. 하지만 유년을 산골에서 자란 인연으로 무조건 산을 선호하는 편이다. 망망무제의 바다가 너울지고, 갈매기가 우짖으며, 백사장이 눈부시다고 하여도 연연하지 않는다. 노송이 청류를 굽어보고 억겁의 침묵이 흐르는 바위와 산새소리가 자지러지는 산이 마냥 가슴을 설레게 한다.

내 고향은 사방이 산으로 둘러싸인 오지다. 산에는 아름드리나무들이 우거지고, 남북으로는 냇물이 질펀하게 흐른다. 동구 앞에는 오백 년도 넘었다는 느티나무가 우람하게 서 있다. 멀리 남쪽으로는 경천호가 하늘빛으로 남실거린다.

먼동이 터 오면 산의 능선에 흐르던 하얀 구름이 스러진다. 이어서 이산 저산에서는 뻐꾸기가 청승스레 울어댄다. 소쩍새와 산비둘기와 때까치들도 이에 질세라 한바탕 화음을 보탠다. 그러다가 서서히 불볕 같은 햇살이 하늘에서 쏟아진다.

그 무렵이면 어린이들은 잠자리채를 들고 소나무가 있는 숲을 헤맨다. 일꾼들은 잠방이를 입고 논에서 기음을 맨다. 아녀자들은 산밭에서 호미질을 한다. 그러다가 정오가 가까워 오면 마을 사람들은 느티나무 아래로 모여들기 시작한다. 이때에는 매미의 울음소리가 귀청이 얼얼하도록 기승을 부린다. 잎담배를 장죽에 담아 피우는 노인들이 부채질하며 고담을 나눈다. 아낙들은 둘러앉아 무릎에 삼베 올을 놓고 삼으며 웃음꽃을 피운다. 기음을 매던 장정들은 도롱이를 깔고 단잠에 빠진다. 아이들은 오순도순 모여 앉아 고니놀이를 즐긴다.

남정네들은 시원한 그늘 아래의 피서도 무료해지면 냇물을 찾아가기도 한다. 서늘한 골짜기의 물이 무릎이나 가슴팍에 차도록 흐른다. 물속에는 불거지와 쏘가리며 버들치들이 보인다. 그물을 던지거나 족대로 물속을 훑으면 한참 만에 소쿠리에 가득 찬다. 이 고기들을 배를 갈라 씻은 다음 초간장을 발라 막걸리를 단숨에 마신다. 간디스토마라는 병균의 이름을 모르고 살 때다. 어느 때는 시레기에 고춧가루를 묻혀 매운탕을 끓인다. 이날은 동네 사람들의 막걸리 잔치가 벌어진다. 나중에는 온몸이 벌겋게 되어서 덩실덩실 춤을 추며 물속에서 엎어지고 고꾸라지며 웃어댄다.

어른들의 뒤에서 겅중거리던 조무래기들은 자맥질을 거듭하다가 따끈해진 조약돌에 몸을 말린다. 후출해질 무렵이면 가까운 밭에서 감자를 캐다가 굽는다. 조약돌을 주워서 아궁이를 만들고 위를 편편하게 한 다음 모래를 깐다. 그 위에 물을 흠씩 적시고 감자를 놓고 덮는다. 주위에서 가져온 삭정이로 불을 붙여 입으로 불고 윗도리로 부치면 잘도 익는다. 서로 가져다가 껍질을 벗겨서 먹다 보면 모두 입술이 검은 족제비가 된다. 저희끼리도 재미가 있어서 서로 손가락질을 하며 웃어댄다.

그러다가 강변의 수풀을 헤치며 개똥참외를 찾아 달착지근한 맛을 즐긴다. 건너편에는 원두막이 있어서 군침을 삼키게 하면 도둑고양이처럼 숨어서 참외를 훔쳐온다. 가슴을 졸이며 참외를 깨물다 보면 참외씨가 얼굴에 온통 범벅이 된다. 그 맛이 어찌나 달던지 지금 생각해도 군침이 삼켜진다.

이따금 노룻골 개울로 들어가면 산딸기가 지천으로 보인다. 빨갛고 검은 것이 도톰하게 크고 달기가 그만이다. 손바닥에 가득 따서 먹는 맛도 정글의 소년이 부럽지 않다. 실컷 먹고도 남으면 피마자 잎에 싸서 들고 집으로 와서 마루에 앉아 가족들과도 먹는다.

집집마다 우물을 간직하고 살았다. 비록 생활이 가난해도 부끄러움을 모르게 하던 자연의 선물이다. 아마 법 없이도 인정이 곱던 비밀이 여기에 있었나 보다. 한여름에 몸에 땀이 흐르면 두레박으로 물을 떠서 등물을 하기도 한다. 그러면 금방 차가워서 즐거운 비명이 나오기 마련이다. 목이 마르면 사발로 벌컥벌컥 마신다. 물맛이 달고 서늘해서 눈조차 밝아지는 느낌이다. 풋고추를 된장에 발라 보리밥 한 그릇을 게 눈 감추듯 먹으면 호사가 부러울 게 없다.

마을 앞에는 박우물이 있어서 행인들조차 마음대로 물을 바가지로 마시기에 좋다. 나무꾼들이나 아이들은 산자락을 헤매다가 옹달샘 물을 손바닥으로 마시면 된다. 노루와 산토끼랑 함께 마시는 물이다.

어슬어슬 밤이 내리면 반딧불이가 날기 시작한다. 초가지붕에는 하얀 박꽃이 피어난다. 집집마다 모깃불을 펴서 매캐한 연기가 고샅까지 흐른다. 마을 사람들은 마당에 멍석을 깔고 앉아 옛이야기로 밤이 깊어가는 줄을 모른다. 강냉이를 삶아 서로 권하고 하지감자를 나누어 먹기도 한다. 아이들은 골목길을 달리며 반딧불이를 쫓는다. 호박꽃에 넣어서 등불처럼 들고 다닌다.

밤하늘에는 무수한 별들이 물을 먹은 눈빛으로 반짝거린다. 크기가 주먹만 하거나 포도알 만하여 쏟아져 내릴 듯하다. 병풍처럼 둘러선 산에서는 소쩍새가 애잔하게 울어댄다. 이 애들은 이산 저산에서 다투어 밤새껏 피울음을 주고받는다. 달이 휘영청 밝으면 공연히 눈물이 날 만큼 서러운 음조다.

그러나 이런 이야기들은 반세기도 지난 사연들이다. 금년 여름에는 멀고 가까운 곳에 사는 죽마고우를 불러서 고향에 돌아가려고 한다. 수구초심이 나의 옷소매를 고향으로 끌고 가기 때문이다. 정자나무와 원두막과 거룻배가 한가로운 호수를 오가며 밤이 깊도록 담소할 것이다. 도시의 에어컨과 선풍기가 무슨 필요가 있으랴. 문명의 도구들이 오히려 불편하기만 하다. 그저 줄부채로 산바람의 맛을 음미하면 그만이다. 그리고 백발의 노옹으로 변해버린 얼굴을 바라보며 구름 같은 인생을 떠올릴 것이다.

저녁노을이 스러지는 선산의 봉분들을 조심스러운 눈길로 살피면서.

엄마의 대역 代役

햇살이 다사롭고 연록의 이파리가 하늘대는 어버이날이다.

시골 학교의 교정에서는 어버이날을 맞아 장한 어머니상 표창식이 거행된다. 한 분의 어느 어머니가 표창장과 선물을 받고 단상을 내려온다. 그 뒤를 이어서 한복을 입은 젊고 곱상한 여인이 조심스럽게 단상으로 올라선다. 이윽고 교장이 낭랑한 목소리로 상장의 원문을 읽어간다.

'이분은 어버이의 손길이 미치지 않는 세 조카를 위하여, 젊음을 불사른 채 동정녀로 어엿하게 길러낸 은공이 드높아, 사회의 귀감이 되기에 상장과 상품을 드리며 고귀한 정신을 기리는 바입니다.'

이어서 우레와 같은 갈채를 받으며 수줍게 단상을 내려오는 여인에게 눈길이 끌린다. 갸름한 얼굴에 예지의 눈매가 곱고, 콧날이 단정하며 음전한 행실이 엿보이는 불혹의 여인이다. 이 여인은 내가 담임을 맡았던 소영이의 고모다. 모정조차 메말라가는 풍토가 안타까워서, 전설이나 될 법한 실화를 증언하려고 내가 추천하여 장한 어머니상을 수상한 주인공이다.

새 학년이 시작된 어느 봄날이다. 혼성 학급으로 편성된 3학년 2반의 담임을 맡았다. 미처 아이들의 얼굴과 이름을 익히기도 전에 남다르게 비쳐오는 여학생이 있었다. 낯꽃이 곱고 밝은 미소에 깔끔한 옷차림이었다. 다복한 가정의 귀염둥이 딸로 여겨질 만큼. 이름은 소영이라고 했다.

그러나 이런 선입견은 오래지 않아 놀라운 수수께끼에 가려서 수정되었다. 아이들의 신상을 알고 싶어서 '나의 수기'를 숙제로 낸 일이 있다. 모든 아이들의 살아가는 면모를 알 수 있는 자료가 되었다. 서둘러 찬찬히 읽고 차례로 불러서 상담 시간을 가졌다. 드디어 소영이랑 마주 앉았다. 소영이의 글은 아프고, 서럽고, 안타까운 사연들로 눈시울을 적시게 하였다.

내 앞에 앉은 소영이는 스스럼없이 제 신상을 들려주었다. 마치 자애로운 아빠에게 마음을 다 열어 보이듯이…….

엄마가 일찍이 어린 세 자매를 남겨두고 홀연히 가출했다고 했다. 알 수 없이 야속한 일은 학교에 낼 500원을 달라고 졸라도 없다고 도리질을 한 채, 두툼한 돈다발을 들고 행방을 감추었단다.

더구나 대학을 나온 아버지는 새 부인을 얻고 도시에서 살지만, 세 자매와 고모, 조모가 남은 가정을 돌보지 않는다는 것이다. 그리하여 부득이 고모가 청춘을 불사르고, 희생양이 되어서 동정녀로 불혹이 되도록 함께 살아간다는 거였다. 그것도 여자 홀몸으로 전답도 없고, 허술한 집 한 채가 재산의 전부인 처지라 했다. 상담을 하면서 소영이의 부모 입장을 여러모로 헤아려 보았다. 말을 못할 절박한 사정이 그들의 운명을 참혹하게 갈라놓았을 테지. 오죽하면 동물도 목숨으로 지키는 모정과 부정을 저버렸을까. 연민과 동정을 하면서도 도저히 납득하기가 어려워서 도리질을 했다.

어떻게 위로할 수 있을까 고심하다가 조심스럽게 조언을 해 보았다. 엄마는 부족해도 모정은 예외 없이 높은 법이고, 네가 모를 부모의 아픔도 크지 않았으랴. 괴롭고 어렵지만 참고 기다리면 웃을 날도 있지 않겠니? 라고. 한 가닥의 반응을 기대하며 손을 잡고 등을 토닥였지만, 부모에 대한 증오심이 차돌처럼 굳어서 풀어지지 않았다.

≪탈무드≫를 읽어보면 하느님은 당신이 분망하여 어머니를 대리인으로 창조했다는 기록이 있다. 하찮은 우렁이나 거미도 제 새끼를 기르려고 온몸을 먹이로 주고 가볍게 죽어간다. 연어는 귀천하여 암컷이 알을 낳은 다음, 수컷과 교대로 품어주다가 눈을 감는다. 펭귄도 새끼를 낳으면 영하 50도의 혹한을 발등의 주머니에 넣어 털로 덮어서 지켜줄 줄을 안다. 악어도 험악한 이빨 사이에 어린 새끼들을 다치지 않게 물어다가 안전한 곳에서 품어준다.

이런 상담을 계기로 소영이는 내가 각별히 보살피고 싶은 아이로 자리를 잡았다. 이것은 부모가 유기한 자식들을 도맡아 맑은 웃음을 피우며 살도록 길러준 소영이의 고모에 대한 담임의 도리로 여겼다. 나아가 모정도 빛이 바래지는 세태에 대한 환멸이며, 스승의 소임에 게으를 수 없다는 자각이 곁들었다.

그 뒤로 소영이는 더욱 웃음을 잃지 않았다. 차분한 몸매로 열심히 공부했다. 친구들과의 어울림도 구김살이 없고 발랄했다. 어떤 일에도 자신감을 가지고 열의를 보였다. 때때로 나를 찾아와서 상담을 신청하기도 했다. 그런 소영이의 밝은 모습이 대견스러웠다.

한편, 부모도 가꾸어 주기 어려운 사랑의 예술을 입히는 고모에게 경의와 위로를 드리는 가정 방문도 자주 하였다. 젊은 날의 이성에 대한 그리움은 얼마나 절절했을까. 외로움이 사무치면 달밤마다 인생이 시려서 울먹이지 않았으랴. 늘그막에는 너무 적막하고 허전해서 허둥댈 일도 많았겠지. 이런저런 생각을 하면서 대신 짊어진 모정의 고달픔을 안타까운 눈으로 살폈다. 한편으로는 조심스럽게 조카들을 위한 희생은 전설만큼 아름답지만 여자의 행복도 찾아야 되지 않느냐고 묻기도 했다. 그러자, 저 아이들을 허허벌판에 내팽개칠 수 없지 않느냐고 고개를 저었다. 지난가을에는 애들의 조모가 별세하자 세 자매와 고모가 서로 끌어안고 울고 울다가 밤을 새운 일도 있다고 했다. 그 외의 여러 가지 애달픈 이야기를 들려주며, 자기의 행복을 어떻게 챙길 여유가 없다는 것이었다.

집을 나오려니 이 아이들이 자랑스럽게 서면 노후에 양로원을 차려서 봉사를 하고, 신앙에 의지한 채 조용하게 살고 싶다며 웃음을 머금었다. 지고한 그 뜻이 감격스러워서 다시 그 여인을 바라보니 인고의 세월을 건너온 그늘이 없었다. 자기를 비운 맑기만 한 사랑이 자기에게 되돌아온 메아리이려니 여겼다.

지금은 살붙이에 대한 애정이나 도리가 빛을 잃은 시대가 아닌가! 인정이 메마른 오늘의 살아 있는 신화 앞에서 저절로 고개가 숙여졌다. 그리고 오늘의 성녀에게 다복한 여일이 있고, 아이들에게 편안한 행복이 있기를 아린 마음으로 기원했다.

4부

화목한 가정

부부 산책

중천에는 둥그스름한 달이 떠 있다. 서늘한 바람결을 즐기려고 아내랑 산책을 하는 중이다. 소복이 쌓인 낙엽들이 달빛을 덮고 잔다. 코스모스의 꽃물결이 애잔하다. 별들이 초롱초롱한 눈빛이다. 어제 내린 가을비가 맑게 하늘을 닦아 놓은 것이려니.

아침에 자리에서 일어났을 때다. 아내와 눈길이 마주치자 가슴이 섬뜩했다. 아내의 얼굴 반쪽이 부어올라 있는 게 아닌가! 측은하도록 일그러진 모습이었다.

안타까운 마음으로 볼에 손을 대고 연유를 물었다. 고소를 머금은 아내가 머뭇거리다가 대답했다.

"사실은 간밤에 치통으로 밤새껏 시달렸어요. 치과의사가 신경을 건드려 놓고 통증 예방을 소홀하게 한 탓인가 봐요."

혼자만의 고투가 답답하고 야속해서 매정하게 나무랐다.

"곁에 있는 남편은 왜 깨우지 않은 거요. 고통은 나누면 줄어드는데……. 바보스럽기는."

그러자 가만히 내 얼굴을 바라보며

"단잠에 빠진 당신을 깨우고 싶지 않았어요. 나 하나만 참으면 되는 걸요."

그 순간 아픈 회한이 밀려왔다. 회초리가 찬바람을 감아 내 무신경을 때리듯이.

비명이 따르는 고통도 혼자서만 감내하는 아내의 순애보! 이는 조선의 아낙들이 눈물을 웃음으로 빚어 바친 역사이려니. 남정네들은 남존여비나 들먹이며 여인들을 외면한 반증이었을 게다. 더구나 삼종지도三從之道의 멍에까지 둘러메게 했다. 자기는 낮은 데로 내려놓고, 섬길 줄만 아는 생활을 숙명으로 알도록.

생각해 보면 나도 무심한 조선의 사내였나 보다. 남녀평등의 새로운 문화를 익히고 살아온 나에게도 봉건의 잔재가 있었음인가. 아내의 헌애를 밑거름 삼아 무풍지대로 살았으니. 사실은 모처럼 아내와의 달밤 산책은 남편의 부덕을 아내에게 참회하려 함이다. 거친 손결을 어루만지며, 다감한 이야기를 나누고, 쉬엄쉬엄 천천히 걸으며.

내가 젊은 날에 실의를 안고 방황하던 무렵이다. 외아들이자 노총각이고 애옥살이를 하는 처지에 결혼대상을 물색하고 있었다. 마침 친지의 중매로 충청도의 면장 댁 따님과 혼담이 오갔다. 맞선을 보자마자 오래도록 찾던 여인상으로 비쳤다. 예스런 가풍의 조신한 몸가짐, 온화한 미소가 어린 얼굴, 순량한 덕성이 풍기는 인상……. 양가의 가족들이 이심전심으로 천정배필天定配匹을 기대하며 혼사를 서둘렀다.

그러나 아내는 신혼의 단재미도 몰랐다. 고달픈 이방인이나 다름

없었다. 남편은 박봉의 말직으로 부평초처럼 떠돌았다. 하숙생보다 못한 예고 없이 왔다 가는 나그네와 다름없었으니.

누옥의 신방은 겨울에도 냉방이었다. 미련스런 구들장은 불길로도 달구어지지 않았다. 기술자를 불러도 여전히 냉기만 감돌았다. 차라리 햇볕이 잘 드는 바깥이 더 따뜻할 지경이었다.

시부는 뇌졸중으로 반신불수에다 실어증이었다. 공손하게 진짓상을 지어 올리고 약단지를 보살피는 지성에 게으를 수 없었다. 시모는 매사를 분명하게 처리하는 깐깐한 성품이었다. 일거일동이 조심스럽고 전전긍긍하게 하는 위압적인 어른이었다.

그나마 남편은 보호막이나 온실이 되어주지 못했다. 얄팍한 봉급봉투는 부모님께 먼저 드렸다. 아내에게 건네지는 생활비는 언제나 궁색을 면하기가 어려웠다. 부모님을 우선으로 모시고 우리 내외는 뒷전으로 물러서는 생활. 이처럼 고지식한 외아들의 효행을 낯꽃을 흐리지 않고 존중했다.

아내에 대한 호칭도 자유로울 수 없었다. 노경의 부모님 앞에서는 부부의 사랑도 덤덤하게 감추었다. 아예 '당신'이나 '여보'라는 호칭은 금기로 여겼다. 부모님이 모두 떠나신 지금도 '당신'과 '여보'라고 부르려면 왠지 어색하다.

외아들만 면하자는 모친의 애원으로 5남매나 두었다. 한 아이도 보듬고 고샅에 나간 기억이 없다. 손자손녀를 애중히 돌보는 일은 조부모님의 몫으로 미루었다. 간접화법 같은 효도나마 실천하려고. 요즈음의 젊은 아빠가 아이들의 손을 잡고 걷거나 목마를 태우는 모습을 보면 부럽기조차 하다.

첫아이가 백일 무렵에 전상을 입었다. 2년이 넘도록 단말마적인 고통으로 신음할 때, 나보다 더 지겨운 보호자의 고통을 견디며 나를 돌봤다. 가까스로 걷게 되자 교직에 몸을 담게 되었다. 그날로부터 보은의 꽃다발을 날마다 안겨주어도 부족할 남편은 여전히 구름이었다. 행려병자가 되어 무사안일로 살았다. 하마터면 내던질 다리를 얻은 행복감에 젖은 탓이었다. 아이들은 아내가 도맡아 키우다시피 했다. 생활비가 모자라서 짐승을 길렀다. 하숙도 치면서 쉴 겨를이 없었다. 편모는 손자나 귀애하고 손녀는 방관하다시피 했다.

불혹이 되어서야 나는 아내의 자리에 애정과 신뢰와 경의를 느끼게 되었다. 삼중고三重苦의 짐을 지고 늙어버린 아내를 지켜주고 감싸주는 소임에 부실함이 없도록 살고자 했다. 그날로부터 늦깎이의 남편을 아내는 애처가로 돌아왔다고 행복하게 여겼다. 그럭저럭 30여 년간은 충실한 남편 구실을 한 셈이다. 이제는 아들딸 앞에서나 친정 식구 앞에서도 스스럼없이 남편 자랑을 일삼는다. 이웃 사람들에게도 금실이 좋은 부부로 소문이 났다고 한다. 언젠가는 애들이 젊은 날을 다시 드린다면 어떻게 하실 것이냐고 묻자 단호히 싫다고 하였다. 지금처럼 낙락한 노경이 행복하다고 웃었다.

그렇지만 요즈음에도 나와 아내를 교학승과 선승에 비유하여 생각하곤 한다. 나는 붓끝이나 놀리며 불도를 논하는 교학승이라면, 아내는 땀과 눈물과 피로 터득한 선승임에 틀림없다고. 내가 아무리 지난날 사랑의 부채를 갚으려고 노력한다고 해도 아내의 무릎에나 닿을 수 있으랴.

안타까운 일은 노경의 아내가 건강이 날로 쇠잔해지는 것이다. 그저 여일은 아픈 반성문을 쓰는 마음으로 아내를 사랑하고 보살피며 살까 한다. 부부가 마주 보고 웃으며 즐기는 산책처럼. 어느 날엔가 이승의 옷을 벗는 날이 온다면 '여보! 미안해. 고마웠어. 사랑해.'라는 말을 남기고 싶다.

우러르는 모정

간밤에 어머니가 꿈길로 오셨다. 오랜 여행을 하다가 돌아오시는 길이라 맨발로 달려가 맞았다. 만년에 즐겨 입던 한복 차림의 고달픈 모습이었다. 반가워서 어머니의 손을 덥석 잡으려니 홀연히 사라지고 말았다. 너무나 애통하여 눈을 떠보니 베갯머리에 눈물이 젖어 있었다. 저승에 드신 지 십삼 년이려니…….

이승을 떠나시는 날도 꿈처럼 허망하였다. 아침 늦게 대문을 나서며 며느리에게 이렇게 일렀다. 화안한 얼굴로 웃으며.

"애야! 마을 갔다 오마. 나는 아무래도 오래 살 듯하구나."

며느리도 따라 웃으며

"아무쪼록 오래 사셔야 하지요."라며 잘 다녀오시라고 하였다.

그러나 이 말씀을 남긴 다음 당신은 다시는 대문 안으로 들어오지 않으셨다. 길을 건너시는 어머니를 질주하는 차가 떠밀었던 것이다. 퇴근 무렵에 비보를 듣고 영안실로 달려가서 어머니의 하얀 얼굴에 눈물을 흘리었다.

어머니는 열일곱의 나이에 선친과 결혼하였다. 개화한 아버지의 구애로 자유 결혼을 한 것이다. 새댁 시절에는 살결이 박꽃처럼 희고 곱상한 얼굴에 날렵한 몸매였다고 동네 사람들이 말하였다. 모시 두루마기 차림의 중절모를 쓰신 아버지랑 나란히 걸으면 아낙네들이 선망의 눈길로 보았다고 한다. 젊은 날에는 생활이 풍족하고 안온한 가정의 아낙으로 귀부인이 부럽지 않았던 것이다.

하지만 한때의 호사는 오래 누리지 못하였다. 해방이 되자 선친이 두메산골에서는 남매를 교육할 수 없다고 무작정 대처로 이사를 했다. 안타깝게도 한량 기질이 많아서 농사에도 장사에도 숙맥이었다. 애옥살이 살림은 어머니에게 맡기고, 탁주 몇 잔이면 시조창을 즐기고 울적하면 바람처럼 유랑하였다. 소리꾼을 불러 북을 두드리면서 쌀독이 비어도 태연하였다.

어쩔 수 없이 어머니가 신산고초의 멍에를 짊어지게 되었다. 가녀린 몸으로 허약한 편이지만 논밭을 손수 일구고 품팔이꾼도 마다하지 않았다. 그도 모자라 행상을 하여 곡식을 사 왔다. 허리가 휘어지도록 무거운 보따리를 머리에 이고 땅거미가 내리는 무렵에야 돌아오곤 하였다. 그래도 아들의 수업료를 내지 못하여 시험 때마다 교실에서 몰려나 애간장을 태웠다.

도시로 나가 구멍가게를 차려도 보았다. 무릎도 펴기 힘든 좁은 공간에서 나날을 지냈다. 연탄가스로 의식을 잃기도 여러 번이었다. 무좀이 생겨서 두 다리가 짓물러도 약조차 변변히 쓸 형편이 아니었다. 아들이 울먹이며 손목을 잡고 병원으로 모시려면 손사레를 저으며 마다하였다. 자꾸 치마를 내리며 태연히 웃기만 하였다. 그 돈이면 아들딸의 수업료를 내야 한다는 일념을 어찌 모르랴. 사실 나도 남의 집 냉방에서 겨울에 남루한 이불을 둘러쓰고 잠을 자면 서리가 벽에 붙어 있었다.

이렇게 고달픈 세월이 강산이 두 번이나 변했을 것이다. 가까스로 대학에서 장학금을 받아 방을 구해 자취를 할 때였다. 갑자기 어머니가 가게를 팔아넘기고 찾아왔다. 아직은 생계 수단이 막연한 터인데 어쩌려고 그러신 것일까 의아스러웠다. 궁금하여 연유를 묻자 의외의 말씀을 들려주는 게 아닌가.

"금년은 내 나이가 마흔다섯이다. 나는 어려서부터 정명이 마흔다섯이라고 귀에 못이 백이도록 들었다. 이제는 내 노릇도 웬만큼 했으니 네 곁에서 평안히 가고 싶구나."

너무 마음이 아파서 위로를 하였다.

"어머니! 그게 웬 말씀이셔요. 아직도 건강하신 편인 걸요. 그 허무맹랑한 관상쟁이나 사주쟁이의 말을 믿으시다니요?"

그로부터 며칠이 지나지 않아서 어머니의 심상치 않은 불안감이 현실로 닥쳐왔다. 얼굴에 피부염이 생겨서 모시고 의원을 찾아가는 길이었다. 골목길에서 갑자기 어지럽다고 하더니 혼절을 하며 넘어졌다. 절망이 먹물처럼 몰려왔다. 업고 달려가 의원의 진단을 받으니 가벼운 중풍이었다.

오래지 않아 어머니는 천우신조로 쾌유하였다. 이로부터 조금씩 남매의 효심을 받는 낙락한 나날도 누리었다. 남매가 직장을 얻어 월급봉투를 어머니의 손에 쥐어 드리고 장수를 염원하였다. 어머니는 우리 가정의 만월로 여기었다. 비록 노래자는 아니지만 재롱을 부리는 아이로 돌아가 응석을 부리며 살고 싶었다. 안방에서 손자손녀를 무릎에 앉히고 웃음 짓는 모습을 보면 내 가슴이 데워졌다. 객지에서 돌아와 한지붕 밑에서 살게 된 아버지도 가양주를 들며 풍류를 즐기었다. 아마 당신은 나의 조부를 닮아 장수할 것이라고 자위하면서 노년이 다복하다고 여기는 듯하였다.

이처럼 단란한 행복도 잠시였다. 아버지가 이순이 못 되어 작고하고 몇 년이 지나서다. 시련이 또 닥쳐왔다. 회갑을 넘기고 갑자기 뇌졸중으로 중환자실에 들었다. 처음에는 반신불수의 증후가 보였으나 반년이 지나자 천만다행히도 완치가 되었다. 눈부신 부활이라 여기며 환희작약하였다.

이로부터 여섯 해를 당신의 인생을 알차게 누리었다. 더욱 자녀를 챙기고, 손자손녀를 익애하고, 자유로운 나들이를 하고, 취미활동도 하고, 여행길에 오르기도 하면서…….

이상한 일은 노경의 안락을 소중히 여기면서도 항상 죽음을 곱게 챙겨달라고 성모상 앞에서 기도하는 것을 잊지 않았다. 그렇지만 당신의 간절한 기원을 하느님은 온전하게 받지 않았다. 모자간의 이별 연습도 허락하지 않고 자동차의 난폭한 운전으로 어머님을 잃게 한 것이다. 지명을 넘긴 이 독자는 어머니란 단어만 들어도 2년이 넘도록 울보처럼 살았다.

지난가을이다. 처남이 칠순잔치를 한다기에 아내랑 찾아갔다. 하객이 자리를 가득 메운 연회장에서 눈길을 사로잡은 노인이 있었다. 우아하게 한복을 입고 구순을 지난 장모님이 앞자리에 앉아 계시었다. 흡사 엘리자베스 여왕처럼 돋보였다.

의식이 시작되자 먼저 칠순을 맞이한 처남이 오늘까지 은혜를 주신 어머니께 큰절을 올리고 술잔을 따라 바쳤다. 다음으로 좌우에

늘어선 자손들이 차례로 그 어른에게 인사를 하고 볼에 입을 맞추었다. 그러자 그분은 일일이 볼을 대어주고 등을 다독거렸다. 나는 그 어른이 누리는 행복의 절정을 보며 마음으로 갈채를 보냈다. 한편으로는 자손들이 바치는 효심의 달무리가 부럽기만 하고, 이승에 안 계신 어머니를 그리며 풍수지탄에 잠기었다. 나날의 지순한 정성으로 모시지 못한 불효가 회초리가 되어서 나를 아프게 매질하는 듯하였다.

아아! 우러러 뵙고 싶은 어머니…….

아라와 누리와 뭉치

막내딸인 지연이는 유별난 애완견의 대리모다. 세 마리의 애완견을 아들딸처럼 사랑으로 기른다. 이런 노고는 딸과 사위가 동심일체로 맡아서 한다. 다정다감하게 금실을 수놓는 부부답다.

시추인 하얀 털의 아라 양과 잉글리쉬 코카스패니얼인 밤색 털의 누리 양과 역시 같은 품종인 까만 털의 뭉치 군이 그들이다. 이들은 모두 사람들로부터 버림받은 부랑아들이었다. 우연히 다정불심으로 입양된 경위가 나름대로 있다.

아라 양은 골목의 쓰레기 더미에 병든 채 내던져져 있었다. 온통 피부병으로 온몸이 헐고 털이 듬성듬성 빠진 상태였다. 걸레처럼 널브러진 몰골이 안쓰러워서 동물병원에 맡겼다. 한 달이 넘게 진료를 받고 집으로 데려왔다. 병원비가 녹록지 않았지만 또랑또랑한 눈망울이 반가워서 연신 미소를 지었다.

누리 양은 교통사고를 당하여 운신을 못한 채 버려져 있었다. 주인을 찾는 전단지를 붙이고 입원을 시켜서 완치를 시켰다. 한 달이 넘도록 주인이 나타나지 않자 집으로 데려다 돌보기 시작했다.

뭉치 군은 대학의 동물병원에서 거세를 당하고 버려진 녀석이다. 인근의 영양탕집에서 군침을 삼킨다는 말을 듣고 보호를 자청하여 데려온 식구다.

딸은 이 애들이 비록 짐승의 가죽은 입었어도 자연의 이법대로 살아가는 신사라고 일컫는다. 그러기에 각별한 정성으로 보살핀다. 아가를 기르는 엄마처럼 매년 예방접종을 한다. 영양식을 위해서 사료 슈퍼에 찾아가 기호식품을 챙겨준다. 때로는 보양식도 마련해 준다. 일주일에 한 번은 샤워를 해 주고 향수를 바르는가 하면 화장도 해 준다. 침대에서 주인 내외의 틈으로 들어가 잠을 자는 특권도 누린다. 호사를 누리는 귀족인 셈이다.

짐승이라고 하지만 주인에게 불편한 신세만 지는 것도 아니다. 웬만한 주인의 말은 눈치로 해석한다. 대소변은 가리고 주인의 지시는 고분고분 듣는다. 저희들끼리 한우리 안에서 오순도순 잘 지낸다. 흔히 뼈다귀 하나로 싸운다고 하지만 실례의 말씀이다.

출근하면서 먹이를 놓아주면 주인이 퇴근할 때까지는 입도 대지 않는다. 대소변도 참았다가 주인이 문을 열면 배설한다. 주인아줌마가 직장 생활을 하는 형편을 알고 저희들도 무언의 조력을 하는 셈이다. 그렇지만 여가에도 함께 놀아주지 않으면 응석을 부리고 짜증을 낸다. 이만큼의 사랑은 받고 싶다는 의사표시다. 퇴근한 다음에는 매일 이들을 데리고 산책한다. 다정한 주인과 더불은 동행이다.

어쩌다 장거리 여행을 하면서 세 마리를 자가용에 싣고 가면 다소곳이 참고 견딘다. 끙끙대고 뒤척이는 법이 없다. 철모르는 아이들보다 사려가 깊다.

직장에서 근무하면서 미아가 된 애완견 때문에 전전긍긍이다. 거기에서도 네 마리를 키운다. 무턱대고 외면할 수 없어서 도맡은 애정의 짐이다. 처마 밑에 집을 마련해 주고 돌본다. 벽에다 주인을 찾는 안내문을 붙이고 무작정 보모 노릇을 하는 것이다. 그런데도 한 번 버린 주인은 찾아오는 경우가 없다.

친정에 오는 날에는 이 녀석들이 손님으로 동참한다. 화분과 벽지 등에 피해를 입히지만 반갑게 맞아들여야 한다. 다소 거북한 냄새가 있지만 딸이 이들에게 쏟아주는 사랑을 외면할 수 있겠는가. 사실 청결한 실내 환경이 문제이기는 하다. 하지만 애완견의 입장에서는 더 고역일지 모른다. 서양의 고급 신사도 체취가 고약하던데, 주인 내외의 체취도 불편하지 않을까. 후각은 사람의 백 배도 넘는다는데 각종 음식이며 화장품도 거북한 냄새가 풍길 게다. 이러니 서로 눈감아 주면서 공존하는 관계이려니 싶다.

언젠가는 밍크코트를 벗어서 미련 없이 남에게 준 일이 있다. 여인의 호사품이지만 생명을 무수히 짓밟는 인간의 잔인성에 전율을 느낀다는 것이다. 우연히 텔레비전에서 보니 껍질이 벗겨진 채 산더미처럼 쌓인 밍크가 까만 눈에 눈물방울을 달고 있더란다. 그 이후로는 밍크코트를 입은 여인을 보면 혀를 찬다. 제 엄마에게 지금껏 사 주지 못한 밍크코트를 사 주고 싶다니까 한사코 말리는 게 아닌가. 차라리 다른 고가의 옷을 사 드릴 테니 가엾은 밍크의 슬픔으로 치장하시지 말란다.

초등학교 일 학년 시절에는 손바닥에 청개구리 한 마리를 들고 온 일이 있다. 신기해서 데리고 살고 싶다고 했다. 청개구리의 안위가 위태로워서 달래어 부녀가 함께 어느 담장 위의 호박잎에 놓고 온 일이 있다.

그해 겨울에는 수평아리 세 마리를 사 와서 같이 살게 해 달라고 졸랐다. 동심이 갸륵해서 벼슬이 뾰조롬히 나오고, 새벽을 알리는 발성 연습을 할 때까지 기르기도 하였다.

중년의 나이인 지금도 동물에 대한 사랑이 여전하다. 불가의 처처불성을 체득한 보살을 닮았나 보다.

사람들이 지어준 이름이 개라서 그렇지 개처럼 충직한 동물이 없을 줄 안다. 개라고 이름을 붙여서 하찮게 불러주는 인간들에게 무슨 실례의 망발이냐고 항변할 것이다. 오수의 개는 술이 취한 주인이 불길에 휩싸이자 제 몸에 물을 묻혀서 구했다고 하여 탑을 세워주었다. 김소운 선생의 글에서는 이런 내용도 있다. 편지를 써서 고기를 사 오라고 시킨 개가 고약한 도둑의 손길에 잡혀갔다. 용케도 구사일생으로 여러 날 만에 돌아왔는데 입에는 썩은 고기가 물려 있더란다. 가엾게도 그 개는 고기를 주인의 앞에 놓고 눈을 감았다는 것이다. 사냥개는 맹수를 만나면 주인을 살리려고 다른 곳으로 유인하여 목숨을 바쳐가며 싸운다고 한다.

헤아려 보면 사람 중에 이보다 충직한 귀감의 사례가 있을까. 아마 얼룩진 죄악의 그림자는 지저분한 낙서로만 가득할 것이다. 실토하건대 나도 맑은 눈의 임자를 자처할 수 없기에 견공들에게 참회서를 써서 바쳐야 할 입장이다.

미국의 디즈니랜드 공원의 출구에는 이런 경구가 붙어 있다고 한다.

'지금부터 여러분은 가장 잔인한 동물의 세계로 나아갑니다.'

오는 명절에도 이 녀석들이 제 주인을 따라 내 집에 올 것이다. 그러면 내 딸의 손을 잡고 미소를 지으며 천방지축의 개구쟁이들을 안아 줄 것이다. 마치 외갓집에 찾아온 손자손녀처럼…….

선친을 그리며

눈썹달이 대추나무 가지에 걸려 있다.

서재에 앉아 책을 펼치니 아내가 접시에 담긴 홍시를 준다. 발갛고 말랑말랑한 세 개의 홍시. 순간 가슴 한 모서리에 아르르 아픈 물살이 인다. 벽에 걸린 선친의 영정이 나를 내려다보시기에. 순간 박인로의 시조가 떠오른다. 남의 대접을 받은 홍시가 아닌 내 집의 산물인데도.

반중 조홍감이 고와도 보이나다.
유자 아니라도 품음 직하다마는
품어 가 반길 이 없으니 그를 설워하노라.

나와 선친이 이승과 저승의 별리로 삼십 년! 아직도 풍수지탄은 서러운 그늘이다. 아련한 안개에 묻힌 회상의 강하를 따라가 본다. 그곳은 궁벽한 토속의 산골과 가없는 평야와 문명의 도시.

내 유년의 고향이기도 한 산골은 전주이씨 집성촌이었다. 정변의 유배지로 뿌리를 내린 후예였다. 양반이라는 꼿꼿한 의식뿐 목불식정目不識丁의 초부들만 살았다. 이곳에서 아버지는 우상으로 받들어졌다. 고작 일제강점기에 보통학교와 서당 3년의 수학이 전부이지만 한글이나 한문이며 일어 사용에 아무런 불편이 없었다. 거기에다가 고을의 산야가 대부분 당신의 소유라 탄탄한 살림이었다. 영농은 머슴이나 일꾼에게 맡기고 자유자재로 살았다.

어렸을 때부터 내 귀에 익은 것은 선친의 북소리에 얹은 창이었고, 코에 배인 것은 도가니의 술 냄새였다. 매양 한량답게 세월을 즐기셨다. 중절모의 양복 차림으로 단장을 짚고 정갈한 모시 두루마기의 차림으로 나들이를 하셨다. 어머니는 곱상한 한복의 안방마님으로 내방이나 지키면 그만이었다.

당신은 혼자서만 호사를 누리는 게 아니었다. 살붙이 마을을 감싸는 족장이었다. 가난한 무지렁이들을 돌보느라 편안한 날이 없었다. 장가를 못 드는 노총각에게 짝을 맞추어 주었다. 생활고로 달아난 아낙네들을 수소문해서 찾아다 가정을 다시 꾸리게 하였다. 굶주리는 사람의 호구지책을 돌보고, 장례도 앞장서서 마치도록 하였다. 까막눈의 마을 사람들을 위해 계약서나 편지를 일일이 써 주었다.

눈이 푸슬푸슬 내리는 밤이면 주민들을 방안에 모아 놓고 이야기책을 읽어 주었다. 야학당을 세우고 청소년들에게 글도 가르쳤다. 때로는 고약한 일인이나 지주를 상대로 대리 재판을 맡은 일도 있다. 윗사람의 비리에는 단호하게 대처하고, 아랫사람의 무능을 애정으로 도왔다. 그래서 외지 사람들은 선친을 '화산면의 총독'이라는 경칭으로 대신했다.

이렇게 안락한 생활과 우상의 대접을 받았지만 생애의 궤도를 바꿀 계기가 왔다. 해방의 종소리가 울리자 당신의 혈육인 남매의 교육을 깊이 배려하였다. 삼수갑산이나 다름없이 문명을 등지고 사는 고장에서는 자식을 교육시킬 수 없다는 전망으로. 부전자전이라지만 나는 호랑이가 낳은 고양이도 못 될지도 모르는데…….

풍족한 생활을 보장해 주던 전답을 헌 옷처럼 처분하고, 하늘도 들녘도 넓은 곳에서 터를 잡으려고 물색하였다. 불행히도 가랑잎처럼 화폐 가치가 떨어지던 시절에 가대를 팔고 3년이나 미루다가 재산이 곤두박질로 오그라들었다. 그나마 사기를 당하여 구입한 토지도 날아갔다. 가까스로 초가삼간 누옥에 식량이나 마련할 몇 마지기의 전답만 마련하여 이사를 했다. 그때까지 농기구를 손에 쥐어 본 적이 없는 백면서생의 부친은 영농에 서툴기만 하였다. 인정이 많아서 일꾼들에게 막걸리를 자주 권하여 비틀거리게 만들었다. 벼이삭은 고개를 든 채 영글고, 피가 더 기승을 부렸다. 늘어가느니 빚이요, 초라해지느니 가난이었다.

그런 형편인데도 수업료를 내지 못하고 교실에서 쫓겨온 아들이 울상을 짓자 이렇게 위로했다.

"네가 다행히도 공부를 잘하니 부모가 살맛이 난다. 우리 내외가 바가지를 들고서라도 너만은 가르치마."

나중에는 부득이 몸이 가녀린 어머니가 고역의 짐을 짊어지셨다. 십여 두락의 농토를 가꾸고 땀을 파는 품팔이와 푼돈을 버는 행상도 마다 않으며.

그러나 들녘에서 그 어떤 희망도 건질 수 없자 도시로 흘러들어갔다. 달동네에 구멍가게를 마련한 소시민의 생활전선은 처음부터 막연하였다. 아무래도 아버지는 영악스런 도시인들에게 섞일 성품이 아니었다. 호구지책도 어려운 가게의 어머니에게 가난뱅이들만 몰고 와서 외상을 주라고 성화였다. 아버지가 소개한 외상의 손님들은 대부분 종적을 감추었다. 어쩔 수 없이 좋아하는 약주 한 사발도 드시기 어려웠다. 꾀죄죄한 헌 옷을 벗지 못하고 지내셨다.

이처럼 신산고초辛酸苦楚의 세월을 건너면서도 자식에게 주는 교육 정신은 유별났다. 아무리 살림살이가 고달파도 호연지기를 지니라고 일렀다. 부조리에는 신명을 바쳐 싸우는 용기를 당부하였다.

젊은 날에 아들이 처음으로 취한 모습을 보고 웃으며 모친에게 술국을 끓여 주라고 부탁했다. 아들의 연인이 찾아오면 팔씨름도 하고 편지를 교환했다. 개화의 물결을 타고 연애결혼을 한 당신이 애정의 교습 역할을 간접적으로 한 것이다.

정치 학습을 한다고 연설을 할 때면 청중석에서 흐뭇한 마음으로 귀를 모았다. 대단한 거목이 되리라고 기대를 거셨으리라. 장교 후보생이 되어서 허약한 몸으로 훈련을 받을 때는 보약단지를 싸 들고 오셨다. 면회가 금지되어 경계병이 지키는데도 철조망을 넘으셔서. 그날따라 열사병으로 약단지를 끌어안고 막사 앞에서 졸도를 하고 말았다. 가까스로 자정 무렵에 의식을 회복하고 부친의 은의에 목이 메어서 고초를 이겨내고 훈련을 마쳤다. 첫 직장인 사립학교까지 오셨기에 주막에서 약주를 대접했다. 그러자 신명이 나셨던지 내 손을 잡고 시조창을 들려주셨다. 나는 눈물을 감추며 마음속으로 무릎장단을 쳐 드렸다. 그러자 호탕하게 웃으면서 이런 말씀도 곁들였다.

"이제는 우리 가정도 남부럽지 않다. 너의 조부가 고희를 사셨으니 나는 더 장수할 게다."

이렇게 소망을 안고 새날을 다짐했지만 인생무상은 아버지를 졸지에 쓰러뜨렸다. 하루에 백여 리도 자전거로 자갈밭의 고향 길을 왕래한 건강인데 뇌졸중이 덮친 것이다. 가까스로 의식은 회복되었으나 실어증과 반신 마비로 신고를 하셨다. 2년 반이 넘도록 나름대로 효성으로 모시려고 했지만 59세를 일기로 이승을 떠나셨다. 남루한 옷가지를 벗어 놓은 채. 이 아들은 만년에 이르도록 부모님이 자식의 효도를 받으며 편안하게 웃으실 날을 얼마나 염원했던가.

이제는 나의 연치도 선친이 유명을 달리한 유역에 이르렀다. 다섯 남매를 슬하에 둔 내가 어느 결에 세월의 수레를 타고 여기까지 왔는지 모른다. 갚을 길 없는 선친의 은의가 아프고, 자식들에게 돌려줄 의무가 버겁다.

오는 일요일에는 아내와 다섯 남매를 데리고 선친의 묘소에 찾아가 흠모의 절이나 드릴까 한다. 그리고 자식에게 전수하시려 한 풍류의 멋, 매서운 정의감, 다사로운 사랑의 체취를 다시 그리고 싶다.

내가 약주를 따라 올리면 영혼이나마 환한 웃음으로 반기실까.

진달래꽃이랑 놀며

우리 집 방안에 고운 손님이 드셨다.

며칠 전부터 개화를 시작한 진달래꽃이다. 이십여 년 동안 우리 집에서 보살핀 식구나 다름없다. 봄날이 다사로워지자 꽃잎이 봉곳이 돋아 오르고 있었다. 가슴을 졸이며 만개를 기다린 터인데 오늘은 절정의 모습으로 우리 부부를 반겼다. 그대로 옥상에 두고 보기가 아까워서 거실로 옮기기로 했다. 나와 아내가 큼직한 화분에 심어진 진달래를 안고 계단을 내려올 때 환상에 잠겼다. '이는 정령으로 웃어대는 공주님일 거야!'

햇볕이 잘 들고 바람도 서늘한 자리에 앉혔다. 행주로 화분을 닦아주고 분무기로 안개처럼 이슬을 내려주었다. 되도록 꽃들 앞에서는 소음에 불과한 말을 지워야 한다. 침묵으로 지켜보며 찻잔을 든 채 아름다운 영혼 속으로 들어갔다. 우리 부부의 심성을 순순하게 반길 수 있을까 하는 조심성이 일었다. 무정설법을 배우는 계기라고 여겼다. 내 본래의 얼굴로 돌아가 꽃들과 무언의 대화를 나누며 놀고 싶었다.

한참 꽃들을 눈여겨보려니 동화의 장면을 그리게 한다. 진달래가 위로 옆으로 늘어뜨린 소매를 저으며 우리 부부의 손길을 끄는 게 아닌가. 그러면서 귓속말로 제의한다. "주인아저씨! 아주머니! 저랑 왈츠를 한 판 추실까요?" 정말 이 숙녀랑 근사하게 춤을 춘다면 얼마나 신명이 날까.

정양 시인은 진달래꽃을 바라보며 이렇게 읊었다.

> 마음 다 비운 듯이/ 아무리 바라보아도/ 아무래도 꽃들이 심상치 않다/ 화장기도 화냥기도 없이/ 그냥 바람난/ 바람난 게 무언 줄도 모르고/ 그냥 바람난/ 아슬아슬한 여자애들만 같다

봄이면 내 고향 산천은 진달래꽃이 산불처럼 피어올랐다. 이맘때쯤이면 고샅길을 오가는 큰아기들의 옷차림이 화사했다. 집성촌이라 내외할 일도 드물었지만 그리움으로 설레는 세월이었으니까. 일님이는 옥색 치마에 노랑 저고리를 입고 물동이를 인 채 골목으로 사라졌다. 영이는 손수건에다 학과 노송을 수놓으며 자주 먼 산을 바라보았다. 여고생의 정념이는 꽃숲에 숨어서 시집 읽기를 즐겼다. 이들은 진달래꽃이 피면 회상되는 얼굴들이다. 지금은 이순의 강하를 지나 은발을 이고 추억을 더듬는 할머니가 되었을 게다.

진달래의 꽃은 은유를 시사한다. 모든 존재들은 신령스런 영감으로 무언의 대화를 나눌 수 있지 않을까. 젖소도 음악을 들려주면 양질의 우유를 생산한다고 한다. 농장의 채소도 성장이 촉진된다고 한

다. 근래에는 물조차 칭찬을 들으면 아름다운 모습으로 결빙된다고 한다. 독일의 심리학자인 페이너는 이렇게 말한다. "인간들이 어둠 속에서 목소리로 서로를 분간하듯이 꽃들은 향기로써 서로를 분간하며 대화한다. 꽃들은 인간들보다 훨씬 우아한 방법으로 서로를 확인한다. 사실 인간의 말이나 숨결은 사랑하는 연인끼리를 제외하고는 미묘한 감정과 좋은 향기를 풍기지 않는다."

이로 보면 진달래꽃은 진선미를 온전하게 살아가는 표상인지도 모른다. 영혼에 먼지가 묻지 않은 성자의 반열에 놓아도 좋을 분신이다. 산문의 선승들은 해탈을 마음을 닦는 수련에서 찾는다고 한다. 본래의 청정한 마음의 경지에 들면 이게 바로 정토라고 하던가. 천수천안千手千眼의 부처님도 눈빛과 손결이 이처럼 맑고 부드러울 것이다.

어느 날 태백산의 암자에서 묵언 수도 중인 스님을 만났다. 폭설이 내려서 산길을 묻자 지팡이로 산줄기를 가리키며 길을 안내했다. 그 시원스런 동공에는 무사한 산행을 빌어주는 자비심이 비치었다. 말보다 우리들의 불안을 다사로이 안아주었다.

아니 또 생각이 난다. 고모님에게는 새댁을 남겨 놓고 전쟁터로 끌려간 아들이 있었다. 밤마다 사립문을 열어 놓고 윗목에서 새우잠을 자셨다. 새벽마다 찬물에 목욕재계하고 하얀 사발에 정화수를 담아 북두칠성을 우러르며 아들의 무사귀환을 빌었다. 강산이 세 번이나 변하도록 눈물의 기도를 올리면서 기다렸지만 돌아올 줄 모르는 아들이었다. 돌아가시기 며칠 전에는 흰옷을 입고 소나무 아래에서 너울너울 춤을 추시더란다. 언제나 내 아들을 만날까를 탄식으로 뇌이면서. 그 고모님의 눈에는 항상 기도로 닦여진 하늘이 들어 있었다. 진달래꽃은 이런 마음으로 날아다니는 나비인지도 모른다.

진달래에게만 맡겼던 나의 무심을 반성한다. 사실은 매운바람이 불면서 눈길을 보내지 못하고 옥상에 두고 지냈다. 그동안 얼마나 외롭고 고통스런 겨울의 고행을 견뎠을까. 지층이 얕은 화분에 뿌리를 박은 나무였다. 수시로 폭설이 내려서 가지를 덮었다. 칼날 같은 바람이 휘돌며 할퀴었다. 줄기와 뿌리가 꽁꽁 얼 만큼 동해도 입었다. 그런데도 주인을 원망하지 않고 사랑의 화신으로 내 앞에 섰다. 얼마나 치열하게 자기를 다스리고 보여주는 승화의 얼굴인가.

사랑의 진수는 온통 나를 태워서 다른 사람을 비추는 일이다. 땀과 눈물과 피조차 몰래 감추고 삭혀서 남에게 떠 주는 감주이어야 한다. 아마도 꽃들은 이를 일깨우는 거울이 아니랴.

때때로 내가 살고 있는 도시의 이웃들을 살핀다. 허위의 말소리가 공허하다. 이기심의 가시를 세우고 살아간다. 금속성으로 아귀다툼을 한다. 날이 선 인심의 동토에서 으스스한 추위를 느낀다. 풍요는 넘치는데 인정은 메마르기만 하다.

이와 같은 세태를 만들어 놓고 사람들은 천국을 염원한다. 사실은 우리가 살고 있는 세상이 바로 천국임을 모른 채. 생로병사가 없고 희로애락이 없는 세상은 생명이 존재할 수 없다. 천사와 향기만 있고 영생을 누린다면 그 지겨운 권태를 어떻게 지울 것인가. 더위는 추위의 고마운 대역이고, 죽음은 삶의 윤활유이고, 불행은 행복의 인도자가 아닌가. 신들조차 우리가 살아가는 이승을 선망하지 않을까. 비록 며칠이 지나면 낙화의 의미도 가르칠 터이지만, 내 앞의 진달래꽃은 이런 진리를 묵언으로 들려주는 것이다.

나는 오늘 아침에도 진달래꽃을 바라보며 묵상에 잠긴다.

풍수지탄風樹之嘆

어느 눈 오는 날 밤이었다. 희미한 전등이 켜진 안방이었다. 문풍지가 펄럭이고 푸슬푸슬 눈 오는 소리가 들렸다. 모처럼 아버님과 마주 앉아 고향 이야기를 나누는 참이었다.

"종승아! 지금 네 조부님이 생존해 계시면 연세가 아흔이 되시겠구나."

그런 말씀을 하고는 담배를 혼자서 피우며 천장을 바라보셨다. 이윽고 내가 아버님의 심회를 알아차리고 말참견을 하였다.

"키가 장대하고 근엄하셨지요?"

새삼스럽게 그날의 부자가 나눈 대화가 떠오르는 것은 웬일인가. 벌써 나도 한 살만 더 보태면 고희에 이른다. 선친이 저 동네에 드신 지도 어언 사십 년이 가깝다. 장수하셨다면 아흔일곱이시다. 그런데도 아련한 안개빛 슬픔에 젖곤 한다.

어젯밤 꿈에서 아버님을 뵈었다. 허리가 구붓하고 지팡이를 짚으신 채 내 집 골목에 오셨다. 하얀 두루마기 차림에 백발이 성성한 모습이었다. 하도 반갑고 황송해서 손목을 잡고 어서 방에 드시라고 서둘렀다.

당신의 젊은 날에는 호사스런 삶을 누리셨다. 풍족한 전답을 소유하고 머슴을 부렸다. 목불식정의 푸네기들을 돌보고 감싸주는 족장이었다. 술독에는 술 익는 냄새가 고샅에 흐르고, 때때로 소리꾼들과 목청을 가다듬어 옛 가락을 읊으셨다. 마을 일꾼들을 안방에 불러 모아서 옛이야기 책을 밤 깊도록 읽어 주었다. 계약서며 편지도 손수 맡아 써 주었다. 곤궁에 시달리기가 싫어서 보따리를 들고 행방을 감춘 아낙들을 찾아서 다시 묶어주곤 했다. 가난뱅이의 장례에는 호상을 도맡으셨다.

향토를 지키면 생애를 편안하게 마치련만 안주에 연연하지 않으셨다. 해방이 되자 가대와 전답을 헐값에 처분하고 대처로 옮기셨다. 이런 심심산골에서는 남매를 교육시킬 수 없다고.

하지만 몸에 익히지 않은 농사는 소출이 보잘 것 없었다. 부채만 늘어가는 고역이었다. 남의 논에는 벼가 탐스럽게 익어서 고개를 숙였지만, 우리 집 농사는 매년 흉작이었다. 그래도 논두렁에 앉아 탁주를 드시고 시조창을 즐기시는 성품이었다. 나중에는 남매의 수업료도 제대로 줄 형편이 못 되어서 대처로 이사를 했다.

여기에서도 곤궁을 벗어날 묘책은 없었다. 이악스런 장사꾼들에게 속고 인정에 이끌려서 돈을 떼이기가 일쑤였다. 입으신 옷이 항상 남루한 기성복을 면하지 못했다. 실의에 잠긴 얼굴로 한숨을 삼키시는 나날이었다.

이런 형편에도 아들을 위한 교육의 열의는 불꽃이었다. 그 면면을 기억하면 눈시울이 뜨겁다. 춘궁기에도 내가 책을 사고 싶다고 조르면 쌀 빚을 얻어서 사 주셨다. 나는 한 아름의 새 책을 안고 환호성을 울렸지만, 아버님은 가을에 두 가마의 쌀을 내어주어야 했다.

중학교 시험에 우수하게 합격한 날에는 나를 고물 자전거에 싣고 달리시며 들려준 말씀이 기억난다.

"네가 이처럼 공부를 잘하면 빌어먹는 한이 있더라도 대학까지 가르치마."

내가 학훈단 장교 후보생이 되어서 야영훈련을 받을 때다. 여러 해 동안 식욕부진으로 시달리던 터라 가혹한 훈련을 받을 수 없었다. 카스테라를 씹고 사이다를 마시며 가까스로 훈련을 받아야만 했다. 집총을 한 군인들이 보초를 서고 있는데도 몰래 철조망을 넘어 약단지를 들고 사격장까지 오셨다. 건강이 위태로운 자식 때문에 가슴을 졸이던 두 분의 배려였을 게다.

그 약단지를 들고 병영으로 달려오다가 나는 끝내 탈진하여 혼절하고 말았다. 자정이 넘어서야 의식을 회복하였다. 그 밤에 구보행군을 하는 동기생들의 함성을 들으며 어금니를 악물었다. '아버님의 가열한 소망을 발판 삼아 일어나자고.' 천우신조로 무사히 집에 돌아와 밝은 부모님의 웃음을 뵈었다.

이러구러 세월은 흘러서 장교 근무를 끝내고 사립학교 교사가 되었다. 아버님이 허름한 옷을 입고 직장으로 오셨다. 바로 주막으로 모시고 가서 약주를 받아 올렸다. 흐뭇한 표정으로 나를 바라보며 이제는 밝은 날이 오려나 보다고 웃음을 지으셨다. 그러면서 나는 건강이 좋으니 칠순은 무난할 것이라고 장담하셨다. 그때에 아버님의 손을 잡고 속울음을 삼키며 제발 장수하시기를 빌었다.

애통하게도 이런 소망은 곧장 무너졌다. 며칠 후에 아버님이 위독

하다는 연락을 받았다. 중풍으로 반신이 마비되고 실어증으로 신고를 하셨다. 이로부터 이태가 넘게 직장과 집을 오가며 간병을 했지만 그냥 스치는 지성에 불과했다. 밤새워 병석을 지킨 일도 드물고 값비싼 약을 지어 드리지도 못했다. 여전히 가난하여 넉넉하게 봉양할 수 없는 형편이었다.

내가 받들 수 있는 일이란 일상의 자잘한 보살핌이었다. 수시로 노송 아래에 돗자리를 깔아드리고 함께 앉아 더위를 잊었다. 무료하면 팔씨름을 부탁하며 건강이 좋아지신다고 위로했다. 둘이서 시조창을 하자고 제의하며 '세월이 유수하여'를 선창하면 어눌한 소리로 흥얼거리실 뿐이었다. 한가로운 시간을 얻어 아버님을 모시고 호반을 거닐며 담소하는 시간이 유일한 보람이고 위안이었다.

하지만 불과 이순을 한 해 앞두고 당신은 내 곁을 떠나셨다. 염을 마친 다음 마루에 벗어 놓은 남루한 헌 옷을 보았다. 부실한 자식을 위해 강산이 두 번이나 변할 세월을 바치신 안타까운 그림자였다. 다름 아닌 불효의 아픈 회초리였다.

당신이 젊은 날에는 신사복 정장 차림으로 하얀 구두에 중절모를 쓰고 활보하시던 분이 아니던가. 어머님이랑 팔을 걸고 초원에서 다정하게 사진을 찍은 모습은 얼마나 행복에 겨우신 날이던가.

몇 년만 더 기다려 주셨더라면 아들이 사 드린 새 옷을 입고 두 분이 팔도강산을 유람하시는 날도 있었으련만……. 그런 날에는 아들의 효심을 반기며 얼마나 다복하게 여기셨을까.

오늘도 천변을 걷다가 초라하게 시들어가는 갈대를 보노라니 마음속에 회한의 바람이 할퀴고 지나간다. 당신의 외아들을 위해 애옥살이로만 사신 생애가 영상으로 비치기에.

밍크코트

날씨가 매서운 겨울이다. 첫눈이 어지러이 날고 있다. 남색 밍크코트를 입은 중년 여인이 가로를 거닌다. 보드라운 촉감에 윤기마저 자르르 흐른다. 잔잔한 웃음을 머금어서 다복한 부인으로 비친다. 밍크코트의 값이 이만저만한 금액이 아니라고 한다. 우로를 피할 한 채의 전세에 버금가는 액수라고 하던가. 자기의 아내를 이처럼 호사시키는 남편들에게 선의의 갈채를 보낼 일이다.

이런 생각을 하려니 내 안에서 스산한 바람이 인다. 아직도 생활의 남루를 걸친 옷차림의 아내가 떠오르기 때문이다.

벌써 이십 년도 넘는 세월의 이야기다. 섣달에 친구 부부의 모임에 참석하고 돌아온 일이 있다. 아내가 무거운 털외투를 벗어서 벽에 걸고 앉는다. 이윽고 나를 보며 고소를 머금고 말문을 연다.

"여보! 앞으로는 이런 모임에 가지 않을래요. 어떤 부인이 손가락을 들어 보이며 다이어 반지가 5캐럿이라고 자랑을 하더군요. 그 곁의 부인은 밍크코트를 벗으며 천만 원에 샀다고 으스대는 것이에요."

순간 나는 씁쓸한 얼굴로 아내의 손을 가만히 쥔 채 다독여 주었다. 아무런 말도 못하고 그저 미안해서 고개를 돌렸다. 아내는 인고의 산하를 웃음으로 건너온 조선의 여인이었다.

어쩌면 장독대의 항아리가 아내의 얼굴인지도 모른다. 소망은 배가 부풀지만 속에는 맵고 짠 고추장과 간장을 숙성시키는 고역을 숙명으로 아는 항아리.

누옥 삼간의 서생에게 시집을 온 날로부터 애옥살이가 시작되었다. 소년과 청년 시절을 한미한 집안에서 살아온 남편은 이재에 숙맥이었다. 고작 교단을 지키는 서생이라 봉급 봉투나 어머님 손에 드리면 그만이었다. 어머님은 당신의 용돈을 헐어서 남기고 며느리에게 생활비를 넘기었다. 지명에 이르러서도 편모를 우선으로 모시는 독자인지라 며느리 호사할 날이 있었겠는가. 항상 생활은 너무 빠듯해서 외줄타기처럼 조심스러웠다.

첫아이를 낳고도 냉돌에서 새우잠을 자야 했다. 거동이 불편한 시부의 약단지를 조신하게 지켰다. 깐깐한 시모의 시중을 들기 위해 마음을 놓을 수가 없었다. 반반한 옷은 시부모에게 드리고 허름한 옷가지만 걸치고 살았다. 부모 몰래 젊은 부부가 나들이를 한다는 것은 언감생심이었다. 남편은 사랑의 눈빛도 보여주기를 조심하는 봉건의 가장이었다.

설상가상으로 두 살 터울로 이남삼녀가 태어났다. 독자로 건강이 부실해서 부모님의 애간장을 무던히도 태웠다. 편모의 강권으로 얻은 다산의 멍에였다. 배불리 먹지도 못하면서 젖을 물려 길렀다. 안고 업고 걸리며 혼자서 낮도 밤도 잊으며 아등바등 살았다.

도저히 살림을 꾸리기가 어려워서 하숙을 치기도 했다. 남의 식구와 우리 가족의 세 끼니의 식사는 물론 샘물을 길어 세탁을 해 주는 일도 아내의 몫이었다. 애들에게 줄 수업료가 없으면 이집 저집을 기웃거리며 돈을 꾸는 젊은 아낙이었다. 외상으로 쌀을 가져다 먹고 오른 값으로 갚으려면 울상을 짓곤 했다. 가도 가도 가난은 찰거머리처럼 달라붙어 있었다.

한때는 내가 고향에 덩치가 큰 산을 사서 조림을 했다. 이때에는 산촌의 초부보다 억세게 땅을 일구고 풀을 베었다. 자기의 손가락에 낀 금반지도 팔아서 노임에 보탰다. 그러면서도 자기를 위한 옷치장은 분외로 여겼다. 민낯으로도 미소를 잃지 않는 향토의 여인처럼.

생각만 해도 진절머리가 날 만큼 곤고한 세월이 갔다. 시지프스의 고역보다 가혹한 짐을 짊어진 아내가 거둔 보람은 알찼다. 다섯 아이들이 모두 대학을 졸업하고 일자리를 얻었다. 한의사, 교사, 공사의 직원으로 봉직하고 있다. 한시름을 잊고 지낼 만한 여유도 생겼다. 부모님도 저 마을로 건너가시고 바람이 잘 날이 없던 고심도 사라졌다. 퇴직 이후에는 연금도 쏠쏠하고 부수입도 짭짤해서 알부자라는 말도 듣는다.

이제는 아내에게 번듯한 밍크코트를 사서 입혀도 좋은 시절이 온 것이다. 항상 뇌리에서 사라지지 않는 사랑의 빚이 아니었던가. 어느 날에는 그만한 돈이 수중에 들어온 일이 있었다. 의기양양해진 마음으로 아내의 손목을 잡고 백화점으로 갔다. 길고 짧은 것으로 두 벌을 골라서 사자고 했다. 그러자 눈물이 핑그르르 돌더니 웃음을 지으며 내 손을 덥석 잡는 것이었다.

"그 마음만으로도 너무 고마워요. 이제는 어떤 밍크코트도 부럽지 않아요. 옷치장은 대수롭지 않아요. 지금도 우리는 아이들의 밑거름이 되어 줄 일이 많거든요."

사 입히려는 나와 사양하는 아내가 한참 동안 실랑이를 하였다. 한사코 사양하는 아내였다. 한없이 자기를 비우면서도 넉넉해지는 아내는 지금도 밍크코트에 대한 미련을 보이지 않는다.

그러나 강산이 두 번이나 변할 세월을 미루던 내가 아내의 말을 순순히 받아들일 수 있을까.

"앞으로 당신에 대한 죄책감으로 밤마다 잠을 이루지 못하게 하려오? 이제는 나도 조금이나마 당신에게 사랑의 빚을 갚으려고 하오."

단호한 나의 의지에 물러난 아내가 두 벌의 밍크코트를 눈물을 글썽이며 가슴에 안았다. 초라하고 무능력한 남편의 그림자를 지운 듯하여 그 밤은 달게 잤다.

생각해 보면 아무리 애옥살이로 살았어도 사랑의 예술을 보여줄 수도 있을 법하다. 하지만 나에게는 그런 수완도 능력도 없었다. 남들은 비자금도 간직한다고 하지만 그것을 비겁한 배신으로 알았다. 푼돈도 금쪽같이 아껴 쓰는 아내를 두고 어떻게 이기심의 주머니를 차랴.

늘그막에서야 생활의 안정을 누리며 아내를 위한 헌애의 일기를 쓰듯 베풀어 주는 방식이 있다. 무조건 생활의 전권을 아내에게 일임하고 산다. 아들딸에게는 아내가 사랑의 추억을 만들어 주는 주역이 되도록 뒤에서 돕는다. 이제는 아내가 언제나 지폐를 풀어주는 지출관이다. 나는 그저 용돈이나 얻어 쓰는 처지다. 무소유를 배우는 구름으로 알맞기에. 항상 빙그레 웃으며 아내의 호기를 즐겨 바라본다. 언제 저렇게 당당한 모습을 보일 수 있었던가. 눈시울이 뜨겁기만 하다.

몇 년 전부터는 아이들이 저마다 짝을 지어 떠났다. 자기가 건너온 인고를 자식들에게 잇게 하지 않으려고 한다. 큰아들의 살림을 내어주고도 며느리에게 식사 한 끼를 대접받은 것으로 만족한다. 부모를 봉양하고 효도를 도리로 알던 짐을 바라지 않는다.

안타깝게도 근래에는 아내에게 건강의 불협화음이 따르고 있다. 안쓰러워서 지성으로 애정을 다해 보살피고 있다. 앞으로는 조심스럽게 여일을 둘이서 건너가야겠다. 이만큼도 안분의 행복으로 여긴다. 잔잔한 웃음을 얼굴에 피우며 곁에 있는 노처가 나에게는 노경의 연인이다.

아마 나는 변신한 관음과 팔을 걸고 사는지도 모른다.

사랑스런 며느리

봄날의 아침에 돋을볕이 창문에 비치는 병실이다.

어느 낯꽃이 고운 중년 여인이 꽃다발을 안고 조심스럽게 내 곁의 노인 곁으로 다가온다. 환자가 살며시 눈을 뜨고 반기자 두 손을 잡고 잘 주무셨느냐고 묻는다. 이윽고 환자복을 갈아입히고 시트도 갈아 덮는다. 잠시 뒤에는 대야에 물을 담아다가 얼굴과 발도 씻겨드린다. 환자를 일으키더니 조심스럽고 정성스럽게 안마를 해 드린다. 연신 아버지라고 살가운 목소리로 부르며.

곁의 환자들은 사랑스런 딸이 아버지를 모시는 귀여운 효심으로 알았다. 그러나 출근하고 다시 온다고 목례를 하고 문을 열고 나가자 환자가 웃음을 머금고 궁금증을 덜어준다.

의외였다. 딸이 아니고 며느리란다. 그러면서 며느리 자랑에 신명이 난다. 다복한 가장의 노후가 아닌가.

이 모습을 보면서 나는 그리운 전설 같은 지난날의 며느리들이 보이던 면모들을 떠올린다. 눈이 푸슬푸슬 내리는 겨울밤에 시모랑 며느리가 다듬이질을 하면서 높낮이로 가락을 맞추며 웃음소리가 그치지 않던 초가집. 시부모가 한복을 단정하게 차려 입고 나들이를 하려는 마당에서 두 분의 옷고름을 매만져 드린다. 시부모가 사립문을 열고 나서자 잘 다녀오시라고 두 손을 모아 잡고 허리를 굽혀 나부시 하던 절. 노인들이 사랑방에서 한담으로 깊어가는 밤에 술상을 차려 올리던 조신한 어른 공경. 시부모의 약탕관을 지키며 수시로 무명지를 넣어 맛을 살피던 정성. 시부모의 하얀 고무신을 닦아서 가지런히 놓고 조심스런 걸음으로 물러나던 뒷모습…….

그러나 지금은 인고와 질곡을 안겨주던 풍속도는 도리질을 하는 세태가 아닌가. 농경사회에서 산업사회로, 대가족에서 핵가족으로 옮겨진 오늘이다. 개인주의와 실용주의에서 편리를 향유하는 현대인들이다. 며느리들은 지난날의 며느리 상을 노예 시대의 슬픈 역사로 외면하고 싶을 것이다. 애완견을 옆에 끼고 텔레비전이나 보면서 냉장고의 음식이나 꺼내 먹으면 얼마나 편리한가. 짙게 화장을 하고 악어 백을 든 채 무리를 지어 자유천지를 활보하면 얼마나 자유로운가. 오솔길을 한가로이 걸으며 주부의 소임을 잊어도 무슨 불편이 있던가.

그렇지만 여성해방의 물결을 타고 실망스럽게 변모한 며느리들의 실화는 너무 우울하게 한다. 내 주변에서 눈으로 보고 귀로 듣는 예화만도 열 손가락이 모자랄 정도다. 고개를 절레절레 흔들고 탄식할 사연들이. 이대로 시대의 병리현상을 방관만 할 것인가.

여기에 팔푼이라고 핀잔을 들을 터이지만 나의 막내며느리가 예단을 보내면서 한지에 쓴 편지를 조금 인용한다.

안녕하세요.

만물에 생기를 주어 돋게 하는 오월의 햇살을 닮은 아버님과 화관을 쓰신 아름답고도 자애로운 성모님의 모습처럼 늘 인자하신 어머님. 무조건 마음으로 이미 저를 받아들여 주시어 늘 불편치 않게 배려와 관심으로 대해 주시니 두 분을 모시고 이제 저도 한가족으로 함께할 수 있다는 것이 무척 기쁘고 감사합니다.

배우자에 대한 기도를 드리면서 준비하고 만난 형진 씨이기에 저에게는 주님의 축복이고 선물입니다. 오랫동안 사랑과 정성으로 키워주신 은혜 생각하면서 형진 씨에게 좋은 아내가 되도록 노력하겠습니다.

아버지, 어머니께서도 저희가 많이 효도할 수 있도록 오래오래 건강하세요. 저에게 정말 과분한 아버지! 어머니!

주님의 은총과 기도 안에서 항상 만날게요.

부모님, 존경하고 사랑합니다.♡

≪어린 왕자≫를 읽어 보면 어린 왕자와 여우의 이야기가 있지 않던가. 두 사람이 아름다운 관계로 길들이면 세상에 둘도 없는 우정으로 피어난다는 사실을. 여우가 빵을 싫어하다가도 왕자가 좋아지면 밀밭도 아름답게 여기고, 노랑머리조차 좋아할 수 있게 되며 그림자만 보아도 반가움을 이기기 어렵다는 이야기.

이로 보건대 인연과 관계의 길들이기로 시댁과 며느리가 맺어진다면 아무런 고초가 없지 않을까. 굳이 봉건의 너울로 며느리를 옭아매지 않고도 공경과 사랑의 동그라미를 그리면서 살아갈 수 있으리라.

위의 내 며느리를 맞은 지 반년이 지나고 있다. 며느리의 발소리만 들어도 귀엽고 사랑스러워서 우리 부부는 그저 싱글벙글이다. 어떻게 이 소중한 며느리를 돌볼 것인가를 머리를 맞대고 의논한다. 더구나 아기를 점지받아서 보살필 일이 많아졌다. 입덧이 날 것이라고 구미에 당길 과일을 사서 택배로 부친다. 영양가가 높은 고기를 사서 승용차에 실어 보낸다. 수시로 먹고 싶은 것을 사 먹으라고 통장으로 송금한다. 아무리 주어도 아쉽고 부족하기만 한 것을 어쩌랴.

기특하고 고맙게도 막내며느리는 편지의 약속처럼 우리를 섬기는 정성이 지극하다. 부자연스런 예법이 아니라 귀여움이 넘치는 딸들의 재롱으로 효심을 보인다. 새로 배운 요리법으로 전복죽을 끓여서 우리 부부를 대접한다. 시어머니의 건강을 위해서 밤이 늦어도 모시고 산책을 한 다음 돌아간다. 때로는 머리를 염색해 드리고 빗어 드린다. 제 남편의 팔을 걸고 내가 좋아하는 토속주를 들고 온다. 제 남편의 생일날 아침에는 소중한 남편을 낳고 길러주셔서 감사하다고 전화를 건다. 옛날의 규수가 지킬 법도를 잘 익힌 며느리가 아니랴. 그저 사랑스럽고 귀여운 새 가족이다.

우리 민족에게는 아직도 보편적으로 간직한 며느리들의 덕성이 남아 있다고 믿는다. 이 미덕을 현실에 맞게 살리고 지키는 노력이 아쉽다. 집집마다 며느리를 에워싸고 단란한 사랑이 피어나는 화원을 만들기를 소망한다. 그런 날이 오면 지구촌의 모든 사람들이 한국의 가정을 행복의 산실로 선망하리라.

정겨운 살붙이

시골 버스 정류소에 들어설 때다. 어느 노인이 내 의자 곁에 다가왔다. 언뜻 보아하니 옛날 양반 댁 할아버지를 연상할 만큼 기품이 있어 보였다. 은발에 한 자가 넘는 수염을 늘이고, 모시 두루마기에 하얀 고무신을 신고 있었다. 온화한 미소를 머금고 있던 노인이 나에게 다가오더니 말을 건네는 것이었다.

"선생! 어디서 오셨나요?"

"전주에서 왔습니다."

"실례지만 본관은 어디신가요?"

"전주이가입니다."

"아! 종친이시구려. 우연히 일가를 만나서 반갑습니다."

순간 내 손을 덥석 잡으며 긴 이야기로 나를 붙잡을 듯하였다. 그 노인은 유년의 고향에서 보던 어진 촌장을 연상케 하였다. 그런데 이내 내가 타고 가야 할 버스가 들어오는 게 아닌가. 못내 아쉬운 표정을 감추지 못하는 노인의 손을 놓고 돌아오려니 여간 송구스러운 게 아니었다. 탁주라도 받아드리며 아직도 종친을 소중히 생각하는 마음에 젖어들고 싶었으니 말이다.

이따금 고향에 들르면 정자나무 그늘이나 주막에서 노옹들을 만날 수 있었다. 이분들은 내가 어릴 때 청장년들이었지만 지금은 하얗게 늙어가는 학들이 된 것이다. 고향과 살붙이 마을을 지키는 표상이라 반가워서 술집으로 모시곤 하였다. 그럴 때마다 선대의 어른들과 선산이나 종친들의 이야기를 들려주었다. 고향의 정취에 젖어서 포근한 위안을 가지게 하는 자리였다.

내가 유년에 살던 고향은 이씨들의 집성촌이었다. 사랑에 앉은 어른들은 곧잘 동성동본同姓同本은 백대지촌百代之寸이라고 일렀다. 촌수가 멀고 가깝건 가리지를 않고 피붙이를 소중히 여겼다. 심지어는 보통 사람들조차 사돈의 팔촌도 챙겨야 한다고 여겼다. 모두가 평화의 울타리 안에서 살아야 할 가족으로 알았나 보다.

인정은 다사롭기가 그지없었다. 농번기에는 서로 돕기를 철칙으로 알았다. 너와 나의 논밭을 두레로 가꾸었다. 일꾼들이 강변에서 질펀히 앉아 음식을 먹고 노랫가락을 뽑았다. 요순시대의 태평가가 따로 있을까.

경사에는 온 동네가 웃음소리로 왁자하였다. 동네 사람들이 모두 한집에서 먹고 마시며 해가 지는 줄을 몰랐다. 그저 한식구처럼 네 것 내 것을 가리지 않고 나누어 먹으면 그만이었다.

애사에는 마을 사람들이 촌수에 따라 상복이 아니면 건을 썼다. 상여 뒤를 따라가며 호곡號哭하였다. 가난한 집에서 초상이 나면 십시일반으로 집집마다 정성을 보탰다. 지폐, 삼베, 쌀, 보리, 팥죽, 두부, 콩나물을 가리지 않았다. 가난한 상주도 별다른 불편을 모르고 장례를 마칠 수 있었다. 가난한 생활도 마지막 죽음 길도 인심의 화음으로 감싸주었기에.

조상 대대로 살아온 집은 지붕이 무거웠다. 사립문은 언제나 열려 있고, 사람들은 아무 집에라도 내 집처럼 드나들었다. 빈대떡을 만들어도 접시를 집집마다 돌렸다. 끼니때가 되어서 남의 집에 들어가면 같은 밥상에 앉아 스스럼없이 수저를 들었다. 밤에 호롱불을 켜고 이웃들과 이야기를 나누다가 밤이 이슥해지면 한이불 속에서 잠을 잤다.

사랑방의 노인들을 위해 아녀자들이 음식과 술상을 들고 왔다. 술기운이 얼큰한 어른들은 시조창을 뽑거나 걸걸한 목소리로 옛이야기를 즐겼다. 밤길이 어두워지면 젊은이들이 지등紙燈을 밝혀 고샅길을 안내하였다. 안방에서는 아낙네들이 모여 앉아 등잔불을 켜고 바느질을 했다. 키들키들 웃거나 흥얼흥얼 노래를 하면서 밤이 깊은 줄을 몰랐다.

이처럼 인정스런 고향의 전설을 안고 나는 부모님을 따라 달구지를 타고 도시로 이사를 했다. 그로부터 살붙이들이랑 살던 풍속도를 잊을 수가 없었다. 어쩌다 불현듯 고향이 그리우면 귀향길에 오르곤 하였다. 고향길은 칠십 리도 넘었다. 새벽부터 서둘러서 온종일 걸어서 해으름에야 도달하였다. 하룻밤을 작은집에 머물면 날이 새기가 바쁘게 이집 저집에서 나를 불렀다. 비록 푸성귀에 된장국이지만 손님을 위한 정성이 극진하였다. 어느 때는 잘사는 집을 사양하고 가난한 사람의 초대를 흔쾌히 받아들여야 했다. 갈자리에서 푸석한

먼지가 이는 집일망정 그들과 담소를 즐기다가 함께 잠을 잤다. 밤에도 낮에도 내가 머무는 집에는 동네 사람들이 안방과 윗방을 가득 채운 채 이야기꽃을 피웠다.

그때는 너나없이 가난하게 살았다. 그래도 손님이 오면 꽁보리밥을 먹고 사는 형편에도 이밥을 짓고 된장찌개를 끓여서 대접했다. 뒤주에서 곡식이 떨어져서 긁히는 소리가 나도 내색하지 않고 손님을 하룻밤이라도 더 묶으시라고 옷소매를 잡았다. 어른들에게는 동태찌개에 탁주 한 주전자면 넉넉한 대접이었다. 아이들에게는 곶감이나 알밤과 누룽지면 그만이었다. 그래도 손님과 주인은 정성과 감사로 가슴을 연 채 서로를 소중히 받들었다.

지금은 격세지감이 있게 살기가 넉넉한 세상이다. 눈부신 문명의 은전으로 편리하기가 이를 데 없다. 사람들은 저마다 풍요를 즐기며 흥청거리기도 한다. 그렇지만 다사롭던 인정은 메마르고, 고독한 달팽이로 돌아가 외톨이가 되어 간다. 이제는 남의 집을 방문하는 것은 번거로운 실례다. 초인종을 눌러도 간단한 신원을 확인해야 한다. 이웃집의 슬픔에 연민의 눈시울을 적실 마음의 여유가 없다. 아이들은 아예 어른들의 촌수를 알고 싶어하지 않는다. 어른들조차 혈육에 대한 애정을 심어주려고 하지 않는다. 일가친척도 잊혀지고 아들과 자식도 빈번한 왕래는 서로 피해가는 세태다. 지난날의 풍속도는 고달픈 유물로 여기는 것이리라.

하지만 모래알 같은 군중 속의 고독이 가슴을 시리게 할 때마다 끈끈한 인정으로 살던 공화국이 그립기만 하다. 내가 이미 고희에 이르렀어도 수구초심首丘初心을 간직한 소이가 아닐까.

그리운 웃음소리

초겨울 밤이 깊어가고 있다. 창문을 바라보니 반달이 중천에 떠 있다. 지금 방안에서는 가족들이 김장을 하고 있다. 모처럼 두 딸과 두 사위와 손녀와 우리 부부가 협동의 작업을 하는 중이다.

매년 김장철에는 우리 부부가 김장거리를 산더미처럼 쌓아 놓고 고역을 감내했다. 가까스로 담근 김장을 택배로 다섯 남매에게 부치는 게 일과였다. 이제는 노경이라 힘에 부쳐서 원군을 불러들인 것이다.

처음에는 원탁에 놓인 마늘과 생강의 껍질을 벗기었다. 자상한 손질을 하면서 도란도란 이야기를 나누고 단란한 웃음소리에 묻혔다. 젊은 부부가 서로 바라보며 눈웃음을 보내고, 겨드랑이에 손을 넣어 간지럼을 주기도 했다. 서로 상대방의 흉도 부모 앞에서 보며 응원을 바란다. 스스럼이 없는 사랑의 표현이다.

서구적인 생활에 익숙해진 모습도 보인다. 아내의 곁에서 소금에 절인 배추에 양념을 발라주며 거든다. 걸레를 들고 척척 방을 문지른다. 그릇을 깔끔하게 닦는다. 재빠르게 손을 놀리며 연신 재담으로 웃음을 자아내게 한다. 어린 손녀도 어른들을 따라 고무장갑을 끼고 배추에 양념을 바른다. 그러면서 어른들에게 응석을 부리고 재롱을 피운다.

여러 명의 살가운 가족들의 조력을 받으며 나는 복분자주를 따라다 술잔을 권한다. 아내는 과일을 깎아다 대접하고 커피 잔을 돌린다. 그러면 딸들과 사위는 우리 둘을 끌어안고 고맙다고 허리를 굽힌다. 서로가 등을 어루만지며 사랑한다고 말을 건넨다. 이어서 왁자한 웃음소리와 박수소리가 방안을 흔든다. 사랑과 평화의 달무리가 뜨는 것이다.

내가 살던 시절에는 대장부가 아녀자의 곁에서 자질구레한 일을 도우면 노모가 안색이 변하여 혀를 찼다. 노부모 슬하에서는 부부의 정분조차 감추어야 했다. 나는 지금도 노처에게 여보나 당신이란 다정한 표현을 쓰지 못한다. 둘이서 있는 자리에서도 자네나 애들의 이름을 대신한다. 그런 고루한 사상으로 아내의 지겨운 고통을 나누지 못한 세월을 살아온 내가 아닌가. 오늘의 풋풋한 젊은 내외의 협동과 사랑 앞에서 내가 부끄러워졌다.

이 밤의 다복한 정경을 누리다가 내 생각은 어린 시절을 더듬는다. 푸슬푸슬 눈이 내리는 밤에는 고향의 집집마다 창호에는 가족들의 그림자가 어른거리고 웃음소리가 들렸다. 알밤을 화로에 묻어 놓고 오순도순 이야기꽃을 피우며 겨울밤이 깊어가는 줄을 몰랐다. 등잔불을 밝혀 놓고 시모와 며느리가 방망이질을 하면서 마주보며 웃었다. 함지에 삶은 고구마를 놓고도 여러 명의 가족들이 구수한 옛

날이야기를 즐겼다. 비록 가진 것은 없어도 넉넉한 인정과 웃음으로 서로를 챙기며 보살폈다. 마을 사람들은 서로 가족처럼 아끼고 받들었다. 일가친척이며 사돈의 팔촌까지도 인연이 닿으면 소중하게 여기며 살았다.

지금은 산업화의 그늘로 문명의 이기를 즐기고 가족은 흩어져서 편리를 좇는다. 이제는 부모의 봉양도 피곤한 짐이다. 형제자매도 애경사에나 찾는 게 고작이다. 일가친척은 피곤한 타인처럼 외면한다. 방문객이 초인종을 눌러도 문을 열어주기가 어렵다. 사람들의 마음속에 경계심이 가시처럼 돋아 있기 때문이다. 사람들은 모래알처럼 많아도 고독의 달팽이로 살아간다. 안락한 웃음에 젖어서 삶의 여백을 즐길 여유가 없어지고 있는 것이다.

우리가 누리는 풍요의 산물이 메마른 인심의 동토가 되어간다면 무슨 의미가 있을까. 조금은 가난해도 눈이 맑고 다사로운 인정을 지닌 사람들이 살던 지난날이 그립기만 하다. 사람들의 가슴속에 포근한 사랑을 지닌 세상이어야 지상의 낙원도 그려볼 수 있으리라.

데이비드 케슬러는 사랑에 대해서 이런 글을 남겼다.

'사랑, 정의 내리기조차 매우 힘든 이것은 삶에서 유일하게 진실하고, 오래 남는 경험입니다. 그것은 두려움의 반대말이고, 관계의 본질이며, 행복의 근원입니다. 또한 우리 자신을 이루고 있는 가장 깊은 부분이고, 우리 안에 살면서 우리를 연결해 주는 에너지입니다.'

봄 햇살이 연초록의 이파리들을 어루만지듯 사랑의 웃음소리가 넘치는 가정을 그려본다. 얼마나 그리운 웃음소리인가.

정화수에 비친 모정

지리산을 오르다가 산록에서 낙락장송의 가지 끝에 앉은 한 마리의 학을 보았다. 휘움하게 늘어진 청청한 가지를 타고 앉아, 긴 목을 늘이고 산등 너머 먼 곳을 바라보는 하얀 태깔의 외톨이 새. 누군가를 안타까운 마음으로 기다리는 형상으로 비치었다. 그래서 선인들은 나무에 걸터앉은 학에게서 학수고대라는 성구를 만들었나 보다. 참으로 적절한 감각의 해독이 아닌가.

그런 연상을 하면서 학의 앉음새에 눈길을 주고 있으려니 겹쳐서 떠오르는 표상이 있었다. 전쟁터에 나아가서 생사조차 모르는 아들의 무사귀환을 빌며 새벽마다 정화수를 떠놓고 축원을 바치던 어느 모상母象이.

그 주인공은 바로 나의 둘째 고모다. 고모에게는 남다른 한이 가슴앓이처럼 심장에 박혀 있었다. 실패한 당신의 일생을 아들에게서 보상받으려는 염원이라 할까. 고모는 자색과 지혜를 갖춘 규수였다. 그만큼 고을 문중과 이웃 사람들로부터 선망과 칭송을 받았다.

그런데도 고진한 할아버지가 당신의 친구인 아들과 선을 보지도 않고 사돈을 맺었다. 얼굴도 모르는 채 신방에서 낭군의 얼굴을 대면한 셈이다. 살펴보니 한눈으로 보아도 꾀죄죄한 초부였다. 그나마 목불식정目不識丁이었다. 하늘같이 섬기며 행복한 언덕으로 의지하려던 기대를 첫날밤에 날려 보낸 것이었다.

첫날밤의 촛불 밑에서 절망을 받아들인 고모는 새로운 비원을 세웠다. 보살펴야 할 남편은 인륜의 법도로 섬기고, 어엿한 아들을 낳아서 인재로 길러 보리라고. 그 이후로 당신의 절망을 밑거름으로 삭혀서 아들을 훌륭하게 세우자는 노고는 실로 눈물겨운 삶의 지향이었다.

지성이면 감천이라고 천지신명도 살피셨던지 이목구비가 번듯한 아들을 점지받았다. 이때로부터 고모의 울안에는 행복한 웃음소리가 그치지 않았다. 신들린 무당처럼 희열이 지펴서 아들을 돌보는 지성으로만 살았다. 몇 마지기에 불과한 논밭과 몇 뙈기의 산밭을 가꾼 소출로 아들을 위한 독선생을 모시고, 도시로 내보내어 학자금을 대었다. 당신은 보리밥과 감자밥을 드시면서도 기름진 쌀을 팔아 아들의 교육비로 바쳤다. 당신의 가난은 고달팠어도 아들의 성장이 눈부셔서 과분한 행복으로 여겼다.

지극한 모정의 헌신으로 아들은 고등교육을 마치고 유망한 청년으로 기대를 한몸에 받았다. 그리고 현숙한 며느리와 짝을 지어서 신방을 차려주었다. 둘이서 사랑의 웃음으로 대화를 나누면 흐뭇해서 마냥 좋은 얼굴이었다. 이런 날이야말로 평생 소원하던 행복이란 듯이.

그러나 행복이란 파랑새는 오래 머물지 않았다. 신혼의 달콤한 재미를 며칠 누리지도 못하고 6·25가 터지고 말았다. 아들이 전쟁터로 끌려갔으니……. 이로부터 고모는 아들을 위한 치성을 드리며 나날을 살았다. 새벽별이 초롱초롱한 무렵이면, 어김없이 일어나 샘물을 길어 목욕재계하고, 소복을 차려 입은 다음 장독대에서 정화수를 앞에 놓고 축수를 드렸다. 지극히 경건하고 엄숙하며 단정하여 그림자도 얼씬거릴 수 없는 분위기에서.

그뿐만이 아니다. 언제라도 기적처럼 돌아와 줄 아들을 기다리는 모정의 예비가 보는 이의 눈시울을 적시게 하였다. 아들이 입던 옷을 곱게 빨아서 다림질을 하곤 했다. 정갈한 옷을 포갬포갬 개어서 장롱에 넣어두었다. 자주 꺼내어 일일이 쓰다듬고, 볼에 대어보고, 코로 냄새를 맡으며 아들의 실체를 맞는 양 하염없이 앉아 있었다.

해가 설핏해지면 동구 앞 언덕의 성황당 근처에서 넋을 잃고 앉아 있었다. 언제라도 어머니를 부르며 들어설 아들이 섭섭하지 않도록 사립문을 반만 닫았다. 전선에서 아들이 겪는 고통을 생각하며 따스한 아랫목을 사양하였다. 맛있는 음식을 반기지 않고, 반반한 옷차림도 멀리했다. 마음속으로는 두려움과 슬픔과 번뇌로 피조차 마를 터이지만 한숨과 눈물을 견고한 이지로 다스렸다. 어머니의 가벼운 처신이 아들에게 부정한 그늘을 준다고 조신한 몸가짐을 하였다.

그렇건만 고모의 이 같은 기도와 바람은 세월이 아무리 흘러도 희소식을 불러들이지 못했다. 전쟁이 끝나고 몇 년이 흘렀어도 편지 한 장은커녕 전사 통지서도 없었다. 그래도 같은 시기에 군에 간 젊은이가 돌아왔다는 소문을 들으면, 어느 마을이고 찾아가서 아들의 행방을 물었다. 산을 넘고 물을 건너서 남의 문 앞을 기웃거리기 부지기수였다. 심지어는 전사 통지서가 날아왔다는 집들도 일일이 찾아다녔다. 혹시라도 소식을 알 수 있지 않을까 하는 한 가닥의 기대로. 면사무소 직원이나 병사계 직원들에게 매달려서 생사여부라도 알려 줄 수 없느냐고 통사정을 하기도 하였다. 이처럼 백방으로 수소문했지만 여전히 아들의 행방은 오리무중이었다.

나중에는 영험하다는 점쟁이들을 찾아다니며 귀신들의 눈에 의탁하기도 했다. 실오라기 하나라도 붙잡으려는 모정은 점쟁이들의 잇속만 채워주고 막연하게 살아온다는 위안을 받는 게 고작이었지만.

아픈 몸부림 속에서도 세월은 속절없이 흘러만 갔다. 안타까운 희망을 놓지 않는 고모를 위해 친지들이 이제는 죽은 사람으로 단념하라고 조언도 많이 했다. 때로는 당신도 그런 체념을 굳히기도 하였다. 그러다가도 자기의 아들은 불사조처럼 돌아오리라는 신앙을 놓지는 않았다. 강산이 세 번이나 변할 세월이 흐르도록 정화수의 축원을 쉬지 않으며……. 세월이 약이라는 유행가의 가사도 고모의 기도는 시들게 할 수 없었나 보다.

애달프게도 고모는 지극한 소망과 기도에도 불구하고 아들의 발소리를 듣지 못하고 눈을 감으시고 말았다. 운명하기 전날이었단다. 양촌 장에 다녀오다가 마을이 보이는 산마루의 노송 아래에서 학처럼 너울너울 춤을 추시더란다. 한평생 춤을 모르던 어른이 무슨 신명으로 춤을 추셨을까? 아마도 그리운 아들의 그림자라도 찾아보고 싶은 날갯짓의 극적인 승화로 연출한 역설이었으리라.

정화수에 서린 모정! 이는 내 고모의 역사이고, 이 땅의 어머니들이 나누어 가진 모정의 마음결이지 싶다.

5부

교단 수상

스승의 그림자

제자들로부터 졸업 30주년 기념 잔치를 한다고 초청을 받았다. 순간 망설이는 마음이 되었다. 비록 무명 교사로 봉직했어도 한 점의 부끄럼이 없는 스승이었나를 스스로 물으면서. 아득한 세월의 저편으로 떠오르는 제자들의 면면을 그려본다. 아쉽게도 몇 명이 눈에 잡히지 않는다.

등불이 휘황한 호텔로 들어서자 남녀의 제자들이 여기저기에서 달려오며 손을 잡고 허리를 굽혀 절을 한다. 회합실을 가득 메운 제자들이 일제히 박수를 치면서 박꽃 같은 웃음으로 환대한다. 순간 반가움과 쑥스러움과 설렘으로 두 팔을 번쩍 들어 휘저으며 답례를 한다.

시골학교인데도 250여 명이나 자리를 메운 것. 지명을 바라보는 47세가 대부분이란다. 어엿하고 자랑스러웠다. 되도록 일일이 손을 잡고 흔들다가 어깨를 치며 웃음으로 반겼다. 식순에 따라 꽃다발과 선물을 증정하더니 선생님의 말씀을 듣겠다고 마이크를 넘긴다.

"사랑하는 여러 제자들! 세월은 날아가는 화살과 같다더니 벌써 여러분의 연치가 불혹을 넘기려고 합니까? 오늘 여러분을 모두 살피니 당당하고 어엿해서 부족한 스승의 가슴이 희열로 넘칩니다. 나아가 스승의 설 자리가 빛이 바랜 오늘이라 더욱 고맙고, 한편 내가 여러분을 위해 반딧불만큼이라도 소임을 했는지 반성하게 합니다. 그리고 여러 졸업생들이 도타운 우정으로 결속하여 열화와 같은 성원을 이룬 자리가 빛나기에 갈채를 드립니다. 감사합니다."

일찍이 오천석 선생은 〈무명 교사를 위한 노래〉라는 글로 위로를 보낸 일이 있다.

> 나는 무명 교사를 예찬하는 노래를 부르노라. 전투에 이기는 것은 위대한 장군이로되 전쟁에 승리를 가져오는 것은 무명의 병사로다. 새로운 교육제도를 만드는 것은 이름 높은 교육가로되 젊은이를 올바르게 이끄는 것은 무명의 교사로다.

과연 나도 이런 찬사를 받기에 부끄럼이 없는가. 조용히 자문을 해 보니 여러 가지로 수수롭다. 내 자신이 치열하게 연찬하며 한 점의 허술함이 없이 가르쳤나? 저마다 지닌 개성의 별이 될 싹을 지성으로 길러주려고 했던가? 성적표를 떠나서 고르게 사랑하려고 모두를 품고 살았던가? 어느 물음표에도 자신이 넘치게 대답할 수 없다. 그러나 지난날과 오늘을 헤아려 보면 위안이 되는 보람도 적잖이 있다.

비록 성적표는 초라하지만 인성이 고운 두 여학생이 있었다. 우등생보다 더 관심을 두면서 자상하게 보살핀 다음 교문을 떠나보냈다. 둘이서 몇 년이 지나자 여고를 졸업하고, 설날을 맞이하여 술병을 들고 내 집을 찾아왔다. 사양을 해도 자꾸만 세배를 하기에 손길을 잡아주며 고맙고 반가워서 눈물이 그렁그렁 한 일이 있다.

한문을 가르칠 때 숙제를 못해서 대뿌리로 도맡아 손바닥을 맞는 녀석이 있었다. 그래도 수시로 불러다 남자다운 패기와 견고한 의지가 대견해서 어깨를 토닥여 주었다. 그 뒤로 시내버스 차장을 거쳐 고속버스의 기사를 거치면서 튼실한 농장주가 되었다. 지명이 넘었어도 지금껏 나를 만나면 얼싸안고 반긴다. 그런 자리에서 제자의 손바닥을 만지며 미안했다고 하면, 오히려 선생님의 극성으로 무식을 면했다고 꾸벅 절을 한다.

평생에 처음으로 보는 지독한 공부벌레로 교사들의 총애를 받은 남학생이 있었다. 졸업을 하고 도내의 명문 고등학교에 진학한 후에 변함없이 성원을 보내며 항상 일등을 놓치지 않기에 커다란 기대를 했었다. 그러나 서울대학교 경제과에 응시하더니 낙방을 하고 말았다.

나도 낙담한 나머지 그 아이를 불러서 만났다. 실의에 잠겨서 고개를 숙이기에 앞으로 어떻게 할 것이냐고 묻자 내년에 등급이 낮은 학교로 응시한다고 하는 게 아닌가. 순간 나는 그 녀석의 등을 손바닥으로 치며 호령을 하고 말았다.

“안 돼. 내가 너를 믿어. 다시 내년에 실패한 학과에 도전해! 한 번 실패는 병가의 상사야. 알겠니?”

웃으며 머리를 긁고 돌아간 이 제자는 다음 해에 다시 도전하여 합격했다. 몇 년이 지나자 재학 중에 고시의 관문도 한 번에 뚫었다. 친구들을 만나면 그때 선생님이 재기의 힘을 충전해 주었다고 고마워한다는 말을 들었다.

내가 아꼈던 문학소녀는 쉰 살에 아들을 두더니 전화를 걸 때마다 아기에게 전화를 바꾸어서 더듬거리는 말로 나를 미소 짓게 한다. 저도 나를 선생님이라고 부르는 것을 당연하게 여긴다. 가난으로 못한 공부를 시작하여 5년 동안 대학을 마치고 대학원 2학년이다. 마저 박사 코스를 마칠 결심이라고 한다. 하도 장하고 갸륵해서 나조차 신명이 난다. 졸업을 하고도 지금껏 제자의 성장 과정을 살피고 응원하며 살아온 보람이 아니랴.

이로 보면 제자와 스승이 맺은 인연은 빛바래지 않게 한세상을 이어가야 하지 않을까. 선생은 어두운 밤에 등불을 들고 앞에서 이끌고, 한편으로는 애정 어린 손길로 잡아주고, 때로는 매서운 고언도 곁들이며. 그러기에 선인들은 맹자삼락을 가르치고, 스승의 그림자도 밟지 않으며 공경하고 닮기를 가르쳤다. 이와 같은 스승과 제자는 새로운 역사를 열어가는 주역들이 아닐까 싶다.

그러나 문명이 발전했다는 오늘에 이르러서는 이런 덕목이 퇴색하여 씁쓸하게 한다. 교사들이 사명감을 잃고 실의에 잠겨 있다. 정년을 참지 못하고 다투어 교실을 떠나려 한다. 서글프고 한심하여 위로의 말조차 건넬 수 없으니……. 언제나 구겨지고 초라해진 스승상이 살아날 수 있을까.

다행히 나에게는 교사로 재직 중인 딸이 하나 있다. 이왕이면 승진도 고려하라고 하자 고개를 내젓는다. 아버지처럼 무명 교사로 교단을 지키고 싶다고. 고소를 지으며 내가 부족했던 부분을 네가 채워서 모범적인 스승이 되라고 주문을 한다. 한 가닥의 기대를 지녀볼까 한다.

회초리 선생

훤칠한 키에 웃음을 담뿍 담은 얼굴이다. 벌써 불혹의 나이가 되었을 중년의 남자다. 갑자기 다가와 내 손을 덥석 잡는다. 알 만한 얼굴인데 이름이 떠오르지 않아 머뭇거리자.

"저, 이상삼이에요."

한다.

"옳구나. 완주중학교에 다녔지? 벌써 30년이 가까운가 보네 그려."

"선생님! 그때 한문 시간에 손바닥을 회초리로 많이 맞았어요."

하며 두툼한 손바닥을 펴 보인다. 그러자 같은 무렵의 제자인 최헌영이가 미소를 머금고 곁들인다.

"제일 무서운 선생님이셨죠."

나는 실눈을 감고 고소를 머금은 채

"그랬지. 지금도 자네들의 손을 잡고 사과하고 싶다네."

“아니에요. 선생님의 열정적인 가르침으로 저희들이 한문은 다른 학교 학생보다 잘 안다고 자부해요. 제일 잊히지 않는 수업 시간이었어요.”

의례적인 말이었을 터이지만 서로 손을 잡고 웃었다.

나는 여러 학교에서 두 얼굴로 학생들을 가르쳤다. 국어 시간이면 다정다감한 표정으로 문학의 향기를 마시게 하였다. 그러다가 부전공인 한문 시간이면 매서운 서당의 훈장처럼 돌변했다. 어김없이 야무진 회초리로 애들을 들볶았다. 그도 그럴 것이 고작 일주일에 한 시간에 불과한 과목인데 학생이나 교사가 부담스럽게 여겼다. 한글 전용을 지향하는 교육 정책으로 고등학교 시험에도 낮게 반영한 탓이었다.

나는 자투리 시간에 내맡긴 과목처럼 취급되는 현실에 불만이 컸다. 수천 년 동안 우리 조상의 얼을 지녀온 문자를 하루아침에 외면하다니 될 말인가. 현실적으로 건전한 사회인으로 살아가기에 얼마나 유용한 글인가. 동양사상의 진수를 배우려면 한학의 문을 열고 들어가야 한다. 이런 인식을 지니고 유별난 교수법을 고수했다.

수업 시간이 시작되면 전 시간에 학습한 내용을 개인별로 점검했다. 시험지나 칠판 앞에서 문제를 내어놓고 풀게 했다. 기준에 미달한 아이들은 회초리로 맞고도, 이름이 적혀서 방과 후에 재시험을 치르고 합격해야 풀려났다. 수업 시간의 반은 긴장감으로 옥조이고, 반은 해방감으로 흥미를 가지며 학습에 열중하게 하였다.

어쩌다 수업 시간 이전에 복도를 지나다 보면 교실이 물을 끼얹은 듯이 조용하였다. 무서운 통과의례에 걸리지 않으려고 복습에 여념이 없어서. 내심으로는 안쓰러우면서도 고소를 머금게 하는 현장이 아닌가. 내가 대단한 실력이라도 있어서 유별난 수업을 한 게 아니었다. 사실은 내가 '바담풍'이라고 발음하고는 그대로 따라 읽는 제자를 나무란 실수도 있었는지도 모른다. 철저한 학습 준비나 교수법을 연구하지 않고 아이들만 들볶아댄 무리도 있었으리라.

지금 생각해 보면 눈물겹도록 고마운 게 학생이고 학부모였다. 모두들 극성스런 선생을 원망하거나 외면하지 않고 바람직한 사도로 여겼다. 학생 중에는 망나니도 있어서 한낮에 교무실의 유리창을 돌팔매로 깨뜨리고 달아나기도 하였다. 술에 취한 학부형이 교무실로 들어와 선생의 멱살을 잡는 볼썽사나운 일도 있었다. 그런데도 정나미가 떨어질 만큼 미웠을 법하련만 불편한 눈길조차 받은 일이 없다.

예로부터 일자사一字師란 말이 전해온다. 한 글자의 깨우침을 받아도 스승으로 모신다는 의미다. 당시기사唐詩記事에 전하는 유래가 있다. 제기齊己라는 승려가 정곡鄭谷이라는 시인에게 조매시早梅詩 한 편을 보였다. 시행 중 '수지개數枝開'를 '일지개一枝開'로 고쳐서 운치 있음을 배우게 되었다. 제기는 바로 곧장 뜰로 내려가 '스승으로 모시겠습니다.' 하며 큰절을 올렸다. 우리의 어른들은 스승 섬기기를 이러한 경지에서 벗어나지 않았다.

옛날에 서당에서는 가초를 갖추어 두었다. '가'는 개오동나무를 '초'는 회초리를 말한다. 가르침에 따르지 않으면 개오동나무로, 예의를 어기면 갓나무 회초리로 징벌했다. 군사부일체君師父一體는 부모와 스승이 일치된 마음으로 깨우치는 덕목이었다. 한문의 한 과정을 마치면 부모가 훈장에게 술과 안주 및 회초리를 올렸다고 한다. 스승의 그림자도 밟지 말라고 일렀다. 늙어서도 스승을 만나면 맨땅에 엎드려 절을 했다고 하지 않던가. 요순시대의 풍속도가 아니다. 내가 어린 날에 흔히 들었던 예화들이다.

지금은 교실이 흔들린다고 한다. 앞의 고사를 이야기하면 냉소를 퍼붓는 세대다. 교사의 사랑의 매조차 악덕으로 백안시 한다. 교실에서 가벼운 매라도 맞으면 학생들이 손전화로 파출소에 신고하고, 이내 순경이 학교로 달려오는 진풍경이 있다. 학부모가 교무실로 들이닥쳐 선생을 매도하는 경우도 많다.

교사들은 이처럼 스승을 경시하는 풍토에 한숨을 짓고 있다. 아니, 환멸과 자조로 고개를 돌린다. 그냥 멀리서 제자들을 바라보며 무사안일의 회피로 지내기도 한다. 차츰 참다운 스승도 사라지고 사랑하는 제자도 찾기 어려운 교육의 현장이 한심스럽다.

그렇지만 아직도 여전히 우러러 모시고 싶은 선생님도 헤아릴 수 없이 존재한다. 엄마가 가출하여 학교에 오지 않는 제자를 찾아 함께 울던 어느 담임선생님, 공부는 꼴찌이지만 인성이 곱다고 다독이며 안아주던 여선생님, 문제아를 자모 앞에서 싸늘하게 나무라고 눈시울을 적시는 처녀 선생님……. 어찌 다 열거하랴.

세계적으로 명성을 떨치던 경제학자인 슘페터는 퇴임하면서 이런 명언을 남겼다고 한다.

"나는 대여섯 명의 우수한 일류 경제학자로 키운 스승으로 남고 싶다." 이렇듯이 우리의 선생님들도 제자들에게 거는 간절한 소망이 있기 마련이다. 그런 교육자의 헌신이 빛나는 인재를 길러내고 국가의 미래가 열리는 원동력이 되리라.

스승과 학생이 공허하게 멀어져가는 현실을 생각하면 암울해진다. 실의를 안고 고개를 숙인 선생님들을 생각하면 오한이 스민다.

부녀 대화父女 對話

보름달이 창문을 들여다보는 초저녁이다. 누군가 초인종을 누르기에 문을 열어보니 딸과 사위가 아닌가. 손에는 장미꽃 한 묶음이 들려 있고, 얼굴은 모처럼 해맑다. 큰딸은 국어를 사위는 과학을 가르치는 중등 교사다. 내가 무명교사로 교단을 지키다가 정년으로 물러난 지 오래라 기대와 사랑이 한 겹 더 얹어진 터다.

모처럼 찾아온 손님처럼 반가워서 아내와 나는 푸짐한 식탁을 마련하느라 서두른다. 아내는 고기를 저미고 다듬는가 하면 도마질이 한창이고, 나는 술의 저장고를 뒤져서 매실주, 복분자주, 맥주를 찾는다. 나는 매실주를, 사위는 맥주를, 딸은 복분자주를 선호하기에. 딸과 사위는 마주보고 웃으며 과일을 깎는다.

우리 늙은 부부의 식탁은 검소하여 5분이면 거두지만 오늘의 식탁은 풍성하여 만찬이 부럽지 않다. 다감하고 밝은 웃음소리에 묻혀서. 자연스럽게 이야기의 실타래들을 서로 풀어놓으며 밤이 깊어간다. 비유하자면 창은 딸에게 시키고, 나는 고수를 맡으며, 사위는 추임새를 넣고, 아내는 미소를 지으며 귀명창이 된다.

승어부勝於父라 했던가. 우연히도 나와 딸은 국어 교사라는 한 길을 걸었다. 나는 법학을 공부하고도 공직을 맴돌다가 30대 중반에 교직을 맡았다. 말하자면 새치기 교육자라 할까. 더구나 문학의 향기를 전수하는 선생이고 싶어서 자격증도 사회과에서 국어과로 변경하고 말았으니. 어설픈 작가의 이름표만 믿고 아이들의 영혼에 부끄럽지 않은 스승으로 남고자 나름대로 열정을 기울이면서 정년을 마쳤지만 아쉬움과 후회가 때때로 맴돈다.

어중간한 애비에 비해 내 딸은 사면의 벽에 가득 꽂힌 나의 서재에서 영향을 받았음인지 국어국문학을 전공하였다. 그러나 취업난으로 고심한 나머지 ○○항공으로 입사를 하였다. 남들은 스튜어디스냐고 우아한 제복을 가리키며 부러워도 했지만 나도 딸도 공허감을 감추며 세월이 흘러갔다. 비록 녹록지 않은 봉급이라 해도 새벽부터 밤까지 혹사를 당하고도 직원들 간의 무언의 경쟁으로 파김치가 된 모습이라니. 나는 보다 못해 이제라도 교직으로 옮기는 용단을 내리라고 조언하기에 이르렀다. 입사한 지 7년이 흐른 뒤였다.

나의 격려로 용기를 얻은 딸아이가 시험 삼아 두 번을 응시하더니 거듭 낙방하자 사표를 내던지고 독방에 칩거하기 시작했다. 안전판으로 휴직을 했다가 여의치 않으면 복직을 하면 되는 게 아니냐고 노파심으로 묻자 안이한 생각으로 될 일이 아니라고 고소를 머금으며 고개를 저었다. 더구나 갓난아기에게 젖을 먹이는 젊은 엄마로서 냉방에서 모포를 둘러쓰고 책에만 매달렸다. 나중에는 생활비가 모자라서 아르바이트를 하면서 몸을 혹사했다고 했다. 가난한 친정 부모에게는 내색도 않고 고군분투한 독립심이 장하고 가슴이 아렸다.

다행히 진인사대천명은 어김없이 딸에게 노고의 보람을 안겨주었다. 환희에 찬 목소리로 합격을 알리는 전화가 걸려온 것이다. 우리 부부는 얼싸안고 자랑스런 딸이라고 전화기를 바꾸어 환호성을 질러댔다.

그런 감격이 있고 나서 벌써 10년이 흘렀다. 딸이 어엿한 교사로 남기를 열망하며 이 애비는 여러모로 정신의 수혈을 해 주려고 기도하듯이 살아간다. 나의 서재와 책방을 오가며 자양이 될 책을 넘겨주는 내밀한 보람이 따른다. 내가 반성문을 쓰고 싶었던 단면들을 솔직하게 고백하며 반면교사로 삼으라고 한다. 제자들은 누구나 귀중한 떡잎을 지니고 있기에 충분한 사랑과 격려를 아낌없이 주라고 이른다. 차별과 무심은 한심한 악덕이고 사명감의 포기라고 일러도 준다.

때때로 딸이 나에게 들려주는 교단의 일화는 흐뭇하게 미소를 짓게도 한다. 학교에서 결손가정의 아이로 소외되기 쉬운 제자가 수시로 엄마를 찾듯이 전화를 걸어온다. 그러면 사랑스런 딸을 달래듯이 응석을 다 받아준다. 한여름에는 부모가 해수욕장에 데리고 간 정신지체의 제자가 익사한 사건이 있었다. 그때는 마침 가족 여행 중이었는데 어찌나 애절하게 우는지 가족들도 눈물을 함께 닦기도 하였다. 한번은 경기도의 ○○고등학교에서 담임을 맡았던 제자들이 적금을 부어서 떼를 지어 집단으로 몰려왔더란다. 손님 접대에 즐거운 홍역이었다고 웃었다. 어쩌다 학부형이 작은 선물을 보내면 사양하다가 나중에는 더 좋은 선물을 드려서 우회적으로 회피한다고 하였다. 이런저런 이야기를 들으면 나는 회심의 미소를 지으며 마음의 갈채를 보내곤 한다. 아무렴! 나보다는 좋은 선생님으로 제자들의 머릿속에서 빛나야 하지…….

지금은 교사상이 빛이 바랬다고 세상 사람들이 말한다. 이제 선생님은 회초리로 아이들의 손바닥을 때릴 수도 없다. 사람으로 길러내고 싶은 절절한 소망을 거부하는 세태다. 아이들이 선생님들의 일거일동을 살피며 손전화로 경찰을 부르는 일은 예사다. 몰지각한 부모는 아이들을 감싼다고 교무실에서 선생님에게 삿대질을 하기도 한다. 이제 선생님들은 페스탈로치로 살기가 어렵다. 그냥 저만큼의 아이로 지켜보다가 허탈감만 가방에 넣고 집으로 돌아가면 그만이게 한다. 이 얼마나 살풍경한 교단의 실상인가.

내가 자랄 때는 스승의 그림자는 밟지도 않는다고 배웠다. 맹자 삼락 중에 훌륭한 제자를 가르치는 것은 왕 노릇보다 값지다고 하지 않았던가. 이런 소리를 하면 상투를 한 옛 노인의 잠꼬대라고 할 것이다. 위대한 역사는 유명무명의 스승들이 가꾸어낸 금자탑이 아닐까 싶다. 훌륭한 교육이 없는 나라에 어찌 찬란한 미래가 열릴 것인가.

독일이 나폴레옹 군대의 침략으로 풍전등화의 위기였을 때 〈독일 국민에게 고함〉이란 명연설을 한 피히테의 경우를 상기할 일이다. 그의 외침대로 참된 교육자의 공헌이 독일의 부흥을 일으키지 않았던가. 우리나라가 일제의 탄압과 동족상잔의 참화를 겪으면서도 한강의 기적을 일으킨 것은 무명교사들의 공헌이 반석처럼 받쳐준 보람일 것이다.

밤이 깊어서 딸과 사위를 배웅하며 이왕이면 승진도 염두에 두어야 하지 않느냐고 의중을 살폈다. 그러자 둘이서 손사래를 저으며 '평교사면 충분합니다.'라고 대답한다. 덧붙여서 '아버지처럼 욕심이 없습니다.'라고 한다.

나는 씁쓰레한 웃음을 지으며 독백을 한다.

'그래. 비록 너희들이 뒤란의 대나무 한 그루가 되거나 산자락의 소나무 한 그루가 되어도 더 바랄 게 없지. 그저 허명에 사로잡히지 말고 충직하게 스승의 길을 걸어다오. 이름 없는 밤하늘의 별들도 그 소임이 소중하지 않더냐.'

두 녀석을 손을 흔들어 배웅하고 모처럼 환한 웃음을 지어본다.

서재 수상隨想

모처럼 새벽부터 임어당의 문집을 읽는다. 사상의 오의와 문장의 묘미를 살핀다. 시간을 잊고 탐독하다가 책을 놓고 차를 마신다. 마침 동녘 하늘이 돋을볕으로 물들기 시작한다. 창문을 열어젖히니 오월의 바람결이 서늘하다.

도연명은 관직을 버리고 전원으로 돌아와서 '귀거래사'를 읊었다. 온갖 비리가 먼지처럼 뒤덮인 벼슬길에 얼마나 회의를 느꼈을까. 국화 옆에서 유연히 산을 바라보던 심회를 그려본다. 나는 나라 경제가 어려울 때 교직에서 명퇴했다. 생애를 거의 바친 교단이었지만 홀가분했다. 늘그막에는 서재에 묻히고 자연을 즐기리라는 기대로 부풀었다.

한평생을 누옥에서 안분이라 여기며 지냈다. 아들딸들이 이재에 어두운 아버지를 원망스런 눈초리로 바라보았다. 더 이상 답답한 위인이란 평가도 싫었지만 가지고 싶은 서재를 마련하려고 새집을 짓기로 결단을 내렸다. 퇴임하자마자 서둘러 새집을 지었다. 무모하리만큼 퇴직금에다 빚을 보태어 지은 것이다. 남들이 보기에 번듯한 4층 주택을 가진 셈이다. 서남쪽으로 창문을 내고 사면 벽을 양서로 채웠다. 권문세도가의 저택이 부럽지 않다.

어렸을 때부터 책에 대한 애착이 많았다. 제일 부러운 사람이 책을 많이 소장한 사람이었다. 위압감이 드는 학자의 서재를 부러워한 일은 없다. 문학가가 되고 싶은 열망의 지향이 아니었다. 그저 내 정신의 자양을 키우는 책이면 가리지 않고 수집하였다. 그러기에 나의 서재는 책의 숲에서 눈길에 들어오면 골라 읽는 보고라고 하겠다. 자연에 은거하는 한사가 소요를 즐기듯 독서의 산책을 즐기면 그만이다. 눈이 맑은 사람을 찾기가 어려운 세상에서 이 저자들은 얼마나 고아한 스승들인가.

책에 이끌리던 내력이 많다. 눈이 푸짐하게 쏟아지던 겨울밤에는 우리 집으로 마을 사람들이 모여들었다. 두메의 초가집 안방에는 등잔불이 가물거리고 아버지는 구성지게 옛날이야기 책을 읽어 주었다. 대부분 목불식정인 그들은 자정이 넘도록 웃고 웃으며 귀를 모았다. 이로부터 아버지가 언제든지 머리맡에 쌓아 두고 읽어 주던 책들이 신기하고 보배롭게 보였다.

중학생이 되어서 ≪링컨전≫을 읽으며 책에 대한 애정이 자랐다. 가난한 통나무집에서 살았지만 링컨은 유별나게 독서를 즐겼다. 관심이 이끌리는 책이면 원근을 가리지 않고 빌려다 읽었다. 고작 초등학교 3학년을 마친 그는 변호사와 국회의원을 거쳐 미국의 대통령이 되었다. 독학 자습으로도 존경받는 대통령이 된 밑거름은 독서가 아니었을까.

나도 중학교에 다니면서 우등상장은 예사롭게 받았다. 그러나 수업료를 내지 못해서 시험을 보는 날이면 교실에서 몰려났다. 이십 리의 시골길을 터벅터벅 걸어오면서 가난이 미워졌다. 그까짓 우등생이 대수이랴 하는 반발심으로 무턱대고 책을 빌려다 읽었다. 성적이 하향 곡선을 그려도 아무 때라도 다시 회복할 자신이 있다고 느긋하게 여겼다. 책상머리에 수북하게 놓인 책을 어루만지며 밤낮을 가리지 않고 읽었다.

집이 가난하여 책 보부상이 된 친구의 집에 자주 들랑거렸다. 마음에 드는 책이면 보릿고개에도 부모님을 졸라 한 아름씩 안고 돌아왔다. 책을 많이 소장한 선배의 집에는 간청을 거듭하여 빌려오곤 하였다. 구하기가 어려운 시집은 빌려다 노트에 베끼고 돌려주었다.

아아! 이렇게 청소년기를 보내면서 나의 영혼을 적신 책들은 많았다. 한국의 소설문학으로는 이광수, 심훈, 이태준, 채만식 등의 작품에 심취했다. 한국의 시인으로는 김소월, 정지용, 조지훈, 백석 등의 작품에 깊숙하게 젖었다. 외국의 작가로는 아쿠다구와, 괴테, 톨스토이, 도스토옙스키, 카뮈 등이 깊은 감명을 주었다. 그 밖에도 동서양을 막론하고 위인이나 사상가들은 흠모의 우상이었다.

그러다 보니 문학의 소양이 자랐던지 학교 신문과 교지에 작품도 실리게 되었다. 우수작이라고 작문 선생님이 내 작품을 수업 시간에 읽어 준 일도 있다. 그렇지만 애옥살이가 서글픈 터에 맹물만 먹고 산다는 작가가 되기는 싫었다. 나폴레옹이 '소녀들이여! 야망을 지녀라.'라고 했다는 말에 이끌려 법관이 되고 싶었다. 촌놈의 출세는 사법고시가 제일 첩경으로 알았고, 법과대학에 입학하였다.

그런데 건조한 법학 서적을 읽다가 문학 서적을 읽으며 윤기를 마시곤 하였다. 나중에는 메마른 인성을 지닌 법관을 벗어나야 한다고 문학 서적을 사 들이기 시작했다. 세월이 지나다 보니 서가는 법학 서적보다 문학 서적이 대부분을 차지했다.

급기야는 이와 같은 경향이 내 인생의 궤도를 바꾸었다. 대학을 마치고 법을 다루던 직업에 종사하다가 미련 없이 내던졌다. 중등 국어과 교사 자격증을 취득하고 국어 선생이 되어 봉직했다. 30여 년간이나 교단을 지키며 천직으로 알고 자족했다. 내가 비록 무명의 교사에 불과하지만 문학의 향기를 제자들에게 심어주면서 보람으로 알았다. 나중에는 어느 평론가의 추천으로 문단의 등단 절차도 마쳤다. 범속한 이름표를 단 작가이지만 숨어서 문필을 다듬으며 지낸다. 더러 독자들의 진지한 호응을 받으면 반갑고도 조심스럽다. 나아가서는 문우들과 맑은 교유를 즐기는 인연을 소중하게 여긴다.

산문에서 홀로 참선을 하며 생애를 마친 원감圓鑑 충지冲止 스님은 이렇게 청한을 노래하였다.

> 배고파 밥을 먹으니/ 밥맛이 좋고// 자고 일어나 차를 마시니/ 그 맛이 더욱 향기롭다// 외떨어져 사니/ 문 두드리는 사람 없고// 빈집에 부처님과 함께 지내니/ 근심 걱정이 없네.

내 인생도 한 살만 보태면 고희의 언덕에 들어선다. 이제는 사람들을 만나는 일을 줄이고 고독을 안아줄 것이다. 다행히 주위에는 전원과 산야가 많으니 소요를 즐기고 양서를 펼친 채 미소를 지어 보는 시공을 사랑하고 싶다. 나에게는 부처님이 아니라도 향기를 지닌 선인들의 서책이 보배롭기 그지없다.

그러면 내 저녁노을은 그윽한 행복을 몰고 올 것이다.

사랑과 체벌

김혜자라는 여배우는 주목받을 수필집을 발간했다. 책의 제목이 ≪꽃으로도 아이를 때리지 마라≫인 줄로 안다. 내용을 찬찬히 읽어 본 일도 없지만 작가가 전달하려는 사랑의 체온을 짚을 만하다. 아들딸을 하나만 낳아 익애에 빠진 부모들의 마음이 담기지 않았을까.

이런 시대의 반영이듯 교단에서도 사랑의 매가 금기시되고 매도되는 풍토다. 교사는 모름지기 사랑으로만 아이들을 지도하라는 주문일 것이다. 인간의 존엄성을 살리는 방편이기에.

하지만 무너져가는 교단과 가정의 실태를 주목하면 한 가닥의 우려가 밀려온다. 오늘날 만연일로에 있는 청소년의 불량화, 교권의 실추를 감안한다면 회의적인 견해를 갖기는 나만이 아닌 줄 안다.

나는 여기에서 엄격한 우리들의 부모가 자식을 기르던 옛 시절을 떠올리고자 한다. 언제나 자애롭던 어머니도 자녀들의 종아리를 회초리로 때렸다. 그리고 아이가 잠든 밤에 바지를 걷어 보며 몰래 눈시울을 적셨다. 근엄한 아버지도 마찬가지였다. 잘되라고 매를 드시고는 언짢은 맘을 고샅길로 나아가 헛기침으로 달랬다. 자녀들은 어떻게 했던가. 자라날 때 잘못하면 퇴침 위에 올라가 다소곳이 회초리를 맞는 것을 당연하게 여겼다.

청소년이 되어서도 당연한 불문율로 여겼고, 심지어는 장가를 들고도 마다하지 않았다. 효성스런 아들은 부모가 노쇠하여 회초리를 들 힘이 약해지면 그를 서럽게 여겼다고 들었다. 그런 부모의 매는 사랑을 더 진하게 보태주는 명약이기에.

스승의 경우도 다르지 않았다. 지식과 정신을 바르게 전수하려고 종아리를 때리는 것은 예사로운 일이었다. 되도록 버릇없는 자녀의 교육을 위해서는 부모와 스승이 혼연일체였다. 부모가 서당의 훈장에게 술로 대접하고 매를 맡겨 드리며 반듯한 사람으로 키워 달라고 간청을 할 정도로.

혹자는 군사부일체가 당연한 윤리였던 시절을 예시하니까 시대감각에 어두운 소치라고 냉소를 보낼지 모른다. 아무리 시대가 바뀌고 이상적인 교육론이 중시되어도 옛 시절의 정신과 슬기는 타산지석으로 받들어야 하지 않을까. 그날의 부모와 스승이 보였던 사랑과 체벌의 지혜를 배우고 실천할 수는 없을까. 내 경우라면 그런 선생을 찾아가 모자를 벗고 절을 하는 심경으로 무조건 신뢰하고 싶다.

이런 말을 이어가면 체벌을 옹호하는 것이냐고 외면할지 모른다. 그러나 그것은 결코 아니다. 사랑은 봄볕과 같아서 언제나 안심하고 베풀어도 좋으나, 체벌은 독성이 깃들어서 비방으로 활용해야 할 책임이 따른다. 사랑보다 더 심도가 깊은 체벌의 순도가 곁들이지 않으면 안 된다는 단서가 붙어야 한다.

그러면 어떤 무명 교사의 예화를 들어보겠다. 문제아를 다루는 데 탁월한 자질을 가진 교사가 있었다. 그는 따끔하게 매질을 하고 학생을 꿇어앉히고, 자기도 마주 보고 꿇어앉아, 이마를 비비며 상담을 했다. 잘못은 선생인 나에게도 있으니 너랑 고통을 나누어야 한다고. 학생이 눈물로 감동을 받아 반성을 하면 그때에야 일어서서 학생을 안아주었다. 그만한 교사이기에 그가 내리는 벌은 사랑보다 진하다고 믿었다.

한편으로는 한심스런 이맛살을 찌푸리게 하는 예화도 있다. 장본인은 옛날의 내 스승이었다. 그분은 초등학교 3학년인 우리들에게 놀이시간에 수치스런 별명이나 붙여주면서 손찌검을 자주 했다. 아무런 영문도 모르는 매를 맞으면서 품었던 분노가 지금도 어둡게 기억된다. 그처럼 혐오의 대상인 담임은 공산주의자여서 6 · 25가 일어나자 교장으로 올라서고, 내 아버지도 존경하는 늙으신 교장은 밀려나서 1학년 담임이 되었다. 그때엔 공산주의 정체도 모를 나이였지만 미운 선생의 둔갑을 보며 공산주의가 시시한 줄로 알았다.

나아가서는 지금도 생각하면 그리운 매도 있다. 초등학교 5학년 무렵이다. 여름날 한 마을의 고약한 녀석과 어울려 등교하다가 '중간치기'를 한 일이 있다. 달콤한 유혹을 물리치지 못하고 호밀밭에서 도시락을 까먹고 돌아온 것이다. 이를 안 아버지가 나뭇가지로 내 궁둥이를 내리치며 호통을 치셨다.

"이 녀석이 허약한 외아들로 공부는 잘하더니 이게 웬 몹쓸 행동이냐? 한평생을 똥장군을 지고 노예처럼 살 테냐? 이놈 혼쭐 좀 내야겠구나."

그해 겨울방학에 나는 새로운 사람의 모습을 보여 드리려고 비장한 노력을 했다. 한 달간 6학년의 전 과목 참고서를 사다가 날마다 밤낮을 잊다시피 예습을 마쳤다. 그 결과 다음 해에는 첫 시험에 전과목의 성적이 만 점이 가깝게 올라서 1등을 하여 부모님을 기쁘게 해 드리고 주위 사람들을 놀라게 한 일이 있다.

오늘날 스스럼없이 선생님에게 매달려서 사랑을 받아 마시는 학생들은 얼마나 행복한가. 교실에서, 교무실에서, 운동장에서 무수하게 눈에 들어오는 현장을 볼 때마다 내 가슴조차 훈훈해지지 않던가. 교사인 나도 또한 사랑의 체온으로 아이들을 보듬는 원정이 되어야 한다고 신념을 내려놓은 일은 없었다.

무조건의 사랑은 아이들을 온실 속의 화초로 만들 요인이 많다. 그러나 견고한 의지와 강인한 신념과 책임의식을 심어주기에는 한계가 따르지 않던가. 지금은 민주시민의 인격 존중이나 생명의 존엄만 내세우면 만능인 줄로 아는가 보다. 사랑의 매조차 악덕으로 매도하니……. 역설적이게도 그런 주장이 넘칠수록 문제아가 많이 발생하고 사회가 살풍경하게 되어 가고 있으니 한심하다. 날로 학원폭력은 번지고, 불효자는 늘어만 가니. 아무래도 자라나는 세대의 인격 형성에 도움이 된다면 교사와 부모가 선인들의 엄격한 훈육도 활용해야 하지 않을까. 우리의 전통적인 가정의 훈육과 선비를 기르던 교육의 방향은 반면교사로 값지다. 우리 민족의 고유한 교육의 전통은 연면히 소중하게 여기며 전수해야 한다.

사랑과 체벌의 지혜.

이는 교사와 부모의 전인격에 맡겨볼 만한 과제가 아닐까 싶다.

6부

소중한 편지

≪새벽이 열리는 집≫에 대한 서평

○ 안재진 : 수필가

李宗承 선생님!

그간 별고 없으셨는지요. 근간에 모처럼 기쁜 마음으로 며칠을 보낸 것 같습니다. 세상 돌아가는 사정도 그렇고, 삶의 무게도 그렇고, 모두가 답답하고 고달픈 소리들만 들리는데 이 가을날 푸른 하늘처럼 맑고 여명의 신비처럼 그윽한 선생님의 수필집 ≪새벽이 열리는 집≫ 감사히 받았습니다. 평소에도 조용하면서 무언가 무게를 느끼게 하는 선생님의 인상에서 분명 신비한 생명의 씨앗이 스며 있으리라 느끼고 있었는데 역시 틀리지 않았습니다. 아직 전편을 다 읽지는 않았습니다만 몇 편을 읽는 가운데 참으로 많은 걸 생각하게 되었습니다.

삶의 기쁨과 눈물이 있었고, 생명의 진실과 순정도 스며 있었습니다. 아름다움과 행복, 인간의 고뇌와 아픔도 읽을 수 있었습니다. 더욱이 물 흐르듯 막힘없이 이어지는 문장과 화려하면서도 정감 어린 문체는 배울 바가 많았습니다.

좋은 작품은 꿈에도 살아 있다고 했습니다. 머리말에 두고 오래도록 생각하며 정독할 작정입니다.

선생님의 작품집 출간을 진심으로 축하드리며 언제나 꺾이지 않는 문운을 빕니다. 그리고 건승을 기원합니다.

– 영천에서 안재진 드림

○ 李木允 : 시인

이종승 선생님!

보내주신 수필집 ≪새벽이 열리는 집≫ 잘 받았으며, 잘 읽었습니다.

두려움을 열고, 선생님의 강산이 세 번이나 바뀌는 세월을 갈고 닦아 빚으신 수필, 이를 처음으로 세상에 내놓으면서 이순의 나이에도 여전히 송구스럽다는 말씀, 그 마음 아름답습니다.

오랜만에 깊은 산골에 들어와 실컷 삼림욕을 즐기고 헹구어낼 것 다 헹구어 티올 하나 없는 듯 가볍습니다.

참으로 오랜만에 좋은 글을 읽은 것입니다. 감사합니다.

같은 문학의 동반자요 또 전상의 상처를 안은 경험자로 세상을 보는 희열과 감사함을 아는 인연에도 감사합니다.

선생님은 끝말에 질정과 성원을 부탁하시었습니다만 질정이란 빼고, 이쯤 아름다운 시심과 군더더기 없는 간결성과 쉽게 읽혀지는 흐름과 부단히 갈고 닦으며 또한 떠돌며 얻어내는 문학적 수업의 그 행동 문학, 그 자체에 경외와 존경과 성원만을 드리고 싶습니다.

진심으로 수필집 ≪새벽이 열리는 집≫의 상재를 축하하며, 전북의 수필 문단에 새바람이 부는 계기로의 한 획을 긋고 그리하여 전북 문단사에 한 자리로 남는 선생님의 옥고에 감사할 뿐입니다.

동시에 동반자로서의 책임과 의무 또한 막중함을 느껴 분발하겠습니다.

내내 건승하시고 선생님의 가정에 더 큰 행복이, 그리고 선생님 학교의 아이들 모두 건강함을, 다시 더 큰 문운이 함께하심을 기원합니다.

1998년 11월 1일

이목윤 드림

○ 선산곡 : 수필가

비가 오고 있습니다. 창밖 젖은 뜰을 바라보니 배롱꽃도 거의 다 져가고 있습니다. 이 비 그쳐 깊어지는 가을, 단풍이나 곱게 물들었으면 좋겠다는 생각을 해봅니다.

보내주신 책은 고맙게 받아 잘 읽었습니다. 선생님의 글을 읽으면서 아름다운 영상을 자주 보았습니다. 가끔 책장을 덮고 그 그림자를 좇아 영상을 즐기기도 했는데 그것은 즐거운 방황이기도 했습니다.

건필, 건강하시길 빕니다.

1998년 9월 마지막 날

선산곡 올림

뵙고 싶은 선생님!

그간 어떻게 지내셨는지요?

이렇게 번번이 기억해주고 소중한 책까지 보내주셔서 뭐라 감사의 마음을 드려야 할지요. 더 솔직히 말씀드리면 죄송한 마음이 더 크지요. 그렇잖아도 요며칠 동안 선생님 생각 많이 났었어요.

법정 스님 입적 소식을 들으면서죠. 평소 선생님께서 존경하고 불일암까지 다녀오신 걸 기억하기에 그 상실감이 얼마나 크실까 생각되었지요. 한편으론 법정 스님의 무소유의 삶을 소중하게, 그리고 뜻하신 그대로 이해하실 선생님이기에 슬퍼도 그 슬픈 마음을 달래고 편안히 보내드리셨을 거라 생각합니다.

흩날리는 하얀 눈발 사이로 선생님이 타고 가시는 기차를 그리면서 읽었습니다. 처음 접하는 식물의 이름이 재미있고 또 인간미 넘치는 남도 사람들도 떠올려봤습니다. 올가을에는 순천만에 들러보고 싶은 작은 소망도 하나 생겼고요.

잘 지내시죠? 사모님, 그때 운장산 같이 갔던 따님도, 그리고 가족 모두…… 크고 작은 갈등도 살면서 가끔 겪지만 제가 항상 행복해하는 것은 너무도 좋은 사람들을 많이 만났다는 거랍니다. 선생님을 비롯해서요.

사실 전화로, 아니 찾아뵙고 인사드려야 마땅한 걸 알면서 이렇게 메일로 대신하는 것은 저의 송구함이 너무 커서예요. 차마 선생님 음성을 듣기 죄송해서이지요.

올 한 해도 선생님, 행복하고 건강하세요. 늘 존경합니다.

2010년 3월 16일

미카엘라 올림

미카엘라님!

인연의 가닥을 짚어서 처음으로 소중하게 받들고 싶은 선생님! 처음으로 선생님의 이름 앞에 수식어를 넣었습니다. 사전의 단어들을 찾아보아도 내 마음을 순수하게 담은 어휘가 생각나지 않는군요. 쉽게 달뜨는 문사들의 객기는 닮지 않을까 합니다.

먼저 독감으로 고초를 겪으신다고요. 안타깝습니다. 더구나 환절기라서 건강에 세심한 배려가 필요한 때가 아닙니까. 하루속히 쾌유하여서 밝은 웃음으로 봉직하시기를 염원합니다.

사실은 학생도 선생도 입시 위주의 교육으로 생존 경쟁의 가시만을 달아주는 이 땅의 교육 풍토를 개탄하는 바입니다. 학생들에게 지혜와 정신의 향기며 인격의 샘물을 준비하게 하는 참교육이 너무도 아쉽습니다.

참, 인사가 늦었습니다. 사업을 하시는 부군과 신병으로 고생하시는 시부님과 입영한 아드님의 안부가 궁금합니다. 선생님의 지성어린 사랑의 보살핌으로 모두 편안하시리라 믿습니다.

지난번에 보내주신 이메일을 잘 수신했음은 물론 거듭 읽으며 행복해지기까지 했답니다. 아울러 밝혀드리고 싶은 것은 청하중에 재임하던 무렵에 주신 육필의 편지와 근래에 발송한 이메일의 편지까지 고이 간직하고 있습니다. 비망록에 저장하고, 일기문에 옮기고, 인쇄하여 파일에 넣고, 심지어 작품에 전문을 인용하였거든요. ≪한국수필≫의 〈지란과 여인〉에 이름을 바꾼 것은 혹시 누가 되지 않을까 하는 우려였습니다. 이해하시겠지요.

청마 시인의 경우라면 온갖 소동을 벌이며 영희 선생에게 경도되었을 것입니다. ≪한국수필≫에 비쳤듯이 한 방울의 흐린 물도 남겨서는 안 된다는 자신과의 약속 때문에 멀리서 마음속으로만 기도와 갈채를 아끼지 않는 것입니다.

진실한 바람이라면 달빛이 만상을 비추고도 흔적을 남기지 않고, 기러기가 호수에 제 그림자를 비추고도 흔적을 남기지 않는 인연으로라도 영희 선생을 만나고, 대화하고, 여행을 하면서 인생의 아름다움을 교감했으면 얼마나 좋겠습니까?

하지만 설사 이루어지지 않는다고 하더라도 울먹이는 소년은 되지 않으렵니다. 나의 영혼 깊숙이 간직하고 그리며 마음의 빛살을 보내면 그것으로도 나의 보람은 충분하니 말입니다.

요즈음에는 노처랑 소꿉장난 하듯이 어울려 소일합니다. 항상 간편복을 입고 함께 산책하고, 천진스런 장난도 걸고, 자잘한 유머로 웃기고, 파도 다듬어 주고, 자주 되풀이하는 일상적 이야기도 너그러이 들어주고, 잠꼬대나 코 고는 소리도 웃음으로 접어주는 등……. 남들은 잉꼬부부라고 비아냥거리기도 하는 모양이지만 잘한 변신이라고 여깁니다.

선생님이 상상하기에 내가 피곤할 만큼 절도가 있고 깐깐한 위인으로 여길지 모르지만 소탈하고 호방한 편입니다. 사람을 가리지 않고 좋아하고, 잠자리나 음식은 물론 서너 잔의 술도 청탁을 가리지 않는답니다. 이런 사실까지 밝히는 소이는 선생님이 상상으로 고아한 선비로 여겨서 피곤하게 생각하실 수 있기 때문입니다. 격식을 싫어하고 자유분방한 마음으로 살기를 좋아하는 편입니다.

이메일은 단문이 제일이라 하던데 사연이 너무 길어졌습니다. 관용을 바랍니다.

하루속히 건강을 회복하시기를 기도합니다.

안녕히 계십시오.

2010년 4월 8일

이종승 드림

아버님, 어머님께 올리는 글

– 유화영 막내며느리

안녕하세요.

만물에 생기를 주어 돋게 하는 오월의 햇살을 닮은 아버님과 화관을 쓰신 아름답고도 자애로운 성모님의 모습처럼 늘 인자하신 어머님. 무조건 마음으로 이미 저를 받아들여 주시어 늘 불편치 않게 배려와 관심으로 대해 주시니 두 분을 모시고 이제 저도 한가족으로 함께할 수 있다는 것이 무척 기쁘고 감사합니다.

배우자에 대한 기도를 드리면서 준비하고 만난 형진 씨이기에 저에게는 주님의 축복이고 선물입니다. 오랫동안 사랑과 정성으로 키워주신 은혜 생각하면서 형진 씨에게 좋은 아내가 되도록 노력하겠습니다.

표현이 부족하고 행동도 많이 느린 편이어서 시간도 많이 걸리고 현실적 생활도 잘 꾸려나갈지 걱정이 앞섭니다. 서투르고 잘못하는 것이 있으면 부모님께서 너그럽게 가르쳐주시고, 바른 길로 나아갈 수 있도록 이끌어 주세요.

아버지께서 수줍게 건네주신 수필집을 읽으면서 조용히 미소 지을 때도 있었고, 때로는 눈물을 흘렸어요. 그러면서 마음으로 한층 가까워졌구요. 저희 둘은 언제나 서로 존중하고 처음 마음처럼 한결같이 이쁘게 살도록 하겠습니다.

아버지, 어머니께서도 저희가 많이 효도할 수 있도록 오래오래 건강하세요. 저에게 정말 과분한 아버지! 어머니!

주님의 은총과 기도 안에서 항상 만날게요.

부모님, 존경하고 사랑합니다.♡

2010년 5월

막내며느리 화영 올림

이 선생님께

보내주신 메일, 감사히 받았습니다.

부족한 제 글을 받아주신 것만도 고마운데, 넘치는 축하의 말씀과 칭찬과 격려를 보내주시니 몸 둘 바를 모르겠습니다.

한없이 기쁘기도 하구요. 30년 전이라니! 그때 '전북문학'에서 어설프고 외롭던 시절이었는데요. 선생님께서 눈여겨보아 주셨다니, 더욱 감사하고 부끄럽습니다. 그때 사진으로 뵈었던 선생님이 저도 선명하게 기억납니다.

내내 몸과 마음이 건강하고 건필하시기를 빕니다.

며칠 전 최승범 교수님께서도 예의 변함없는 사랑과 자상함으로 보내주신 서신 받사옵고, 그간 찾아뵙지도 못하고, 글도 보내드리지 못해 죄송한 맘 그지없었습니다. 다행히도 아직껏 건강하고 그대로 ≪전북문학≫도 계속하시니 얼마나 듣기도, 뵙기도 좋은지요.

아득히 '전북문학'의 시절이 그립고 고맙기만 합니다.

거듭, 오래 건강하시어, '옛날이야기' 가끔 들려주실 수 있기를 바랍니다.

2013년 4월 3일

최정선 삼가

미카엘라님!

아직도 범속해서 때때로 혼자서도 얼굴을 붉히는 삶인데도, 해맑은 인연으로 기억해 주시니, 어린이처럼 환희작약하는 마음입니다.

사실은 두 번째 선보일 작품집에 선생님의 고운 심성과 여인상을 담고 싶어서 고달픈 숙제를 안겨드렸습니다.

지난번 보여드린 졸작 〈정갈한 신뢰〉는 어떤 거리도 걸리지 않고 넘나드는 아름다운 영혼의 교류를 소망한 것입니다. 소녀상은 내가 실천한 평생의 동화이지만, 거기에 연결시킨 여선생은 잠시 오가는 인연을 형상화한 것입니다.

그 여선생을 대신하여 앉혀야 할 분은 오직 미카엘 선생님일 것입니다.

보내주신 귀한 글을 잘 간직했다가 문집에 실어서 오래오래 기억하렵니다.

그리고 추남이지만, 잘생긴 얼굴로 보이는 사진을 골라서 전송하겠습니다. 기대가 커서 마음이 두근거릴 정도입니다.

첨언하면 선생님이 호수라면 내가 기러기가 되고, 달이 되어서 한 점의 티도 남기지 않도록 나를 엄격히 다스릴 것입니다.

이메일의 창을 열어주셔서 가을 하늘처럼 내 마음이 맑습니다.

부디 여일을 멋스럽고 낙락하며 암향을 가꾸는 나날을 누리시기 바랍니다.

감사합니다.

2013년 5월 9일

이종승 드림

이종승 선생님께

선생님을 만난 지 어언 27년이 되었네요. 그때 태어난 아이라면 지금 27세일 테니 감회가 새롭습니다. 제가 학교에 근무하면서 1년 6개월 근무한 곳이 가장 짧은 학교였는데, 그곳에서 선생님을 알게 되었으니 아마 누군가가 예정한 일이었나 싶습니다. 외람되지만 남자가 나이가 있어도 저렇게 소년같이 맑을 수 있나 싶었죠. 선생님께서는 말씀하실 때, 항상 조심스럽게 그리고 다정하게, 사용하시던 어휘 하나하나도 선생님의 심성처럼 정갈하게 다듬어져 있었습니다. 신혼이면서도 남편의 해외근무로 혼자 지내는 저에게 마치 아버지처럼 항상 따뜻하게 대해주셨어요. 어느 겨울 참 맑은 날씨에 선생님은 초등학생이었던 막내따님을 데리고, 저는 대학생이던 막내시누이와 함께 운장산을 등산한 적이 있었지요. 저는 타고나기를 워낙 운동을 좋아하지는 않았지만, 선생님과 함께인지라 별 걱정이나 준비도 없이 즐거운 마음으로 산행을 시작했었지요. 저의 시누이도 살짝 들떠 있었고요. 마치 가을 단풍구경 하듯이 출발했지만 작은 얼음폭포를 보면서 겨울임을 실감했는데, 정상을 조금 남겨두고 하늘이 시커멓게 내려앉더니 앞이 안 보이게 눈이 퍼부었죠. 그래도 정상에 도착하여 정복자의 미소로 사진을 찍고 하산하는데, 옆은 절벽이었고 길은 보이지 않았어요. 산행에 노련하신 선생님께서는 침착하게 저희를 산 아래까지 잘 이끌어주셨습니다. 넘어지고 미끄러지면서 내는 작은 불안함의 외마디는 발이 푹푹 빠지는 눈밭 속에 묻혔고, 마침내 어둑해져서야 산 아래에 도착했습니다. 전 아찔하고 무섭기만 했지, 그 당시 선생님이 얼마나 마음을 졸였을지는 철없이도 몰랐었음을 이제 부끄럽게 말씀드립니다. 하산하여 컴컴한 어느 산골 마을에 들어가 굴뚝에 연기 오르는 집을 찾아 들었고, 우리는 그 집 부엌 아궁이에서 빠알갛게 타고 있는 장작불에 몸을 녹였습니다. 주인아주머니는 투명하면서도 빨갛게 타오르는 장작을 입시로 끄집어내어, 그 위에 청국장 냄비를 올려놓고 끓이고 있었는데 그 냄새는 지금도 구수함이 코끝에 배입니다. 정말 지치고 허기졌지만 차마 저녁까지 부탁할 만큼 염치없지 못하여 우리는 몸을 녹이고 버스에 올라 집을 향했었지요. 그렇게 시작된 선생님과의 인연은 늘 선생님께서 먼저 챙겨주시는 모양새로 지금껏 이어져옵니다. 선생님께서는 저의 주변에서 생긴 별것 아닌 작은 에피소드를 맛깔나는 수필로 남겨주시기도 하고 정말 부족함 투성이인 저를 너무도 아껴주십니다. 저는 선생님이 생각하시는 것처럼 그렇게 지고지순하지 않음을 여러 번 고백했지만 선생님께서는 고집스럽게도 저의 그 고백을 믿어주지 않으십니다. 그래서 너무 부끄러워 맑고 고아한 선생님의 인품 앞에 감히 저를 드러내기 쉽지 않나 봅니다. 선생님께서는 이따금씩 잊지 않고 선생님의 수필이 담긴 ≪한국수필≫, ≪문학사계≫, ≪에세이포레≫ 등을 보내주십니다. 그 속에 담긴 수필을 읽으면서 선생님의 정겨운 고향 고샅길을 기웃거릴 수 있었고, 천사 같은 선생님 외손녀의 그 향기 나는 살갗 내음새를 맡을 수 있었으며, 퇴직 후 지인들과의 산행에서의 동동주의 시원한 맛도 느낄 수 있었습니다. 선생님! 이건 정말 모르실 거예요. 적은 나눔이 참 큰 기쁨으로 되돌아오기도 하더군요. 가톨릭 재단에서 운영하는 장애우 돕기의 일환인 무지개가족 돕기에 동참한 지 십몇 년이 되어갑니다. 매월 보내오는 소식지에서 후원자명단을 보다가 흔치 않은 선생님의 함자를 발견하고 얼마나 반가웠는지요. 그리고 맞을 거라 생각하며 확인하는 이름이 이지연입니다. 막내따님일 것 같아요. 매월 소식지 받을 때마다 전 꼭 두 이름을 확인하면서 선생님 만나는 반가움을 대신 느끼곤 합니다. 제가 천주교 예비신자로 교리공부를 시작할 때, 이건 오래전부터 생각해온 저의 자발적 의지라고 생각했었는데 그것 또한 저의 교만이었다는 걸 알았습니다. 그건 오래전부터 저를 위해 예정되었던, 하느님께서 준비해주셨던 은총이었음을 감히 깨닫곤 합니다. 선생님을 알게 해주신 것부터요. 이제 저도 주변의 만류를 물리치고 명퇴를 하여 제가 하고 싶었던 여러 가지 일들을 시작했습니다. 무엇보다 좋은 건, 저의 의지대로 하루 24시간을 쓸 수 있다는 것이더군요. 평생 운동과는 담 쌓고 지낸 제가 요즘에 체력관리를 위하여 가장 많은 정성을 기울이고, 언젠가 제가 좋아하는 친구가 다니던 교회에서 잠시 배운 적이 있었던 오카리나를 다시 배우기 시작하였습니다. 이제 음계를 익히는 수준이지만 저는 그 시간이 참 좋아요. 그리고 항상 막연히 꿈꿔왔던 연필인물화를 배우고 있습니다. 열정 하나로 시작했습니다. 특별한 재능을 타고난 것도 아니니 시간만 가지 아직도 초보수준이지만 한 가지 꿈이 있습니다. 제가 존경하는 선생님의 모습을 그려드리고 싶습니다. 선생님께서 70년 넘게 다듬으신 선생님의 인품을 담아낼 자신은 없지만, 그래도 성의껏 그려보고 싶습니다. 사진 한 장 보내주시면 정성을 다할게요. 두서없이 쓴 저의 편지가 선생님께 누가 되지 않을까 염려하면서, 그래도 제가 아는 가장 영혼이 맑고 삶이 아름다운 선생님에 대한 존경과 사랑을 꼭 전해 드리고 싶습니다. 제가 퇴직하던 학교에서 만나게 된 선생님의 외손녀 나래에게도 안부를 전합니다. 선생님의 맑고 따뜻한 기운이 나래에게서도 그대로 느껴졌습니다.

선생님, 지금처럼 항상 건강하고 아름다운 삶의 나래를 펼쳐 가시기를 기도합니다.

2013년 5월 15일 스승의 날에

제 삶의 스승이신 선생님께 미카엘라 올림

쾌유를 빌며

미카엘라님!

밝은 목소리를 전화로 듣고 무척 반가웠고, 건강 문제로 삼성병원에서 수술을 받으신다는 소식을 듣고 안타깝고 수수로운 마음이었습니다. 아직도 무너지는 교단에서 등대처럼 남아서 봉사하실 선생님이 조기에 명예퇴임하신 것을 아쉬워했습니다. 서서히 다가오는 노년을 운치와 향기로 맞이하실 줄 알고 마음으로 성원을 하기도 했습니다.

생각해 보면 선생님과 인연이 닿은 지 27년. 처음으로 맑은 영혼으로 모시고 싶은 고아한 여인이었습니다. 비록 살아가는 위상이 다르기에 머나먼 거리처럼 살았지만, 심심상인으로 간직하며 잊은 일이 없습니다.

병고는 인간의 고행이며 친구이고 스승이기도 합니다. 마음의 철학으로 다스려야 할 과제이지요. 나도 전상으로 8개월 동안 전신 깁스를 갑옷처럼 입고, 중추신경이 거덜난 아픔으로 어금니를 문 채 고통을 감내하며 지옥 같은 세월을 건넜습니다. 반세기가 넘어가는 지금도 하반신이 저리고 붓기를 거듭합니다. 그렇지만 내 발로 하느님이 펼쳐준 대지를 밟는 즐거움은 감사함을 넘어 눈물로 발등을 적실 정도입니다.

전상을 고비로 내 안의 행복이 넘치는 것을 알았고, 나아가 구름에 달 가듯이 살아가는 나그네의 인생 경영도 터득했답니다.

견고한 의지와 간곡한 달관의 철학으로 이 고비를 넘어서 밝은 웃음을 찾으시기 바랍니다. 나도 절절한 마음으로 기도를 바칠까 합니다.

그리하여 염려가 많은 가족의 품으로 웃으며 돌아오신다는 소식을 들으면 시아버님, 남편, 아드님을 모시고 축배를 드리고 싶습니다.

이메일도 때로는 불편할 수도 있지만 정갈한 마음의 교류는 언제나 샘물처럼 걸림이 없을 것입니다. 간간이 저의 대화의 창이기도 한 주소창에 소식을 주시면 소중한 기쁨이 되겠습니다. 희망을 가지고 활기차게 일어나십시오.

브라보!

2013년 6월 21일

이종승 드림

연필 인물화를 보내드리며

이종승 선생님께!

올여름 정말 유난히도 심했던 무더위에 건강히 잘 지내고 계신지요.

매년 달라지는 이상기온을 견뎌내면서 벌써 내년이 걱정되기도 합니다.

선생님!

사진을 진즉에 받고도 이래저래 바쁘고 마음이 잡히지 않을 때가 많아서 이제야 보내드리게 되었습니다. 막상 그리고 보니, 역시 초급 아마추어 수준이 빤히 보임을 어쩔 수 없어 보내드리기가 민망했어요. 고민은 되었지만 보내드립니다. 연예인 얼굴을 그리는 연습부터 시작하는데 일반 주변 인물을 그리게 된 첫 그림이에요. 항상 생각했거든요. 선생님을 맨 처음 그려야겠다구요.

남편의 질투(?)도 받아가면서 열심히 그렸지만 역시 초보 수준임을 양해해주세요. 타고난 재능은 없지만 그리는 순간 느껴지는 행복감으로 만족합니다.

선생님!

선생님의 가정에 주님의 은총이 함께하길 기도하면서 항상 건강하고 행복하세요.

2013년 8월 24일

미카엘라 올림

분외의 행복

미카엘님!

금년 여름은 염열지옥이라 할 만하군요. 옛 선비들이 속대발광욕대규라고 한 표현을 떠올립니다. 시부님의 병환에다가 선생님의 투병도 힘겨운데 더구나 날씨마저 불볕더위로 기승을 부리는 터에, 지극한 정성으로 소생의 연필 인물화를 그리느라 겪으신 노고를 생각하면 고마움을 넘어 눈물겹도록 행복합니다. 노추를 면하기가 어려운 저를 정결한 사상과 인간의 선의를 소망하는 얼굴로 빚어서 분외의 영광입니다. 아마 선생님의 맑은 당부가 담긴 인상일 것입니다.

선생님과 인연을 맺은 30년 가까운 세월을 두고, 한 점의 통속이란 먼지가 앉아서는 안 될 고아한 여인으로 심상을 간직했습니다. 살아오다 보니 단 한 사람의 지기도 갖기가 어렵더군요. 그런데 지애하는 누이처럼 맑은 영혼으로만 지켜주고 싶은 여인을 만나게 되어서 범속한 소인인 제가 향기를 더 지니게 되지 않았나 하고 감사하는 마음입니다.

선생님!

선생님이 보낸 옥고의 필체가 정갈하고 또한 진정성이 맑아서 저절로 환한 미소가 떠올랐습니다. 그리고 포장한 정성이 알뜰하고, 곁들인 홍삼차도 소중하기 그지없습니다. 더구나 인물화는 서재의 바로 앞에 세워두고 평생 동안 아끼고, 담긴 선의를 잊지 않으려 합니다. 간절히 바라는 바는 법정 스님이 이해인 수녀님을 만나 아름다운 산야를 걸어도 세상 사람들이 선의로만 바라보는 경지를 그려봅니다. 특히 내 아내와 자녀 및 선생님의 시부와 부군과 아들도 그렇게 신뢰하도록 말입니다. 그런 날을 기다리며 저를 다스릴 것입니다.

미카엘라님!

생로병사를 생각합니다. 어렵고 고달프고 아프지만 우리가 짊어지고 건너야 할 업보입니다. 그 가운데 인생의 아름답고도 심오한 삶의 철학을 가져야 할 것입니다. 여인으로, 아내로, 엄마로 스승으로, 신자로 티를 모르고 사시는 선생님은 어떤 역경도 맑게 정화를 시켜서 살아가실 줄 믿습니다. 다행히 인생이 더욱 성숙할 숙제로 주신 병고는 친구로, 스승으로 받들며 여일이 더욱 알차게 영글기를 기도합니다.

그리고 워낙 졸필이라 육필로 인사를 드려야 하지만 건조한 메일로 대신하니 제가 스스로 초라한 느낌입니다. 관용을 바랍니다.

끝으로 주님의 은총을 누리며 건강하시고, 시부님과 부군 및 아들에게도 신의 보살핌이 함께하기를 축원합니다.

감사합니다.

2013년 8월 25일

이종승 드림

두 권의 책을 받고

귀한 두 권의 책. 고맙습니다.

이래저래 명절 준비하면서 일상도 빼놓지 않으려고 하다 늦게야 보내주신 귀한 책을 받았습니다. 그저 편하자고 차를 이용하다 보니 지하에서 바로 집으로 올라가곤 했어요. 또 잊지 않으시고 보내주시니 감사의 말씀 어찌 다 드릴 수 있을지요.

제가 알고 있는 선생님의 그 편안하고 맑고 고고한 성품이 역시 사모님의 헌신적인 사랑에 뿌리를 내리고 있더군요.

오늘 두 편의 수필은 이전과는 많이 달라서 새로이 선생님을 대하는 듯했습니다. 젊음보다 더 진하고 오랜 시간 뭉근 불로 잘 달여진 깊은 맛의 조청 같은 두 분의 삶의 모습이 진솔하고 아름답게 다가옵니다.

어느 먼 훗날에 하지 마시고 지금 들려주세요.

"여보! 미안해. 고마웠어. 사랑해." 아니 미안해는 빼셔도 되겠어요.

항상 자연의 품안에서 자연을 닮은 마음으로 사시는 선생님! 너무 염려하지 마세요. 이리저리 나들이하다 보면 우리 산들엔 숲이 울창해서 참 좋았어요. 숲이 우리 생명의 마지막 해법인걸 이젠 많은 사람들이 알아가고 있어요. 제가 보기예요.

지금처럼 곱고 아름답게 두 분 행복하시길 기도합니다. 사모님! 더 건강하세요.

2013년 9월 15일

미카엘라 올림

감사와 기도

미카엘라님!

즐거운 추석을 잘 보내신 줄 믿습니다.

이메일을 읽고 반가움과 감사함이 밀려왔습니다. 그리고 여전히 견고한 의지로 투병하여 쾌유하시기를 기도했습니다.

자주 저의 어설픈 글을 읽어 주고 진지한 감상까지 보내주시니 감사하기 그지없습니다. 그려주신 본인의 인물화를 자주 눈여겨보면서 나르시즘에 잠기곤 합니다. 이 얼굴에 담긴 온유한 사랑과 밝은 이지는 선생님이 호의적으로 불어넣은 심상으로 믿지만 한편으로는 위안이 됩니다.

아울러 염열지옥의 한더위에, 더구나 투병 중에, 나아가 시부님의 간병을 하면서 완성하신 인물화의 선물은 너무 값지고 소중합니다. 앞으로 저의 제2 수필집에 사진으로 올리고 싶으며, 영정 사진으로 남겨도 자랑스러울 듯합니다.

내 주변에는 힘겨운 암으로 고투를 한 사람이 많습니다. 대부분 견고한 의지로 부활처럼 건강을 되찾더군요. 선생님은 회복이 가장 기대가 되려니와 선량한 암이기도 하기에 낙락한 미소로 다스려도 머지않아 희망이 비칠 것입니다.

언제라도 부군과 선생님을 모시고 차라도 권하며 맑은 이야기를 나누고, 행복한 부부의 동행을 축복해 드리고 싶습니다. 아울러 시부님의 병환이 날로 회복되시고, 아드님의 탄탄한 내일이 잘 열리기를 기원하겠습니다.

안녕히 계십시오.

감사합니다.

2013년 9월 19일

이종승 드림

작품 평

■ 월평

갈증 속에 마시는 한 두레박의 물이……

김영배

이종승의 〈혼자만의 속뜰〉은 독자인 나에게도 또 한 번의 긍정적 감동을 희열과 위안으로 갈무려 주었다. 그야말로 메마른 정서의 사막에서 갈증을 해소시켜 주는 오아시스요 샘터였다.

속뜰은 내정內庭이요 내심의 울안이자, 마음속 깊은 곳에 자리한 참으로의 바탕일 것이다. 이렇게 제목이 주는 의미는 글의 깊이를 더욱 그윽하게 만든다.

한 그루의 그늘을 드리우며 살아온 왕소나무의 연륜과 한 인간의 내면에서 진실을 싹틔우며 살아온 자신의 삶을 함께 견주면서, 노송이 주는 위대한 덕성을 본받고자 함이다.

> 오늘도 산행을 하다가 노송 아래서 쉬고 있다. 이 소나무는 사유의 조촐한 자리를 펴서 나를 안아 들인다.
>
> 몇백 년의 나이테를 감은 몸통은 한 아름도 넘는다. 청청한 가지가

휘늘어져 차일처럼 하늘을 받들었다. 용틀임으로 뒤얽힌 뿌리가 바위 조차 가르며 땅속 깊이 박혀 있다. (중략)

붙박이로 살아야 할 점지된 땅에서 분수의 행복을 낙낙하게 즐긴다. 인간의 수다스런 감정의 변환과 교활한 탐욕을 모른다. 신성을 받들어 물빛 같은 순수로 살 뿐이다.

이렇게 연상의 가지를 펼치다가 자신을 돌아보는 시간을 갖는다. 어느 한구석에도 소나무의 뜨락을 지닌 데가 없이 초라하다. 풍류에는 아직도 풋내가 나고, 생활은 얼룩진 낙서로 가득하다. 인간적인 인연의 거래는 가슴조차 시린 바람 소리만 일렁인다. 하늘의 뜻을 터득하고 살아야 할 지명의 고개를 중턱이나 올라선 지금에도 회한이 따른다.

혼자만의 속뜰을 간직하지 못한 가난 때문에－(중략)

그리고 지난날의 회상을 통하여 화자가 남도 여행길에 송광사의 불일암에서 만난 법정 스님을 통하여 선승의 말씀을 듣던 그날 밤을 회상한다.

신선한 법음을 수필로 담아서 중생들의 가슴을 밝히는 법정 스님의 정신을 따르고자 함에 있었을 것이다.

분명, 이종승 씨의 수필은 그런 수필에 접근하고 있음을 독자는 감동적으로 느낄 수 있을 것 같다.

위 문장 전편에 흐르는 고요한 선으로의 정서, 깊이 있는 불교철학이 은연중에 대승적 감화로 우리의 가슴을 씻어준다.

“이처럼 철저하게 혼자 지내면서 고독을 극복하는 문제가 어렵지 않느냐.”고 묻는 그에게 “내 생활 속에서는 고독 같은 것에 묻힐 까닭이 없어요.”라는 이 간명한 대답에서 그는 큰 감동을 받았을 것이다. 그리고 그는 말한다.

‘홀로 있을 때 사람은 자신의 눈을 뜬다. 홀로 있음은 고독이라는 의상을 훌훌 벗어버려서 오는 지극히 홀가분한 자유의 날개라서’로 끝을 맺었다.

여운이 있어 좋다. 은연중에 심적 고독이 화사하게 풀리는 듯한 작품이다.

— 1996년 5 · 6월호

■ 평론

선비 정신의 문학적 형상화

– 이종승李宗承 ≪새벽이 열리는 집≫의 경우

한 상 렬(문학 평론가)

1

문학은 다름 아닌 인간학이다. 특히 수필문학은 인간의 문제에 천착하여 인간 문제와 관련하여 삶의 궁극적 의의와 가치를 작품 속에 구현하는 동시에 '어떻게 사느냐' 하는 문제를 규명하고 실천함에 있다. 그렇기에 수필문학은 여타의 문학 장르와 달리 문학적 삶을 요구하게 된다.

항용 우리는 과거의 작가, 일테면 시인이나 소설가들이 두주불사하면서 음풍농월하거나 기인으로서의 생애를 마치거나 그도 아니면 요절이나 객사함으로써 작가의 삶을 중도에 마감하는 경우를 흔치 않게 보아왔다. 그렇기에 작가는 모름지기 술과 여인과 기행奇行을 병행해야 하는 것이 당연한 듯 여겨져 왔으며, 그 속에서만이 진정한 문학이 탄생한다고 생각해 왔다. 물론 대개가 그렇다 함은 아니다. 이는 당시의 사정이 오늘과 같이 분화되어 있지 못하고 삶과 문학이 한데 어울려 분리해 생각할 수 없었던 데 기인하기도 한다. 그것은 그렇고, 현대와 같이 정보통신의 발달과 함께 다기화된 사회현상 속에서 삶을 영위해야 할 시대에 과거와 같은 그런 퇴영적이거나 고답적인 관념에 지배되는 작가가 있다면 이는 작가나 사회를 위해 하등의 도움이 되지 않으리라 생각한다.

앞에서 보았듯, 시나 소설은 작가의 파격적인 삶과 연계선상에서 흔히 보아왔다. 이는 과거의 문학 장르라는 것이 대개 운문의 대표적인 서정문학과 산문의 대표라 할 서사문학의 두 가지로 대결했기 때문일 것이다. 그런데 여기서 말하는 이 두 가지의 장르는 속성상 작가의 상상력이나 공상에 의지하는 이른바 허구가 용납되는 문학 양식임에 비하여 오늘날 수필문학으로 규정하는 문학 양식은 고전수필이나 현대수필이나를 막론하고 그 진솔한 문장과 메시지가 삶에 닿아 있기 때문에 허구의 도입을 일단 차단하게 된다. 물론 최근에 와서 허구의 도입을 역설하는 논자들이 있지만 이는 수필문학의 장르적 속성에서 벗어나 영역을 확대하고자 하는 의도에 불과하다. 실상 수필문학만큼 작가의 인격을 강조하게 하는 문학도 없을 것이다. 그렇기에 우리는 한 작가의 수필작품을 감상하면서 글쓴이의 정서와 인격적 삶에 매혹되며 작가의 삶과 만나게 된다. 이는 수필문학이 지닌 속성이요 장점이다. 이를 벗어난다면 그때는 수필이라 부를 수 없을 것이다. 가장 소박하고 진솔한 문학, 체험과 상상으로 빚은 화려하지 않지만 은은한 무늬와 색깔을 지닌 문학, 그것이 바로 수필문학이라 할 것이다. 따라서 이에서 멀어진다면 이를 수필이라 부르기는 거리가 있을 것은 분명하다.

최근 필자가 감상한 수필작가 이종승의 작품들을 읽으면서 이 같은 장황한 서설이 필요했던 것은 바로 수필작가 이종승의 수필작품들이 이런 범주에 안주해 있으며 특히 동양적 선비 사상이나 삶이 진솔하게 나타나고 있기 때문일 것이다.

우리는 때 없이 눈뜬장님이 되는 경우가 항용 있다. 풀숲에 가려 사람들의 눈에 띄지 않았던 진주를 발견한 기쁨. 이런 기쁨이 평자가 수필집 ≪새벽이 열리는 집≫의 첫 장을 열면서 느낀 감상이라면 조금은 지나칠까?

때때로 평자는 과연 이 시대에 수필다운 수필을 창작하는 수필가가 몇 명이나 될까 하는 의구심을 떨치지 못한다.

그러나 이런 의문은 실상 기우에 속한다. 우리 수필 문단에는 지금 진정한 수필다운 수필 창작에 혼신을 다하는 열정적인 수필작가가 상당수에 이르기 때문이다. 그들 중에 한 사람으로 평자는 최근 열정적이면서도 가장 동양적인 선비 사상에 입각하여 창작에 일념하는 수필작가를 만날 수 있었다. 그가 바로 수필작가 이종승李宗承일 것이다.

이제 그가 자신의 작품집에서 수필문학을 통해 어떻게 동양적 선비 사상을 문학적으로 형상화하고 있는가를 구체적으로 살펴보겠다.

2

수필작가 이종승의 수필을 통한 선비 정신의 형상화의 모습을 조명해 보기 위해서는 먼저 그의 전기적 사실에서부터 잠시 살펴보아야 할 일이다.

이를 위해 수필 〈아빠는 바람, 바람〉에서 전기적 인자因子들을 찾아보면 다음과 같다.

① 나의 선친은 지인들이 한량이라고 불렀다. 애주가에다가 국토 유랑과 시조창의 탐닉 등을 두고 하는 단평이었으리라.

두메에서 살 때는 사랑에서 불러들인 소리꾼들이 맹상군의 식객처럼 머물렀다. 그리고 느린 가락의 시조창과 북소리가 연일 들리었다.

② 선친은 젊은 시절에는 유랑도 많이 하였다. (중략) 대문에 가게를 꾸리는 버거운 짐은 몸매가 약한 어머니가 도맡았다. 그러자니 살림살이가 고달프고 옹색하였다.

③ 아무튼 아버지에 대한 반동적 심리는 돌처럼 굳어만 갔다. '나만이라도 바람을 철저하게 배격하리라. 사랑하는 가족들에게 다사로운 평화를 안겨주는 가장이 되리라.'

그래서 대학에 진학할 때도 법학을 택하였다. 첫 직장도 법을 다루는 기관이었다. 그리고 실질적인 살림살이의 경영에도 눈을 떠갔다. 무능력한 감성인보다 야무진 생활인이 급선무이기에.

그러나 이상한 일이었다. 법학을 공부하면서도 문학에의 열정 때문에 서가는 법률 서적과 대등할 만큼 문학 서적이 자리를 잡았다.

④ 30대 초입에 총상을 입고 두 해 남짓 병상에 묶이어 지냈다. 좌측 대퇴부에 관통상을 입고 고투 아닌 혈투에 가까운 투병 생활을 하였다. (중략) 이제 비원을 안고 오뚝이처럼 대수술을 세 차례나 견디고 내 다리를 붙인 채 걷는 기적을 만났다.

⑤ 이제는 지명에서 이순을 바라보는 문턱으로 들어서고 있다. 앞으로는 여일을 위해 동양정신을 자산으로 모셔야 한다고 믿기에 이르렀다. 그것이 종교보다 윤기 어린 삶의 지향이기도 하기에.

위에 인용한 부분은 모두가 그의 수필 〈아빠는 바람, 바람〉 중에서 발췌한 것이다. 이 한 편의 수필로서 수필작가 이종승의 전기적 사실을 어느 정도 어림해 볼 만하다. 그는 분명히 남다른 삶을 살아온 작가임에 틀림이 없다.

①에서 보듯 '바람'과 같으면서 한량이자, 예술에 눈을 뜬 작가의 선친은 ②살림보다는 자신의 삶을 한 점 구름에 띄워 국경 지대를 떠도는가 하면 남쪽의 내륙을 맴돌기도 하였다. 한마디로 자유인이었다. 이런 선친의 '바람' 끼가 작가에게는 ③에서와 같이 삶의 전환을 가져올 듯한 반동적 심리를 일으켰지만, 실상 작가 자신도 이 같은 선친의 영향력에서 쉽게 벗어날 수 없었으리라는 것은 말할 것도 없다. 그래 작가는 ③에서와 같이 반동적 심리를 가져보건만 결국은 원점을 맴돌게 된다. 이종승은 생활인이 되기 위한 법학에서 다시 문학을 위한 국문학으로 전공을 바꾸고 수필작가가 된다. 그 30여 년. 수필작가로서의 30년은 상당한 연륜이 아닌가. 그런 그가 이순이 가까운 세월의 틈새에서 처음으로 발표한 수필집이 바로 이 수필집 ≪새벽이 열리는 집≫이 된다. 그 사이 그는 ROTC 포병 제1기로 임관하여 군 생활을 하게 된다. 그리고 ④에서 보듯 총상을 입고 혈투에 가까운 병상 생활 속에서 기적과도 같이 병마와 싸워 승리한다. 그리곤 "여행과 등산으로 무작정 떠도는 구름 같은 유랑이 국내외와 사시를 가리지 않았다. 적어도 강산이 세 번이나 바뀌는 이날에 이르도록. 그리고 직업도 문학과 더불어 사는 국어 교사로 바꾸는 것을 서슴지 않았다."라고 했듯 그는 선친의 '바람'을 닮아간다. 여기서 작가의 '바람'은 '유랑'에 국한하지 않는다. (가) 법학에서 국문학으로의 전환이 그렇고 (나) 선친의 예술적 기질을 닮아가는 것이 그렇고 (다) 여행을 통한 유랑이 그러하며 (라) 인용글 ⑤에서

보듯 '동양 정신'으로의 귀의 또한 그러하다.

이 같은 일련의 작가의 전기적 사실은 바로 그의 수필 문체를 형성하게 되며 내재적 질서와 함께 그의 수필문학의 핵을 이루게 됨을 작품의 도처에서 발견하게 된다. 여기서 그의 수필 〈새벽이 열리는 집〉에서의 말과 같이 '서정의 한 마당, 오묘한 신성의 계시, 경건한 기도의 장면을 읽게 하며, 조선조 선비가 지닌 풍모와 함께 선풍적禪風的인 요소, 풍류적 기질, 전통적 향토애와 그리고 따뜻한 인간미를 맛보게 된다. 이는 그의 선비적 경향을 드러내는 것들로 자연주의적인 자신의 철학과 상통하는 면이기도 하다.

이제 이런 작가 이종승의 선비정신이 어떻게 구체화되어 문학적 형상화를 밟아가고 있는가를 살펴보겠다.

3

이종승의 수필집 제호와 동일한 수필 〈새벽이 열리는 집〉은 이 작품의 백미白眉라 하겠다. 여러 편의 수필 중, 수작秀作에 속하는 이 작품은 선미禪味가 감돌면서 낭만적 분위기를 물씬 느끼게 하며 이종승 수필의 서정이 무르익는다.

여기서 우리는 첫째로 그의 수필정신의 단면인 이른바 미적 감수성과 동양정신 즉 선비정신의 일면을 읽을 수 있다.

앞서의 수필 〈새벽이 열리는 집〉은 마치 경건한 기도와도 흡사하여 독자를 작품 속에 이끄는 마력과도 같은 흡인력으로 전개되고 있다. 불심이 도타운 부부가 산밭을 일구며 은거해 살고 있는 외딴집에서 맞이하는 아침. 그 아침의 낭만적이면서 신비한 서정의 세계는 그의 수필의 높은 경지를 보든 듯하다. 작가가 이곳을 그만의 은

밀한 영역으로 명명한 이유를 알 만하다. 아담한 기와집인 담장 둘레에는 수목이 울창하고 뒤켠으로는 실개천이 흐르고 있다. 그래 작가는 산행을 하다 호젓한 산장에 드는 기분으로 이따금씩 성지를 순례하듯 그곳을 방문하곤 한다. 안주인은 마치 조선 시대의 선비라도 모시는 듯 지순한 인정으로 그를 맞이한다. 깔끔한 이부자리가 덮인 목침대가 있고, 사면 유리창은 파름한 커튼이 드리워 있다. 호사가 아닌가. 그는 저녁상을 물리고 가볍게 목욕을 한 다음, 촛불을 밝혀 놓고 시를 읽다가 잠자리에 든다. 그리곤 맞이한 신새벽, 이 수필의 정서적 분위기가 시작된다. 온갖 새들이 노래를 부르기 시작한다.

> 처음에는 명주실의 현악기를 지극한 저음으로 탄주하거나, 토란잎에 미끄러지는 이슬방울의 음향을 연상하게 들린다. 그러다가 햇살이 부유스름하게 밝아 오기 시작하면 그들의 노래는 흥그러운 신명으로 높아만 간다. 이때를 맞추어 산사에서는 범종 소리와 목탁 소리가 선미를 실어서 산곡을 적시고, 산사 아래의 교회에서는 차임벨 소리가 푸른 세례를 올려 보낸다. 동양정신이고 서구적인 인공의 선율이 파장을 흔들고 나면, 새들은 열정을 절정으로 뽑아서 숲 속을 채운다.
>
> – 〈새벽이 열리는 집〉의 일부

위와 같이 이 수필은 정서적 분위기로 일관하고 있다. 이를 동양적 신비주의라 불러도 좋을 것이다. 독자들을 작품 속으로 한껏 이끌어가는 마력과도 같은 상상적인 세계가 펼쳐진다. 한바탕 노래의 향연을 벌이고 새들은 제각기 생활을 찾아 분산한다. 정서적 분위기로 일관하고 있는 부분이다. 이런 정서적 분위기는 다음으로 가면 더욱 고조된다. 구체적이고도 내밀한 작가의 미적 감수성이 극치에 이른다.

이윽고 아침이 오면 새들은 노래의 향연을 마치고 제각기 저들의 생활로 돌아간다. 작가는 여기서 '서정의 한 마당, 신성의 계시, 경건한 기도의 장면'으로 표현하고 있다. 여기서 관심을 기울일 부분은 교회의 차임벨 소리와 산사의 범종 소리라는 두 개의 청각적 이미지의 조화다. 이른바 동양사상과 서구사상의 만남이요, 조화다. 작가는 새들의 노랫소리에서 자신이 추구하고자 하는 동양사상에의 의미와 서구사상을 교모하게 배합함으로써 일체감을 형성하고 이미지의 축을 조화라는 범아일여의 세계 속으로 독자들을 몰아가고 있다. 이런 작가의 사상적 경향은 바로 동양정신인 선비정신에 닿아 있다고 하겠다. 인간과 자연의 조화로움을 찾고자 하는 데서 그의 선비정신은 구체화되며 모든 욕망을 버리고 안빈낙도하는 가운데 삶의 의미를 찾고자 하는 자족의 생활 태도가 이 수필 속에서 묻어 나오고 있다. 다음에 인용하는 부분에서 이런 정신이 극치를 이룬다.

> 이때쯤 햇살이 비껴드는 오솔길로 들어서면 서서히 골안개가 스러지고, 흰구름이 산허리로 올라간다. 산바람이 산록의 내음을 실어 오고, 풀섶의 이슬들이 영롱히 빛나기 시작한다. 골물 소리가 서느롭게 귓전에서 맴돈다. 느린 걸음으로 경이로운 변화에 눈길을 주다가 바위에 걸터앉아 동녘 하늘을 살핀다. 얄브름한 광선이 서리다가 발그레한 빛으로 물들고 새빨간 햇덩이가 두둥실 떠오른다. 이로써 천지창조가 극적으로 완성되는 감격을 맛보면서 나의 새벽 맞이 잔치는 끝이 난다.
>
> – 〈새벽이 열리는 집〉의 일부

이런 자연에의 귀의는 앞서의 자연주의 또는 동양정신과 일맥상

통하는 정신세계이자, 선비정신의 구체화라고 하겠다. 이는 일종의 선풍적仙風的 풍류 기질이라고 해도 좋을 것이다. 모든 것을 버리고 무욕으로 돌아가 의지하는 자연에 대한 사랑, 그래서 이종승의 수필에서는 여행에서 얻어진 화소들이 상당수다. 〈부끄러운 설야〉가 그렇고, 〈본래대로의 자연〉이 그러하며, 〈행려行旅의 서정抒情〉과 〈풍류 산책〉 속에 담겨 있는 수필들이 이런 범주 속에 넣을 만하다.

① 산책길에서 돌아오며 생각하는 게 있다. 새와 나무와 사람들의 관계가 아름다운 의미의 연결고리로 맺어 있구나. 그리고 사람들은 저마다 개성의 미학으로 이승을 건너간다는 발견이다.

― 〈운주사 답사기〉의 일부

② 스무남은 개의 화분을 화단 둘레로 세워놓고 눈길을 주며 미소를 짓는다. 창문을 열어놓고 책을 읽으며 녹차를 마시면 선비의 정복淨福이란 바로 이런 경지이려니 하는 인식을 갖는다. 굳이 전원이 아니라도 도연명의 귀거래사를 부러워할 필요가 없지 않은가.

― 〈누옥陋屋〉의 일부

③ 이제는 잎을 조금씩 털어내고 가을 나무가 되어야 할 나이, 앞으로는 산의 뜻이나 온전하게 받아들이고 싶다. 그러기 위해서는 아무래도 혼자서 산에 안기는 게 안성맞춤이다. 어찌 가식의 관계에 역겨운 소음을 묻혀서 가겠는가.

― 〈혼자 드는 산〉의 일부

5

다음으로 이종승의 수필세계의 한 축은 전통적 향토애와 따뜻한 인간미라고 해도 좋을 듯싶다.

수필작가 이종승은 마음이 따뜻한 사람이다. 그는 누구보다도 고향을 사랑하고 가족을 사랑하며, 효심이 지극한 작가임을 알 수 있다. 어린 시절 작가의 선친의 바람끼가 그로 하여금 생활에 뛰어들게 하였지만, 그는 법학도에서 다시 문학도로 자리바꿈을 한다. 그리고는 30여 년 수필문학에 매달려온 작가다. 그런 그이기에 그의 작품의 많은 양이 앞서의 선비정신이라는 동양사상과 접맥되어 나타나면서 그 바탕에 〈풍수지탄〉에서 보듯 부모에 대한 '효'와 〈다사로운 보금자리〉에서 보듯 '가정'이라는 울타리 그리고 〈사향의 동산〉에서 보이듯 '고향'에 대한 그리움으로 나타나고 있다.

> ① 인과율의 법리는 망상이나 추측이 아니라 분명한 과학의 차원이라고 단정한다.
>
> 이로 보면 꿈길로 얽히는 관계도 터무니없는 망어妄語가 아니지 않는가. 인연이 쌓아온 필연의 오고가는 만남이리라. 인생은 어차피 꿈이요, 꿈 아니요, 꿈 깨니 꿈이라니까 말이다.
>
> 제발 이승에서 남겨둔 아프도록 그리운 마음을 시공을 넘어 날아서 안기고 싶다. 불심의 천안통天眼通이라도 빌어서. 그러면 저승의 부모님도 깊은 잠에서 깨어나 이 아들을 반기리라.
>
> 아하! 뵙고 싶구나.
>
> – 〈꿈길〉의 결미

> ② 그런 아내가 오래전부터 만성 신장염으로 무염식을 하고 있다.

동치미 한 수저라도 마음 놓고 마시는 게 소원이지만 그도 어렵다. 가족들이 둘러앉은 밥상머리에서 노예의 밥을 먹으면서도 편안하게 웃어준다. 그러면 나는 죄인처럼 마음이 어둡고 측은한 생각으로 눈시울을 적셔야 했다.

— 〈아내의 빈자리에서〉의 일부

③ 그리고 지명의 반에 이르도록 살아온 나에게 향수의 등잔불로 내 가슴속에서 꺼지지 않고 있다. 도시화의 독소로 농촌이 우렁이 껍데기처럼 사위어가는 쓰디쓴 탄식을 오늘에까지.

— 〈수채화의 향수〉의 일부

6

지금까지 평자는 수필작가 이종승이 수필문단에 입문하여 30여 년을 넘기면서 처녀작으로 발표한 수필집 ≪새벽이 열리는 집≫에서 추구하고자 했던 작가 정신을 탐색하고자 했다.

우선 수필작가 이종승의 전기적 사실에서 수필문체의 인자를 파악하고 이를 통해 그의 작품에서 나타나고 있는 선비정신의 문학적 형상화를 유추 해석하였다. 그 결과로 나타난 수필 세계는 다음과 같은 세 개의 축으로 정리되었다.

즉 첫째로, 미적 감수성과 동양정신이었다. 이는 곧장 작가의 선비정신과 통함을 발견할 수 있으며,

둘째로, 자연으로의 회귀정신이었다. 이는 작가의 선풍적 요소 즉 풍류적 기질과 통하는 정신 세계였다.

셋째로, 전통적 향토애와 따뜻한 인간미 그것이었다.

이런 정신세계의 축은 그로 하여금 수필가다운 수필가로 태어나

게 하는 인자가 아닐 수 없다. 앞으로 그가 창조해낼 인간 삶의 모습이 어떠할까 그것은 미지수겠지만, 아마도 이에 근접하리라 여겨지는 것은 그만의 색깔이 그만큼 진하게 작품 속에서 나타나기 때문일 것이다.

다만 바라건대 주제의식에 충실하여 문학적 형상화에 근접하는 작품들이 창조되기를 바라는 것은 수필문단의 내일을 위해서이기도 한다.

－≪문학세계≫ 1999년 10월호

■ 평론

완전한 자유, 순례하는 탐미주의자

– 이종승 수필집 ≪정갈한 신뢰≫

안 현 심(시인 · 문학평론가)

1. 들어가며

이종승 수필가는 필자의 중학교 때 선생님이시다. 소쩍새가 봄밤 내내 울어대던 산골 마을에 선생님은 국어교사로서 우리와 조우하였다. 어린 자녀와 사모님과 함께 척박하기만 했던, 그러나 인정만은 풍요로웠던 전북 진안군 주천중학교를 찾아오셨다. 진달래처럼 수줍은 아이들은 선생님으로부터 지식과 지혜와 사랑을 전수받을 수 있었다.

세월은 흘러 사춘기 문학소녀는 중년 여성이 되었고, 선생님도 교단을 떠나 여유로운 여생을 보내신다고 한다. 이렇게 재회하게 된 것은 삶의 고개를 몇 굽이 넘어 사십여 년 만의 일이다. 참으로 사람의 일이란 예단할 수 없는가 보다. 까마득한 과거 속에서 한 의미가 손짓해오기도 하기 때문이다.

선생님의 수필집에 감히 '비평'이나 '해설'이란 말은 붙이지 않으려고 한다. 비평의 시각보다는 인간적인 천착이 더 소중하다고 생각하기 때문이다. 수필을 먼저 읽은 사람으로서 독자들이 작품을 이해하는 데 도움이 되기를 바랄 뿐이다.

2. 진인眞人을 찾는 여정

'붓 가는 대로' 쓴 글이 수필이라고 한다. 여기서 붓 가는 대로 쓴다는 것을 쉽게 쓴다는 의미로 받아들이면 곤란하다. '시'가 순간적인 영감에 사로잡혀 쓸 수 있는 문학의 갈래라면, 수필은 발효된 삶이 자연스럽게 우러나는 문학이다. 즉, 순조로운 자연의 이법을 닮았다고 하여 수필을 '붓 가는 대로' 쓴 글이라고 정의하지 않았을까 한다. 그렇다면 선생님의 삶의 고리에서 수필은 아주 중요한 자리를 차지하게 되고, 연륜만큼이나 농익은 작품을 생산하게 되리라는 것은 두말할 나위 없겠다.

선생님의 수필을 개괄해보면, 진인眞人을 찾는 여정이 곧 삶임을 인지하는 작품이 다수를 차지한다. 젊은 시절 우리를 가르칠 때도 도덕적인 인간, 베푸는 인간, 정의와 진리를 실천하는 인간상을 역설하곤 하셨다. 그때나 지금이나 동일한 삶의 철학을 지니고 계시다는 생각에 미소가 머금어진다.

> 그분은 강원도의 오지 학교에서 한미한 학동들을 위해 주머니를 털어 뒷바라지를 했다. 책과 공책을 사들고 가가호호 방문하여 향학열을 고취해주었다. 시험지를 인쇄하여 고등학교 시험에 낙방한 제자의 집에까지 들고 가서 격려해주었다. 건강이 부실한 제자를 병원에

데리고 가고 주머니를 털어 입원비를 보탰다.

……중략……

둘이는 애주가였다. 내 집의 술이 익으면 아내더러 술상을 차리라 했고, 그의 술이 고이면 자진해서 술상을 주문했다. 눈발이 푸짐하다고, 빗소리가 시원하다고 찾아갔다. 달빛이 휘영청 밝다고 함께 술병을 차고 산마루에 오르고, 마음이 울적하다고 주막으로 갔다.

— 〈진인眞人을 그리며〉 중에서

민중국어사전을 찾아보면, 진인眞人은 '참된 도道를 체득한 사람'이라고 언급되어 있다. 인용글에 등장하는 주인공의 행위에서 선생님은 참된 도를 감지한 것이다. 주인공의 행위를 진인의 경지로까지 올려놓은 것은 그러한 행위가 바로 선생님 자신이 추구하던 행위이기도 하기 때문이다. 선생님이 산골의 주천중학교에 계셨던 것처럼, 주인공도 강원도 오지 학교에 봉직했던 듯하다. 당시의 선생님들은, 특히 오지 마을의 선생님들은 지식을 전달하는 교사의 본분을 넘어 아이들의 보호자 역할까지 담당하였다. 이처럼 정의롭고 자애로운 선생님들의 이야기는 미담으로 세상에 회자되고 있다.

삶이 제대로 풀리지 않을 때 가장 먼저 생각나는 것이 선생님이었다. 부모님보다 더 죄송스럽고, 부끄러움을 느끼게 한 것이 선생님이었다. 선생님은 가장 큰 의미를 지니고 내 삶을 견인해 간 동력이었다. 가난한 학생이 꿈과 현실의 괴리에서 몸부림칠 때 선생님들은 구원의 손길을 내밀어주셨다.

이종승 선생님은 한 여학생이 꿈을 디자인하던 학교 현장에 계셨다. 행정실 직원까지 열한 명의 선생님이 재직하던 산골학교를 생각하면 가슴이 먼저 뜨거워진다. 제자의 꿈을 실현해주기 위해 주머니를 털어 상급학교 등록금을 마련해주신 선생님, 마른 가슴으로는 결코 그날들을 회상할 수 없다. 그래서 가끔은 마술에 걸린 듯, 동화나라의 진인들에 대한 이야기를 학생들에게 들려주곤 한다.

선생님이 제자들을 돌보던 것처럼 인용글의 주인공도 학생들을 사랑한다. 그래서 둘은 의기투합하였고, '내 집의 술이 익으면 아내더러 술상을 차리라 하고, 그의 술이 고이면 자진해서 술상을 주문'하면서, '눈발이 푸짐하다고, 빗소리가 시원하다고' 그리고 '달빛이 휘영청 밝다고 함께 술병을 차고 산마루에' 오른 것이다.

선생님은 참된 도리를 실천하며 사는 사람이 있으면 기꺼이 뜻을 같이하기를 원하셨다. 그와 같은 맥락을 지닌 글이 이 수필집에는 다수 등장한다. 선생님의 그러한 행위는 삶의 질을 높여가기 위한 부단한 자기 반성, 자기 수행의 방법이라고 할 수 있다.

> 성적표는 초라하지만 인성이 고운 두 여학생이 있었다. 우등생보다 더 관심을 두면서 자상하게 보살핀 다음 교문을 떠나보냈다. 둘이서 몇 년이 지나자 여고를 졸업하고, 설날을 맞이하여 술병을 들고 내 집에 찾아왔다. 사양을 해도 자꾸만 세배를 하기에 손을 잡아주며 고맙고 반가워서 눈물이 그렁그렁한 일이 있다.
>
> 한문을 가르칠 때 숙제를 못해서 대뿌리로 도맡아 손바닥을 맞는 녀석이 있었다. 그래도 수시로 불러다 남자다운 패기와 견고한 의지가 대견해서 어깨를 토닥여 주었다. 그 뒤로 시내버스 차장을 거쳐 고속버스의 기사를 거치면서 튼실한 농장주가 되었다. 지명이 넘었어도 지금껏 나를 만나면 얼싸안고 반긴다. 그런 자리에서 제자의 손바닥을 만지며 미안했다고 하면, 오히려 선생님의 극성으로 무식을 면했다고 꾸벅 절을 한다.
>
> – 〈스승의 그림자〉 중에서

공부를 잘하는 것도 좋지만 마음씨가 아름답거나 남자다운 패기를 지닌 제자도 진인을 추구하는 선생님에겐 소중할 뿐이다. 〈스승의 그림자〉에서 언급되는 이야기는 〈진인眞人을 그리며〉에 등장하는 주인공의 이야기와 맥을 같이한다. 그래서 두 사람은 살뜰히 아끼고 존경하는 사이가 된 것이다.

선생님은 이 글에서 오천석 선생의 〈무명교사를 위한 노래〉를 소개하고 있다. '나는 무명 교사를 예찬하는 노래를 부르노라. 전투에 이기는 것은 위대한 장군이로되 전쟁에 승리를 가져오는 것은 무명의 병사로다. 새로운 교육제도를 만드는 것은 이름 높은 교육가로되 젊은이를 올바르게 이끄는 것은 무명의 교사로다.' 그렇다. 선생님은 무명의 교사로서 본분에 충실하고자 노력하셨다. 승진에 연연하지 않고, 평교사로서 아이들을 사랑하는 일에 최선을 다하셨다. 그 진인다움이 여유롭고 낭만적인 여생을 열어나가는 동력이 되었을 것이다.

선생님은 인간을 교육시키기보다 인간을 키우는 데 더욱 힘을 기울여야 한다. 인간을 사람으로 키우는 것, 얼마나 중요하고 어려운 일인가. 그래서 학생들은 세월이 흐른 뒤에 참된 도를 실천하신 선생님을 기억하고 흠모하게 되는 것이다.

3. 노장사상의 구현

중학교 시절, 선생님은 가끔 선친의 풍류에 대해 이야기하곤 하셨다. 선생님의 선친은 전형적인 선비로서 술과 풍류를 즐길 줄 아는 분이셨다. 선친의 그러한 행동양식을 그리워하며, 선생님도 닮아가고 있는 듯하다.

하루는 어른들이 집을 비운 사이에 호기심으로 용수의 술을 손가락으로 찍어 먹었다. 그 맛이 신기해서 이번에는 작은 술잔으로 마셔버렸다. 그 뒤로 어린것이 술에 취해서 뒤뚱거리다가 이웃 어른들의 눈에 띄어서 웃음거리가 되고 말았다. 부전자전이라고 박장대소를 하는 게 아닌가. 사실 시조의 '세월이 여류하여'로 시작되는 가락을 선친이 가르쳐 주어서 어른들이 시키면 아무데서나 무릎장단을 치고 불러대던 나였으니.

애주를 하신 선친은 삶도 구름에 달 가듯이 지나가셨다. 달이 찢어지게 밝은 밤이면 뒤 산자락 소나무 밑에 도롱이를 깔고 앉아 주전자를 비우며 시조창을 즐기셨다. 모내기를 하는 날에도 일꾼들에게 술잔을 권하고 당신은 논두렁에 앉아 소리를 뽑으셨다. 일가 집을 찾아가면 예외 없이 칙사처럼 술상을 올리었다. 그렇지 않으면 서운하여 '고얀놈'이라고 고개를 돌리셨다. 아무리 괘씸한 사람이라도 찾아와 술잔을 권하며 용서를 구하면 화로의 눈처럼 분노를 녹였다.

— 〈풍류의 술잔〉 중에서

선친이 술을 좋아하니 어머니는 늘 가양주 담그는 일에 최선을 다했을 것이다. 어른들이 집을 비운 하루, 선생님은 술독의 술을 탐닉하다가 그만 취하고 만다. 어린아이가 비틀거리며 돌아다니는 모습은 동네 사람들의 웃음거리가 되기에 충분했을 것이다.

풍류에는 반드시 음주가무가 따른다. 따라서 선친이 시조창을 즐겨 부른 것은 당연한 일이다. 서당 개 삼 년이면 풍월을 읊는다고, 자연스레 선생님도 아버지가 부르는 시조창을 능숙하게 부르게 되고, 동네 어른들이 시키면 부끄럼 없이 큰소리로 불렀다고 한다. 유난히 눈이 맑고 순진무구한 아이가 시조창을 호기롭게 부르는 모습이 눈에 선연하다.

이러한 풍류는 유교사상보다는 노장사상의 영향을 많이 받았다고 할 수 있다. 유교사상은 질서와 명분을 중요시한 반면, 노장사상은 자연의 이법에 따르는 삶을 더욱 중요시하였다. 구름에 달 가듯이 거리낌이 없다는 것은 조화로운 자연의 질서에 반하지 않는다는 것을 의미한다. 이러한 삶은 자연을 해치거나 지배할 대상으로 여기지 않으며, 인간 역시 자연의 일부일 뿐이라는 인식이 명확할 때만이 실현 가능하다.

이러한 삶의 방식을 자칫 무능하다거나 무책임하다고 생각할 수 있겠으나 숙고해보면 그렇지 않다는 것을 깨닫게 된다. 부드러운 것은 강한 것을 이기고, 일방적으로 옳기만 하고 그르기만 한 것은 존재하지 않는다. 다양성 속에 존재하는 모든 것들은 서로 다를 뿐이다. 유교사상이 흑백 논리에 근접해 있다면, 노장사상은 현대를 풍미하는 해체주의, 즉 다양성을 인정하는 논의에 맥락이 닿아 있다.

> 고샅길은 인적이 그치고 사립문조차 열려 있다. 집에는 견공이 어슬렁거리고 외양간에는 소가 새김질을 하고 있다. 건너편의 냇가에는 마을 사람들이 멱을 감는 소리가 왁자하다. 위뜸에서는 여자들이 진을 치고, 아래뜸에서는 남자들이 진을 친 채. 달은 빙그레 웃으면서 천진스런 동네 사람들을 제 빛살로 어루만지고 있다.
>
> 내가 어슬렁어슬렁 계곡의 입구에 있는 정자나무에 이르자 벌써 선발대가 나를 반긴다. 주조장에서 가져온 통나무 막걸리 통을 작대기로 걸쳐 어깨에 멘 조 선생과 김 선생. 솜방망이에 석유를 묻혀서 횃불을 든 최 선생. 석유통을 둘러멘 박 선생. 쟁반에 초고추장과 표주박을 든 이 선생. 그물처럼 널찍한 족대를 말아 쥔 유 선생과 몰이꾼으로 자원한 서무 직원인 박 주사와 김 주임. 차림새는 모두 허름한 막일꾼이나 다름없다.

각설이패를 닮은 무리들은 만나자마자 흥겨워서 웃음소리가 터지기 시작한다. 아마존의 원주민처럼 자연인의 모습이다. 이산 저산에서 울어대던 소쩍새가 놀랐는지 애잔스런 울음소리를 그친다. 무리를 지어 쪽쪽쪽 소를 모는 소리로 조잘거리던 머슴새들도 놀라서 입을 다문다. 수풀에서 노닐던 반딧불이가 어지러이 흩어진다. 달빛이 물든 강변의 물줄기만 조용하게 흘러갈 뿐이다.

– 〈달밤의 천렵〉 중에서

인용글은 선생님이 주천중학교에 근무할 당시를 소재로 하고 있다. 어느 여름, 고적감과 무료함을 달래기 위해 동료들은 운일암반일암에서 달밤의 천렵을 즐기기로 한다. '천렵'이란 물 좋은 냇가에서 고기를 잡아먹으며 유흥을 즐기는 것을 말한다. 시골 사람들은 농번기가 끝나거나 마을 사람의 단합이 필요할 때면 물가에 나가 천렵을 하였다. 유년 시절 그 잔치에 끼어들어 맛있는 음식을 얻어먹었을 뿐 아니라, 어른들의 가무를 호기심 어린 눈으로 훔쳐본 일이 있다. 그처럼 재미있는 천렵을 달밤에 한다면, 그 낭만은 배가되기에 충분했을 것이다.

인용글의 첫 문단에서는 산골 마을의 밤풍경이 문학적으로 묘사되고 있다. 도둑이 없기 때문에 사립문은 밤낮으로 열려 있고, 집집마다 개나 소, 돼지 등을 한 마리씩은 키운다. 땀 흘려 일한 저녁에는 어른 아이 할 것 없이 냇가에 나와 목욕을 하였다. 마을을 휘돌아 흐르는 냇물의 어느 지점에는 남정네들이 모이고, 또 다른 지점은 아낙들의 전용 목욕탕이었다. 그러나 가끔은 암묵적인 합의를 깨고, 짓궂은 청년들이 여자들 목욕탕을 훔쳐보거나 옷을 가지고 달아나기도 하였다. 아득한 옛날의 구비 전승 속에나 등장할 만한 이야기이다.

일행은 각각 솜방망이 횃불과 초고추장, 족대, 막걸리를 준비함으로써 달밤의 천렵을 즐길 준비가 완벽하게 갖추어졌다. 선생님과 동료들은 달밤의 흥취에 젖어 가식 없는 잔치를 벌였을 것이다. 혹여 껄끄러운 일이 있었을지라도 천렵하는 동안 물에 흘려보내고, 새로운 날을 맞이했을 것이다. 자연인이 되었을 때 용서하지 못할 일은 없기 때문이다. 그러한 정경이 아름다워 보였는지 소쩍새와 머슴새도 울음을 잊고 숨을 죽였다. 풀숲에 어지러이 반딧불이가 춤을 추고, 계곡물만이 소리 없이 흘러갈 뿐이다.

4. 탐미주의자의 변辯

예술은 아름다움에 대한 탐구에서 시작된다는 말이 있다. 탐미주의자의 시선을 지니지 않고는 예술가로서의 자격이 없다는 의미이기도 하다. 이종승 수필가는 아름다움에 대한 예찬을 아끼지 않는다. 어느 예술가인들 그렇지 않으랴마는 이번 작품을 탐독하면서 그러한 양상을 특히 많이 발견하였다.

지적인 호기심 또한 아름다움에 대한 탐구와 맥락을 같이한다. 수필가의 눈에 포착된 아름다운 것들, 새로운 것들에 대한 호기심은 단순히 호기심을 넘어 그것을 찾아가는 여행으로까지 이어진다. 좋은 책을 발견하면 밑줄까지 그어가며 행간에 포진하고 있는 의미들을 놓치지 않으려고 한다. 다음 글은 김기철의 〈고향이 있는 풍경〉에서 발췌한 문장이다.

> 개구쟁이 아이들이 그냥 천진난만하게 뛰놀기만 해도 천상의 낙원으로 변할 것 같다. 비록 누추한 늙은이가 비틀거리는 걸음으로 그

안에 들어가 앉아 졸고 있다고 해도 이번에는 그 노인들이 신선으로 비칠 것이 분명하다.

으아리꽃을 보다가 '살이 베일 정도로 상큼하게 다려 입은 여인의 모시치마저고리도 이처럼 청량한 느낌을 주지 못할 것이다.'라고 하였다.

나는 지금 달개비 꽃 한 줌을 작은 화병에 꽂아 놓고 입을 벌리고 앉아 있다. 우화등선이라는 것이 바로 이런 경지인가! 마치 생동하는 꽃의 정령들이 한데 어울려 군무를 추는 것 같기도 하다.

— 〈향기로운 야인〉 중에서

인용글의 저자는 번역문학으로 문명을 날렸지만, 초야로 들어가 도자기를 빚고 수필을 쓰며 은거한다고 한다. 그는 산업화되기 이전, 우리들이 건너온 고향의 모습을 재현하려는 듯, 돌담을 쌓고, 맨드라미와 들국화를 가꾸며, 들꽃으로 왕관을 만들기도 하고, 가을에는 알밤을 주워 이웃에게 나눠주기도 한다. 가마솥에 이밥을 지어 잔치를 벌이고, 자신이 키운 무공해 작물로써 식탁을 꾸민다. 선대의 할아버지들이 사랑방에서 나그네를 대접하였듯, 그도 그러한 풍속도를 구현하며 살고 있는 것이다. 그와 같은 삶을 추구하는 분이기에 글에서도 천진함이 묻어난다.

첫 문단에서는 천진한 아이들이 뛰어노는 공간이 바로 천상의 낙원이며, 그곳에서는 누추한 늙은이가 졸고 있다 해도 신선으로 보일 것이라고 형상화하고 있다. 인간의 욕망이 배제된 자연의 공간, 이곳이 바로 무릉도원, '샹그릴라'이다. 영국의 작가 제임스 힐튼(James Hilton)이 1933년에 펴낸 ≪잃어버린 지평선(Lost Horizon)≫이란 소설에서 이상향으로 창안해낸 공간 샹그릴라. 히말라야 설산 어딘가에 깊숙이 자리하고 있다는 샹그릴라는 인류의 이상향으로 인식되어왔다. 백 살이 되어도 40대의 건강을 유지할 수 있고, 일상의 근심과 고통으로부터 해방되는 공간이 바로 샹그릴라이다. 수필가가 꿈꾸는 곳이 바로 그런 공간이 아닐까.

삶을 달관한 수필가의 촉수는 으아리꽃에서 모시치마저고리의 청량함을 발견하기도 하고, 달개비꽃잎을 보고 꽃의 정령들이 군무를 추는 모습을 상상하기도 한다. 여기서 우리가 주목해야 할 것은 그처럼 아름다운 문장을 짚어내는 이종승 수필가의 심안心眼이다. '아는 만큼 보인다.'는 말이 있다. 그처럼 아름다운 문장을 포착할 수 있는 것은 이종승 수필가의 내면이 아름답기 때문이라고 말할 수 있기 때문이다.

> 5월 어느 날엔가 혼자서 산행을 하다가, 호젓한 산장에 드는 정감으로 이 여사에서 하룻밤을 보낸 일이 있다. 그런데 새벽을 맞는 분위기에 신들린 듯 반해서, 매년 몇 차례씩 성지를 순례하는 의식으로 찾아가곤 하였다. 부푼 기대를 안고 방문하는 시기는 5월이 대부분이다. 그때가 가장 화려한 잔치로 새벽을 열어주므로. 어쩌다 간혹 들어서는 나그네이지만 안주인은 조선의 선비라도 모시는 양 지순한 인정으로 반긴다. 주인이 안내하는 동편의 객창에 자리를 잡으면 깔끔한 자리가 덮인 목침대가 있고, 사면의 유리창은 파르스름한 커튼으로 가려져 있어서, 나 같은 범부가 머물기엔 호사스럽기까지 하다. 산채에 머루주를 얹은 저녁상을 물리고 가벼운 목욕을 한 다음, 촛불을 밝혀 놓고 시를 읽다가 일찍 잠자리에 든다. 새벽 잔치를 온전하게 누리려면 조심스런 예비가 있어야 하겠기에…….
>
> — 〈새벽이 열리는 집〉 중에서

이 작품을 읽다 보면 지독한 탐미주의자의 내면세계가 들여다보인다. 새소리를 탐닉하기 위해 예비 의식을 치르는 모습이 자못 경건하기까지 하다. 마치 고대의 제사장이 제사를 집전하기 며칠 전부터 몸과 마음을 정결히 한 것처럼 목욕을 하고, 정갈한 이부자리에서 시를 읽다가 기도하는 마음으로 잠자리에 든다.

'그러면 신통하게도 내가 눈을 뜨는 시간에 산새들도 합창을 시작한다. 산새들에게는 신령스런 영감 아니면 어떤 묵계라도 있는가 보다. 여명이 스며들면 일제히 새벽 찬미를 위해 저희끼리 신호를 보낸다. 그 신호는 아마 부리로 친구들의 얼굴을 문지르거나, 날개로 간질이는 것이리라.'(〈새벽이 열리는 집〉)

새벽 새소리를 듣기 위해 그곳을 찾은 것처럼, 이종승 수필가는 아름다운 사람이 살고 있거나, 아름다운 풍경이 펼쳐지는 곳이면 어디든 마다하지 않았다. 수필가의 그러한 행적을 '순례하는 탐미주의자'라고 이름 붙여도 손색이 없을 것이다.

5. 나가며

고독이 넉넉해야 큰 뜻을 가질 수 있고, 고독이 넉넉해야 위대한 일을 생각할 수 있다고 한다. 그렇다면 고독은 인간에게 그리 나쁜 요소가 아니라고 하겠다. 예술가들에게는 고독한 시간이 명작을 탄생시키는 시간이 될 수 있기 때문이다.

그런데 예외가 있다. 이종승 수필가는 한 번도 고독을 노래하지 않았다. 그의 글들을 살펴보면 아름다운 인간관계가 형상화되고, 그 관계 속에서 베풀면서 풍류를 즐기는 모습이 주로 형상화된다. 그렇다면 고독해야 글을 쓸 수 있다는 말은 수정되어야 하지 않을까? 선생님의 글에는 삭막한 모습이 형상화되지 않고, 아름다운 일들만

이 향기롭게 묘사되어 있다. 그러고 보면 선생님은 참으로 아름다운 사람, 아름다운 사람을 사랑하는 사람인가 보다. 그러니 주변에 삭막한 세상사가 어른거리지 않을 수밖에.

이런 생각들을 하면서 마음이 한결 놓이고 푸근해진다. 여생을 윤택하게 보내시기 때문에 걱정할 것이 없기 때문이다. 부디 사모님과 자녀, 그리고 제자들과 지인들과 아름답고 건강한 삶을 가꾸어 가시기 바란다. 다음 수필집은 더욱 아름다운 글로 독자들의 마음을 정화시켜줄 것을 믿어 의심치 않는다.